Dennis F. Hanstein

Subsidiarität und die demokratische Legitimation europäischer Legislativakte

Dennis F. Hanstein

Subsidiarität und die demokratische Legitimation europäischer Legislativakte

Tectum Verlag

Dennis F. Hanstein

Subsidiarität und die demokratische Legitimation europäischer Legislativakte

Zugl. Diss. Univ. Hannover 2018

ISBN: 978-3-8288-4288-5

E-Book: 978-3-8288-7198-4

Druck und Bindung: Docupoint, Barleben

Printed in Germany

Besuchen Sie uns im Internet
www.tectum-verlag.de

Bibliografische Informationen der Deutschen Nationalbibliothek
Die Deutsche Nationalbibliothek verzeichnet diese Publikation in der Deutschen Nationalbibliografie; detaillierte bibliografische Angaben sind im Internet über http://dnb.d-nb.de abrufbar.

Für Klara

Danksagung

Mein Dank gehört zunächst meinem Doktorvater, Herrn Prof. Dr. Epping, für die Ermöglichung und Betreuung dieser Arbeit. Er stand mir bei der Erstellung dieser Arbeit stets mit seinen kritischen Anmerkungen und seiner Unterstützung zur Seite. Er hat mir damit die Erfüllung eines lang gehegten Wunsches ermöglicht, woran ich mich stets dankbar erinnern werde.

Ferner danke ich Herrn Prof. Dr. Butzer für die hilfsbereite und wissenschaftliche Betreuung meiner Arbeit als Zweitgutachter.

Ferner gehört mein Dank meinen Eltern, die mich stets und bedingungslos auf meinem Lebensweg unterstützt haben. Besonders möchte ich meinem Vater danken, der mir unermüdlich mit seinem Rat und seinen kritischen Anmerkungen geholfen hat, diese Arbeit zu vollenden.

Inhaltsverzeichnis

Abkürzungsverzeichnis

Abs.	Absatz
AEUV	Vertrag über die Arbeitsweise der Europäischen Union
a.F.	alte Fassung
AJIL	The American Journal of International Law
Art.	Artikel
Aufl.	Auflage
Bd.	Band
BR	Bundesrat
BVerfG	Bundesverfassungsgericht
BVerfGE	Entscheidung des Bundesverfassungsgerichts
CJEL	Columbia Journal of European Law
CMLR	Common Market Law Review
CONV	European Convention
COSAC	The Conference of Parliamentary Committees for Union Affairs
DÖV	Die Öffentliche Verwaltung
Drs.	Drucksache
EG	EG-Vertrag/Europäische Gemeinschaft
EGV	Vertrag zur Gründung der Europäischen Gemeinschaft
EK	Eduskunta
ELJ	European Law Journal
EP	Europäisches Parlament
EPL	European Public Law
EPPO	European Public Prosecutor's Office
EU	Europäische Union
EuGH	Europäischer Gerichtshof
EuR	Europarecht
EuR-Bei	Europarecht Beiheft
EUV	EU-Vertrag
EuZW	Europäische Zeitschrift für Wirtschaftsrecht
EWG	Europäische Wirtschaftsgemeinschaft
EWM	Early Warning Mechanism
f., ff.	folgende(n)

GG	Grundgesetz
GOBT	Geschäftsordnung des Deutschen Bundestags
HC	House of Commons
HL	House of Lords
Hrsg.	Herausgeber
IPEX	Interparliamentary EU information exchange
i. S. d.	im Sinne des
JCMS	Journal of Common Market Studies
JEPP	Journal of European Public Policy
JZ	Juristenzeitung
KOM, COM	Mitteilung der Kommission der EU
KritV	Kritische Vierteljahresschrift für Gesetzgebung und Rechtswissenschaft
NdsVbl.	Niedersächsische Verwaltungsblätter
n.F.	neue Fassung
NJW	Neue Juristische Wochenschrift
Nr.	Nummer
PVS	Politische Vierteljahresschrift
Rn.	Randnummer
Rs.	Rechtssache
S./s.	Seite
S+F	Sicherheit und Frieden
Slg.	Amtliche Sammlung
SP	Subsidiaritätsprotokoll
u.a.	und andere
UAbs.	Unterabsatz
usw.	und so weiter
Vgl.	Vergleiche
WEP	West European Politics
YEL	Yearbook of European Law
ZEuS	Zeitschrift für Europarechtliche Studien
ZfP	Zeitschrift für Politik
ZParl	Zeitschrift für Parlamentsfragen
ZPol	Zeitschrift für Politikwissenschaft
ZSE	Zeitschrift für Staats- und Europawissenschaften

A. Einleitung

Am 01.12.2009 trat der Vertrag von Lissabon in Kraft. Seine Zielsetzung war von Anfang an mehr, Effizienz, Transparenz und demokratische Legitimation in der Europäischen Union herbeizuführen. Ein zentrales Thema des Vertrags ist die Frage, wie das Subsidiaritätsprinzip auf der Ebene der Europäischen Union besser umgesetzt und gewahrt werden kann.[1] Seinen Ursprung findet das Subsidiaritätsprinzip in der katholischen Soziallehre[2], die es als ein allgemeines gesellschaftliches Prinzip formuliert, wonach grundsätzlich die kleinere Einheit handeln solle und die nächsthöhere Einheit nur dann eingreifen soll, wenn die kleinere Einheit hierzu nicht mehr in der Lage ist.[3] Übertragen auf die europäische Ebene beschäftigt sich das Subsidiaritätsprinzip mit der Frage der Kompetenzverteilung, die das Verständnis der Europäischen Union als Staatenverbund maßgeblich geprägt hat.[4]

Die nationalen Parlamente haben früh erkannt, dass ein zunehmender Kompetenzverlust zugunsten der europäischen Union ohne eine entsprechende Kontrollmöglichkeit oder ein Mitspracherecht eine Gefahr für ihre Eigenstaatlichkeit bedeutet.[5] Die insbesondere von den deutschen Bundesländern vorangetriebene Verankerung des Subsidiaritätsprinzips im Gemeinschaftsrecht ist damit letztlich nur eine Reak-

---

1 Schwarze, in: Der Reformvertrag von Lissabon – Wesentliche Elemente des Reformvertrages, EuR-Bei 2009, 09.

2 Subsidiarität ist indes keine neue Erfindung der katholischen Kirche. Die Assoziation ist vor allem durch die „Enzyklika Quadrafesimo Anno“ von Papst Pius XI. entstanden, vgl. hierzu: Schütze, From Dual to Cooperative Federalism – The Changing Structure of European Law, S. 244 f.; s. zur Entwicklung des Subsidiaritätsbegriffs: Moersch, Leistungsfähigkeit und Grenzen des Subsidiaritätsprinzips, S. 23 ff.; Koslowski, Subsidiarität als Prinzip der Koordination der Gesellschaft, S. 39 ff.

3 Vedder, in: Vedder/Heintschel von Heinegg, Europäisches Unionsrecht, Art. 5 EUV, Rn. 19.

4 Callies, in: Callies/Ruffert, EUV/AEUV, Art. 5 EUV, Rn. 1.

5 Melin, Die Rolle der deutschen Bundesländer im Europäischen Rechtsetzungsverfahren nach Lissabon, EuR 2011, 655.

tion auf den fortschreitenden Ausbau von Gemeinschaftsbefugnissen zum Nachteil der Mitgliedstaaten „[...] und auf die wachsende Kritik an der vor allem auf die Art. 95 und Art. 308 EG[6] sowie den Auslegungsgrundsatz effet utile gestützten extensiven Kompetenzausübung seitens der Gemeinschaft."[7]

Während das Prinzip der begrenzten Einzelermächtigung langsam erodierte, erhielt die europäische Gemeinschaft immer mehr Kompetenzen, ohne dass eine Grenze für den Kompetenzverlust der Mitgliedstaaten erkennbar war.[8] Die erstmalige rechtliche Verankerung des Subsidiaritätsprinzips im Vertrag von Maastricht war ein erster konsequenter Schritt, um dieser Entwicklung entgegenzutreten. Letztlich erwies er sich jedoch als ineffektiv.[9]

Um dies zu ändern, wurden durch den Vertrag von Amsterdam die Schlussfolgerungen, die der Europäische Rat in Edinburgh getroffen hatte, in Form eines „Protokoll über die Anwendung der Grundsätze der Subsidiarität und der Verhältnismäßigkeit" umgesetzt und im Primärrecht kodifiziert. Mit dem Vertrag von Nizza wurden keine Verbesserungen erzielt. Jedoch wurde vereinbart, eine Lösung zu finden, wie zukünftig eine bessere Abgrenzung der Zuständigkeiten erreicht werden könne.[10]

Der mit diesem Mandat beauftragte Verfassungskonvent beschäftigte sich mit der Frage, wie das Subsidiaritätsprinzip effektiver vor Verletzungen durch die Europäische Union geschützt werden kann. Die Ergebnisse des Verfassungskonvents sind in den gescheiterten Vertrag über eine Verfassung für Europa eingeflossen, dessen inhaltliche Neuerungen größtenteils durch den Vertrag von Lissabon übernommen wurden.[11] Hierzu zählt insbesondere das Ziel, mit Hilfe eines völlig neu gefassten Subsidiaritätsprotokolls, die Position der nationalen Parlamente im Gefüge der Europäischen Union zu stärken und auszu-

6 Heute Art. 114 AEUV und Art. 352 AEUV.
7 Mellein, Subsidiaritätskontrolle durch nationale Parlamente, S. 124.
8 Haltern, Was bedeutet Souveränität?, S. 99
9 Höpner/Ehret, Endlich Subsidiarität? Die parlamentarische Subsidiaritätskontrolle am Beispiel von „Monti II", PVS 2016, 403, 404 f.
10 Callies, in: Callies/Ruffert, EUV/AEUV, Art. 5 EUV, Rn. 1.
11 Schwarze, in: Der Reformvertrag von Lissabon – Wesentliche Elemente des Reformvertrages, EuR-Bei 2009, 09.

bauen.[12] Ihre Beteiligung an der Subsidiaritätskontrolle kann daher als Herzstück dieser Regelung angesehen werden.[13] Hierbei spielt das neue Lissabonner Subsidiaritätsprotokoll eine entscheidende Rolle, da es erstmals eine Reihe von Maßnahmen vorsieht, die zur Wahrung des in Art. 5 Abs. 3 EUV verankerten Subsidiaritätsprinzips beitragen sollen.[14] Aufgrund dessen, dass es nach Art. 5 Abs. 3 EUV die Pflicht der nationalen Parlamente ist, auf die Einhaltung des Subsidiaritätsprinzips zu achten[15], und die nationalen Parlamente durch jede Verletzung des Subsidiaritätsprinzips an Rechtsetzungskompetenz verlieren, liegt es nahe, ihnen diese Instrumente zu geben, sind sie doch die „naturgegebenen Wächter des Subsidiaritätsprinzips."[16]

Durch das neue Subsidiaritätsprotokoll haben die nationalen Parlamente innerhalb der Union einen eigenständigen, institutionellen Status erhalten, der ihnen unionsunmittelbares Recht verleiht und umfassendere Informationsrechte als bislang zugesteht.[17] Darüber hinaus verfügen die mitgliedstaatlichen Parlamente nun auch über die Möglichkeit, bereits zu einem frühen Zeitpunkt des Gesetzgebungsprozesses, diesen kritisch zu begleiten und vermeintliche Subsidiaritätsverletzung in offizieller und prozeduraler Weise zu bemängeln. Dieses „Frühwarnsystem" soll ihnen eine präventive Kontrolle von europäischen Gesetzgebungsakten gestatten, wie es sie so zuvor noch nicht gegeben hat.[18]

Neben der Möglichkeit eine Subsidiaritätsrüge zu erheben, wurde den nationalen Parlamenten zusätzlich die Möglichkeit zur Klageerhebung vor dem EuGH gegeben.[19] Nach Art. 8 Abs. 1 Subsidiaritätsprotokoll[20] ist der Gerichtshof für Klagen wegen des Verstoßes eines Gesetzgebungsakts gegen das Subsidiaritätsprinzip zuständig, die von

12 Streinz/Ohler/Herrmann, Der Vertrag von Lissabon zur Reform der EU, S. 58.
13 Groh, Die Rolle der nationalen Parlamente, S. 78.
14 Borchardt, Die rechtlichen Grundlagen der Europäischen Union, Rn. 503.
15 Hölscheidt, in: Grabitz/Hilf/Nettesheim, Das Recht der Europäischen Union, Art. 12 EUV, Rn. 18.
16 Groh, Die Rolle der nationalen Parlamente, S. 81.
17 Streinz/Ohler/Herrmann, Der Vertrag von Lissabon zur Reform der EU, S. 58.
18 Callies, in: Callies/Ruffert, EUV/AEUV, Art. 5, Rn. 65.
19 Hölscheidt, in: Grabitz/Hilf/Nettesheim, Das Recht der Europäischen Union, Art. 12 EUV, Rn. 35.
20 Im Folgenden „SP" abgekürzt.

einem Mitgliedstaat gemäß Art. 263 AEUV erhoben oder entsprechend seiner Rechtsordnung im Namen seines nationalen Parlaments übermittelt werden. Damit hat die Vorschrift den Kreis der materiell Klageberechtigten auf die Parlamente der Mitgliedstaaten ausgedehnt und ihnen erstmalig die Möglichkeit verliehen, unmittelbar eigene Rechte vor dem EuGH zu verteidigen.[21]

Es lässt sich festhalten, dass sich die Position der Parlamente gegenüber den europäischen Institutionen – zumindest formell – verbessert hat und ihre Möglichkeiten die Gesetzgebung auf Ebene der EU zu beeinflussen, gestärkt wurden. Zwar ergibt sich aus diesen Regelungen kein Vetorecht der mitgliedstaatlichen Parlamente gegenüber Gesetzesvorhaben der Europäischen Union, jedoch können sie nun erstmals auf eigenes Bestreben hin eine Auseinandersetzung mit der angeprangerten Verletzung des Subsidiaritätsprinzips erwirken.

Es bestehen dennoch Zweifel, ob durch die Stärkung der Position der nationalen Parlamente tatsächlich ein größeres Maß demokratischer Legitimation innerhalb der Europäischen Union erreicht wurde.[22] Dies hat mit der Effektivität der gewählten Maßnahmen zu tun. Denn es erscheint zweifelhaft, ob durch vereinzelte begründete Stellungnahmen seitens der nationalen Parlamente eine erhebliche Beeinflussung auf Gesetzesvorhaben der Europäischen Union zu erreichen ist. Auch die Verfahren der gelben und roten Karte haben sich bisher noch nicht als effektive Mittel erwiesen.[23] Und selbst wenn die nationalen Parlamente die vorausgesetzten Quoren erreichen, können sie europäische Gesetzgebungsakte nicht aus eigener Kraft verhindern. Auch wurde bis heute noch keine einzige Subsidiaritätsklage vor dem EuGH angestrebt. Der Kommission wurde zwar bereits dreimal die gelbe Karte gezeigt, in den ersten beiden Fällen vertrat die Kommissi-

---

21 Groh, Die Rolle der nationalen Parlamente, S. 96 f.

22 *Sowohl* Preising, Der Umgang nationaler Parlamente mit den neuen Rechten des Vertrages von Lissabon – die Perspektive der Europäischen Union, S. 153; Müller, Das Frühwarnsystem zur Subsidiaritätskontrolle: Bilanz nach einem Jahr des Bestehens des neuen Instruments, S. 481; *kritisch* Papier, Bevormundung oder Bürgerfreiheit? Die Belebung des Subsidiaritätsprinzips, S. 31 ff.; Höpner/Ehret, Endlich Subsidiarität? Die parlamentarische Subsidiaritätskontrolle am Beispiel von „Monti II", PVS 2016, 403, 419.

23 Papier, Bevormundung oder Bürgerfreiheit? Die Belebung des Subsidiaritätsprinzips, S. 31 ff.

on jedoch sehr deutlich die Einschätzung, dass eine Verletzung des Subsidiaritätsprinzips nicht vorliege.[24] Scheinbar müssen die nationalen Parlamente noch in ihre Rolle als „Wächter der Subsidiarität“[25] hineinwachsen. Mag sich die Situation hinsichtlich ihrer formell verfahrensrechtlichen Möglichkeiten im Vergleich zu früher verbessert haben, so steht ein Nachweis der Wirksamkeit der neuen Kontrollinstrumente bisher aus.

Ob eine wirksame Überwachung des Subsidiaritätsprinzips möglich ist, wird vielfach auch deshalb bezweifelt, da es keinen klar definierten Prüfungsmaßstab gibt. Denn die Möglichkeit, Gesetzgebungsvorhaben der Europäischen Union auf ihre Vereinbarkeit mit dem Subsidiaritätsprinzip zu überprüfen, basiert alleinig auf dem Subsidiaritätsprinzip wie es in Art. 5 Abs. 3 AEUV verankert ist. Es greift jedoch nur dort, wo eine konkurrierende Gesetzgebungszuständigkeit gemäß Art. 4 AEUV besteht. Besitzt die EU in einem Bereich die ausschließliche Zuständigkeit, stellt sich die Frage nach einer Subsidiaritätsprüfung nicht mehr.[26] Eines der Ziele des Verfassungskonvents war es, detaillierte Vorgaben und Kriterien für die Anwendung des Subsidiaritätsprinzips und seine Überprüfung vorzugeben. Diese Vorgaben wurden nie umgesetzt. Der Vertrag von Lissabon hat diese Entmaterialisierung beibehalten und beschränkt sich so – anders als das Amsterdamer Subsidiaritätsprotokoll – im Wesentlichen auf die verfahrensmäßige Wahrung des Subsidiaritätsprinzips. So bleibt nur der Rückgriff auf die beiden Prüfungskriterien, die auf die Schlussfolgerungen des Europäischen Rats zurückgehen.[27]

Ob überhaupt eine belastbare Arbeitsdefinition des Subsidiaritätsprinzips gefunden werden kann und ob diese überhaupt geeignet ist, das dargestellte Ziel zu erreichen, ist ebenfalls fraglich.[28] Es bleibt festzuhalten, dass dem Subsidiaritätsprotokoll materielle Vorgaben fehlen. Die Position der nationalen Parlamente wurde gegenüber dem Unions-

24 KOM(2012) 131; KOM(2013) 534.
25 Groh, Die Rolle der nationalen Parlamente, S. 81.
26 Langguth, in: Lenz/Borchardt, EU-Verträge, Art. 5, Rn. 6.
27 Callies, in: Callies/Ruffert, EUV/AEUV, Art. 5, Rn. 20 ff.; KOM(2010), 547.
28 Vgl. hierzu: Davies, Subsidiarity: The wrong idea, in the wrong place, at the wrong time, CMLR 2006, 63 ff.; Moersch, Leistungsfähigkeit und Grenzen des Subsidiaritätsprinzips, S. 228 ff.

gesetzgeber nur in verfahrensrechtlicher Hinsicht aufgewertet.[29] So wurde im Vergleich zum Amsterdamer Subsidiaritätsprotokoll der Prüfungsmaßstab transnationaler Aspekte gestrichen.[30] Wenn es also das erklärte Ziel des Vertrags von Lissabon war, die demokratische Legitimation der Europäischen Union durch eine intensivere Beteiligung der nationalen Parlamente zu steigern, so ist unschwer zu erkennen, dass eine durch unbestimmte Rechtsbegriffe erschwerte Prüfung die Aufgabe der nationalen Parlamente erheblich verkompliziert. Angesichts der schon in der Vergangenheit aufgetretenen Schwierigkeiten, eine Übereinstimmung über die Interpretationen des Subsidiaritätsprinzips zu finden[31], ist dies zwar nicht überraschend, aber es zeigt eine Fehlerquelle, die eine effektive Kontrolle durch die nationalen Parlamente erschwert.

Darüber hinaus ist das Subsidiaritätsprinzip eng mit dem Verhältnismäßigkeitsprinzip verbunden, wie die oftmals kumulative Nennung beider Begriffe belegt. Das Protokoll Nr. 2 spricht von den „Grundsätzen der Subsidiarität und der Verhältnismäßigkeit". Gleichzeitig sind beide Begriffe, obwohl in den Verträgen artikuliert, nicht hinreichend definiert, was wiederum in der Vergangenheit die Frage nach ihrer Justiziabilität aufgeworfen hat. Bis heute zeigt sich der EuGH in dieser Sache eher zurückhaltend.[32] Im Ergebnis bedeutet dies, dass nach wie vor ungeklärt ist, welche Bedeutung eine Subsidiaritätsbeschwerde für die nationalen Parlamente hat. Ob die durch den Vertrag von Lissabon eingeführten Kontrollrechte lediglich politische Instrumente sind oder ob sie ein effektives Instrument zur Wahrung des Subsidiaritätsprinzips darstellen, bleibt damit ungeklärt.

Das Subsidiaritätsprinzip und die Grenzen seiner Leistungsfähigkeit im europäischen Kontext ist seit vielen Jahren Gegenstand einer kontrovers geführten Diskussion.[33] Insbesondere Davies argumentiert, dass das Subsidiaritätsprinzip „die falsche Idee, am falschen Ort, zur

29 KOM(2010), 547.
30 Lippert, Der grenzüberschreitende Sachverhalt im Unionsrecht, S. 350.
31 Wuermeling, Kalamität Kompetenz: Zur Abgrenzung der Zuständigkeiten in dem Verfassungsentwurf des EU-Konvents, EuR 2004, 216.
32 Rs. C-491/01 (British American Tobacco); Rs. T-526/10 (The seal product case).
33 Eine Auswahl aus der umfassenden Literatur: Moersch, Leistungsfähigkeit und Grenzen des Subsidiaritätsprinzips, S. 228 ff.; Lecheler, Das Subsidiaritätsprinzip: Strukturprinzip einer europäischen Union, S. 12 ff; Nettesheim, Subsidiarität durch

falschen Zeit" sei, um die vom Vertrag von Lissabon verfolgten Ziele zu erreichen, da es seiner Natur nach eine zentralisierende Wirkung habe und keinen angemessenen Ausgleich für die Interessen der nationalen Parlamente biete.[34] Mit anderen Worten sorgt es Davies Ansicht nach eher dafür, dass mehr Kompetenzen an die Europäische Union übertragen werden, als dass die demokratische Legitimation der Europäischen Union gesteigert wird. Anstelle des Subsidiaritätsprinzips sollte seiner Auffassung nach vielmehr das Verhältnismäßigkeitsprinzip Anwendung finden, um die demokratische Legitimation der Europäischen Union zu verbessern. Denn, anders als das Subsidiaritätsprinzip, biete das Verhältnismäßigkeitsprinzip einen geeigneten Maßstab, um bewerten zu können, ob eine Maßnahme auch im Lichte der Interessen der Mitgliedstaaten angemessen sei. Nur auf diesem Wege könne eine Verletzung der Kompetenzen der nationalen Parlamente durch die Europäische Union effektiv verhindert werden.[35]

Ein Untersuchungsschwerpunkt dieser Arbeit liegt in der Frage, ob das Subsidiaritätsprinzip und das neue Subsidiaritätsprotokoll die Position der nationalen Parlamente in Europa nachhaltig verbessern konnte und europäische Legislativakte hierdurch mehr demokratische Legitimation erfahren haben. Um diese Frage zu beantworten, muss notwendigerweise zunächst eine Analyse und eine Bilanz gezogen werden, ob sich die Hoffnungen, die mit der Einführung des neuen Subsidiaritätsprotokolls verbunden waren, erfüllt haben oder nicht. Aus dieser Analyse und Bilanzierung erwachsen die Anschlussfragen, welche

politische Verhandlung – Art. 5 Abs. 3 EUV als Verständigungsauftrag, S. 35 ff.; Heintzen, Subsidiaritätsprinzip und Europäische Gemeinschaft, JZ 1991, 317 ff.; Herzog, Subsidiaritätsprinzip und Staatsverfassung, Der Staat 2 (1963), 399, 407 ff, D'Atena, Die Subsidiarität: Werte und Regeln, S. 327 ff.; Davies, Subsidiarity: The wrong idea, in the wrong place, at the wrong time, CMLR 2006, 63 ff.; Craig, Subsidiarity: A political and Legal Analysis, JCMS 2012, 72 ff.; Schütze, From Dual to Cooperative Federalism – The Changing Structure of European Law, S. 243 ff; Martinico, Dating Cinderella: On Subsidiarity as a Political Safeguard of Federalism in the European Union, EPL 2011, 649 ff; Höffe, Subsidiarität als staatsphilosophisches Prinzip, S. 49 ff.

34 Davies, Subsidiarity: The wrong idea, in the wrong place, at the wrong time, CMLR 2006, 63, 78.

35 Davies, Subsidiarity: The wrong idea, in the wrong place, at the wrong time, CMLR 2006, 63, 81 ff.

Reformen in Betracht zu ziehen sind und ob das Subsidiaritätsprinzip als solches überhaupt der richtige Ausgangspunkt ist.

Das Subsidiaritätsprinzip ist ein wesentliches Element nach der Frage der demokratischen Legitimation Europas.[36] Dies gilt umso mehr, wenn man bedenkt, dass der Katalog ausschließlicher Zuständigkeiten begrenzt ist; vielmehr fallen die meisten Aufgaben in den Bereich der von der EU und den Mitgliedstaaten geteilten Zuständigkeiten.[37] Darüber hinaus wird die These von Davies untersucht, dass das Verhältnismäßigkeitsprinzip – und nicht das Subsidiaritätsprinzip – der Schlüssel für mehr demokratische Legitimation europäischer Legislativakte sei.

Nicht nur das Subsidiaritätsprinzip als solches, sondern auch die Rechtsprechung des EuGH in Bezug auf das Subsidiaritätsprinzip wurde und wird kontrovers diskutiert. Die Rechtsprechung des EuGH sei zu zurückhaltend und undifferenziert und dadurch ungeeignet, dem Subsidiaritätsprinzip zu rechtlicher Durchsetzung zu verhelfen.[38] Mehr noch: Seine Rechtsprechungspraxis habe zu einer Verkehrung des Subsidiaritätsprinzips in sein Gegenteil geführt und eine kompetenzbegründende Funktion angenommen, anstatt kompetenzbegrenzend zu wirken.[39] Dabei stellte der EuGH erst spät klar, dass er das Subsidiaritätsprinzip für justiziable hält.[40] Auch das BVerfG sah sich in der Vergangenheit mit der Frage der Justiziabilität des Subsidiaritätsprinzips und eines möglichen Prüfungsmaßstabs des Subsidiaritätsprinzips konfrontiert.[41] Anders als dem EuGH sei es dem BVerfG jedoch gelungen, dem Subsidiaritätsprinzip zu rechtlicher Durchsetzbarkeit zu verhelfen.[42] Ein zweiter Untersuchungsschwerpunkt dieser Arbeit wird

---

36 Ruffert, Schlüsselfragen der Europäischen Verfassung der Zukunft Grundrechte – Institutionen – Kompetenzen – Ratifizierung, EuR 2004, 165, 181.

37 Priebe, Rückverlagerung von Aufgaben – ein Beitrag zu besserer Akzeptanz der Europäischen Union?, EuZW 2015, 697.

38 Nettesheim, Subsidiarität durch politische Verhandlung – Art. 5 Abs. 3 EUV als Verständigungsauftrag, S. 41.

39 Hilf/Stein/Schweitzer/Schindler, Europäische Union: Gefahr oder Chance für den Föderalismus in Deutschland, Österreich und der Schweiz?, S. 126.

40 EuGH, Rs. C-377/98, Niederlande/Rat und EP (Biopatent-Richtlinie), Slg. 2001, I-7079.

41 BVerfGE 2, 213 (224).

42 Schlüter, Das Bundesverfassungsgericht und sein Einfluss auf die föderale Kompetenzverteilung, S. 153 f.

daher darin bestehen, die Rechtsprechung des EuGH und die des BVerfG mit Blick auf das Subsidiaritätsprinzip zu untersuchen und zu vergleichen.

Im Anschluss an die dargestellten Untersuchungsschwerpunkte schließt sich ein Ausblick an, der sich mit der Frage befasst, ob das Subsidiaritätsprinzip eine Argumentationsgrundlage dafür liefert, Kompetenzen zurück auf die nationalen Parlamente zu verlagern und verstärkt auf ein intergouvernementales Vorgehen zu setzen, um dem europäischen Legitimationsdefizit zu begegnen. Denn seit der Euro- und Staatsschuldenkrise wird die Frage nach der demokratischen Legitimation der Europäischen Union wieder mit großem Nachdruck geführt.[43] Im Fokus steht dabei nicht nur die Frage nach der Vereinbarkeit einzelner Legislativakte mit dem Subsidiaritätsprinzip, sondern die Frage nach der grundsätzlichen Gestaltung der europäischen Gemeinschaft: Sollten als Antwort auf diese Frage Kompetenzen von der Europäischen Union zurück auf die Mitgliedstaaten übertragen werden oder sollte sie noch weitere Kompetenzen erhalten? Außerdem besteht Uneinigkeit über das zukünftige Prozedere der europäischen Integration: Sollten Entscheidungen auf europäischer Ebene verstärkt im intergouvernementalen *modus operandi* getroffen werden oder sollte Europa stattdessen verstärkt auf die supranationalistische Integrationsmethode setzen? Europa scheint jedenfalls an einem Punkt angekommen zu sein, an dem es der Frage nach der Finalität seiner Integration nicht länger ausweichen kann.[44]

Die Frage nach der Finalität der Integration ist eng verbunden mit der Frage nach einem europäischen *demos*, nach einer übergreifenden, spezifisch europäischen Identität der Bürger Europas und ob es einer solchen Identität für die demokratische Legitimation des europäischen Projekts bedarf. Dies ist ein zentrales Motiv für die Entstehung des aktuellen Legitimationsdefizits der Europäischen Union:

43 Hüttmann/Knodt, in: Das Ende der Demokratie in Europa? Intergouvernementalismus, Euro-Krisenpolitik und »Mehrebenenparlamentarismus« in der EU, S. 133.

44 Patzelt, Zur Lage der Parlamente in der Europäischen Union, ZSE 2014, 68, 86; Nettesheim, Subsidiarität durch politische Verhandlung – Art. 5 Abs. 3 EUV als Verständigungsauftrag, S. 37; Grande, Demokratische Legitimation und europäische Integration, Leviathan 1996, 339, 342.

> „Es ist denkbar, daß das Defizit sozialer Legitimation der Union damit zusammenhängt, daß es dem Gemeinschaftsrecht nicht gelungen ist, die Bürger Europas in ausreichendem Maße um das Integrationsprojekt zu versammeln und einen nichtstaatlich definierten Kern von Gemeinsamem plausibel zu machen. Identität und politische Gemeinschaft sind in der Vorstellung der meisten nach wie vor im staatlichen Raum angesiedelt; [...] Nicht allein die Fakten entscheiden darüber, wie wir uns wahrnehmen, sondern die Bedeutungen, die wir diesen Fakten zuschreiben. Das soziale Legitimationsdefizit der Union ist ein Defizit der Bedeutungszuschreibung. Recht ist eine Praxis der Bedeutungszuschreibung. [...] Das europäische Bedeutungsdefizit ist folglich ein genuines Thema der Rechtswissenschaft.“[45]

Es ist nicht zu übersehen, welche Bedeutung die Beantwortung dieser Frage in Zeiten wachsender Europaskepsis für die Position der nationalen Parlamente innerhalb Europas hat. Der wachsende Erfolg rechtspopulistischer und EU-skeptischer Parteien sind eindeutige Belege hierfür.[46]

Welche Folgen der Austritt Großbritanniens aus der Europäischen Union für die Tektonik der Macht und die Architektur Europas haben wird, ist noch nicht abzusehen. Mit dem britischen Parlament verliert die Gruppe der Nicht-Euroländer jedoch einen wichtigen Machtblock. In jedem Falle hat der Brexit die Diskussion über die Zukunft der Europäischen Union weiter zugespitzt. Die Frage nach der Position der nationalen Parlamente ist folglich nicht nur akademischer Natur, vielmehr stellt sie ein zentrales Problem da, welchen Weg die europäische Gemeinschaft in Zukunft einschlagen wird.

Zum Teil wird als Antwort auf diese Frage die Rückverlagerung von Kompetenzen zurück auf die Mitgliedstaaten gefordert.[47] Sollten sich die durch den Vertrag von Lissabon eingeführten Kontrollmechanismen als ungenügend erweisen, wird die Debatte um die Verteilung von Kompetenzen im Verhältnis zwischen der Europäischen Union

45 Haltern, Europarecht und das Politische, S. 2.

46 Eppler, Die »Rechtsstaatskrise« der EU: Verderben zu viele Köche den Brei?, ZfP 2016, 406, 424.

47 Priebe, Rückverlagerung von Aufgaben – ein Beitrag zu besserer Akzeptanz der Europäischen Union?, EuZW 2015, 697; Hillgruber, Weniger ist mehr – Plädoyer für eine Begrenzung der Kompetenzen der EU zwecks Wiederherstellung einer föderalen Balance, S. 29 ff.; *kritisch* Fuest, Plädoyer für eine Stärkung der Kompetenzen der Europäischen Union, S. 49 ff.

und den nationalen Parlamenten weiter vertieft werden und damit die Frage nach der demokratischen Legitimation europäischer Gesetzgebung. Exemplarisch für diese Debatte sind die Aussagen des früheren britischen Premierministers Cameron:

> „It is national parliaments, which are, and will remain, the true source of real democratic legitimacy and accountability in the EU."[48]

Die Rückverlagerung von Kompetenzen könnte nach Ansicht des früheren niederländischen Außenministers Bot in diesem Kontext einen wichtigen Beitrag liefern, um der „[...] ‚Bedrohung', als welche die EU oftmals empfunden werde", entgegen zu wirken.[49] Derartige Rückverlagerungen würden zweifellos den Einfluss nationaler Parlamente auf die Geschicke Europas stärken. Gleichzeitig könnte dies jedoch eine Schwächung der Europäischen Union als Integrationsprojekt insgesamt bedeuten.

Im Gegensatz hierzu fordert Habermas eine weitere Übertragung von Souveräntitätsrechten auf die Europäische Union, deren demokratische Legitimation sich auf die umfassende Ermächtigung des Europäischen Parlaments stützen soll.[50] Weitere Verlagerungen von Kompetenzen auf die Europäische Union würden nicht nur die Konfliktlinie zwischen einzelnen Mitgliedstaaten verschärfen, sie würden auch den Streit um die demokratische Legitimation der Union und ihre Kompetenzkontrolle vertiefen.

Eine weitere Konfliktlinie verläuft insbesondere zwischen den Mitgliedern der Euro-Gruppe auf der einen und den übrigen Mitgliedstaaten der Europäischen Union auf der anderen Seite. Bereits seit längerer Zeit ist zu erkennen, dass der europäische Integrationsprozess zunehmend differenziert verläuft: Das Europa der verschiedenen Geschwindigkeiten[51] ist schon längst Realität geworden, gleichwohl diese differenzierte Integration bisher eher als Ausnahmefall zur Anwendung

48 House of Commons European Scrutiny Committee, Fourteenth Report of Session 2015–16, HC 458, S. 26.

49 Steinberg, Vortragsbericht, S. 33.

50 Vgl. hierzu: Habermas, Warum der Ausbau der Europäischen Union zu einer supranationalen Demokratie nötig und wie er möglich ist, Leviathan 2014, 524, 533; Habermas, Zur Verfassung Europas: Ein Essay, S. 73.

51 Vgl. zur Begriffsbestimmung: Thym, Flexible Integration: Garant oder Gefahr für die Einheit und die Legitimation des Unionsrechts?, S. 23.

kam.[52] Im Zuge der Euro- und Staatsschuldenkrise haben die Staats- und Regierungschefs zunehmend auf eine intergouvernementale Koordination gesetzt und damit die Bedeutung des Europäischen Parlaments und die der Kommission geschwächt. Die Zunahme der intergouvernementalen Methode „ist ein deutlicher Hinweis auf den qualitativen Stand der Integration“[53], mit erheblichen Auswirkungen auf das politische System Europas.[54] In der Konsequenz hat die Euro- und Staatsschuldenkrise den Prozess der differenzierten Integration verstärkt.[55]

Einige Staaten befürchten daher durch eine vertiefte Integration innerhalb der Eurogruppe an Einfluss bei wichtigen wirtschafts- und finanzpolitischen Entscheidungen zu verlieren. Dies wird vor allem von Nicht-Euroländern skeptisch gesehen:

> „Der Fiskalvertrag steht nämlich für ein Ausweichen von 25 EU-Mitgliedstaaten in die so genannte Intergouvernementalität […], die wieder einstimmiges Entscheiden außerhalb des institutionellen Rahmens der Supranationalität ermöglicht. Das Primärrecht enthält in juristischer Sprache die Bedingungen für den geldpolitischen Konsens der Mitgliedstaaten. Die Regeln über die Vertragsänderung (Art. 48 EUV) garantieren, dass dieser schriftliche Konsens nur in einem streng formalisierten Verfahren und einstimmig geändert werden kann. Das Vertrauen in dieses formalisierte Verfahren und die Einstimmigkeit ermöglicht es den nationalen Parlamenten überhaupt erst, durch die Vertragsratifikation die Verantwortung für das überstaatlich Ausgehandelte zu übernehmen. […] Großbritannien und die Tschechische Republik stehen außen vor und müssen zur Kenntnis nehmen, dass die von ihnen abgelehnte politische Lösung nunmehr als intergouvernementaler Vertrag außerhalb des dafür eigens vorgesehenen Instruments der Verstärkten Zusammenarbeit […] verwirklicht wird.“[56]

---

52 von Ondarza, Auf dem Weg zur Union in der Union. Institutionelle Auswirkungen der differenzierten Integration in der Eurozone auf die EU, integration 2013, 17, 19; Schimmelfennig, Variable Geometrien, Differenzierung, Integration und Demokratie, S. 128.

53 Schorkopf, Methodenpluralismus in der europäischen Integration, S. 111.

54 von Ondarza, Auf dem Weg zur Union in der Union. Institutionelle Auswirkungen der differenzierten Integration in der Eurozone auf die EU, integration 2013, 17, 21.

55 Schimmelfennig, Variable Geometrien, Differenzierung, Integration und Demokratie, S. 126.

56 Schorkopf in: Europas politische Verfasstheit im Lichte des Fiskalvertrages, ZSE 2012, 1, 3.

Ob die Union in Zukunft verstärkt auf die intergouvernementale Integrationsmethode setzen sollte, ist umstritten. Während einige diese als einen notwendigen Schritt erachten, wieder für ein größeres Maß an Akzeptanz und Legitimation des europäischen Projekts zu sorgen[57], warnen andere davor, dass der Intergouvernementalismus „eine latente Gefahr für die Einheit" Europas darstelle.[58] Europa solle daher zukünftig stärker im supranationalen *modus operandi* agieren.[59] Für welche Integrationsmethode sich die europäische Gemeinschaft letztlich entscheidet, wird großen Einfluss auf die Position der nationalen Parlamente innerhalb des Europas der verschiedenen Geschwindigkeiten haben.

Die Novität dieser Untersuchung liegt darin, dass sie versucht, die Bedeutung des Subsidiaritätsprinzips seit dem Inkrafttreten des Vertrags von Lissabon zu analysieren, ohne auf die verfahrenstechnischen Merkmale seiner Überprüfung beschränkt zu sein. Es soll aufgezeigt werden, dass das Subsidiaritätsprinzip auf verschiedenen Anwendungsebenen Argumente für eine stärkere Einbindung der nationalen Parlamente bietet. Dies schließt die Untersuchung mit ein, welche Bedeutung das Subsidiaritätsprinzip in Hinblick auf eine Neuordnung der Kompetenzen in Europa und die Integration seiner Mitgliedstaaten hat.

57 Axt, Das Mantra von „mehr Europa" als Antwort auf die Krisen, ZPol 2016, 455, 463.

58 Hölscheidt, Intergouvernementale Zusammenarbeit in der Krise – Garant oder Gefahr für die Einheit der Union – aus der Sicht des Bundestages, S. 61.

59 Habermas, Warum der Ausbau der Europäischen Union zu einer supranationalen Demokratie nötig und wie er möglich ist, Leviathan 2014, 524; *sowohl auch* Fuest, Plädoyer für eine Stärkung der Kompetenzen der Europäischen Union, S. 49.

B. Begriff und Kontrolle der Subsidiarität in der Europäischen Union

Seitdem das Subsidiaritätsprinzip Teil der europäischen Verträge ist, besteht eine intensive politische wie auch wissenschaftliche Debatte über seine Bedeutung für die Europäische Union. Seine Einführung war und ist mit großen Erwartungen und Hoffnungen verbunden. Die Einführung des Subsidiaritätsprinzips hat seiner Zeit eine regelrechte Begeisterungswelle ausgelöst.[60] „Was für die Anhänger Sigmund Freuds der Sex ist, ist für die Europapolitiker das Subsidiaritätsprinzip im Vertrag von Maastricht."[61] Es sollte als ein normatives Ideal den fortschreitenden Integrationsprozess der europäischen Gemeinschaft lenken.[62]

Die dem Subsidiaritätsprinzip zugrunde liegende Idee ist dabei so einfach wie intuitiv. Im europäischen Kontext betrachtet soll es einerseits die nationalstaatlichen Parlamente vor einer Kompetenzüberschreitung durch die Europäische Union schützen und andererseits – sofern dies notwendig ist – ein legislatives Handeln der Europäischen Union ermöglichen.[63] Es ist diese eindeutige Abwägung, die das Subsidiaritätsprinzip so attraktiv wirken lässt, da es offenbar eine angemessene Machtverteilung zulässt.[64] „Er steht für eine regulative Idee, vermittels derer zwischen den Zielen, die im Integrationsprozess verfolgt werden und der Handlungskapazität der Ebenen EU und Mitgliedstaaten eine analytisch empirische Relation hergestellt wird. Der Idee nach spiegelt sich im Subsidiaritätsprinzip der architektonische Bauplan der

60 Oppermann/Classen/Nettesheim, Europarecht, Rn. 32.
61 Möschel, Subsidiaritätsprinzip und europäisches Kartellrecht, NJW 1995, 281.
62 Nettesheim, Subsidiarität durch politische Verhandlung – Art. 5 Abs. 3 EUV als Verständigungsauftrag, S. 35.
63 Hrbek, Das Subsidiaritätsprinzip in der EU – Bedeutung und Wirkung nach dem Vertrag von Amsterdam, S. 513.
64 Davies, Subsidiarity: The wrong idea, in the wrong place, at the wrong time, CMLR 2006, 63, 67.

EU als einem föderalen Gebilde wieder, indem der unteren Ebene bei der Aufgabenerledigung der Vorrang zukommt."[65] Mit anderen Worten: „Subsidiarität heißt Förderung, nicht Bevormundung."[66]

Der grundlegenden Idee des Subsidiaritätsprinzips liegt eine ästhetische Einfachkeit zugrunde, die im deutlichem Gegensatz zu ihrer schwierigen Anwendbarkeit in der Praxis steht. Bisher ist es nicht gelungen, materielle Kriterien zu entwickeln, die für eine juristische Überprüfung tauglich sind. Die Aufmerksamkeit, die das Subsidiaritätprinzip im wissenschaftlichen Diskurs erhält, steht damit für in keinem Verhältnis zu seiner praktischen Relevanz. Vielmehr gleicht sein Wirkungsprinzip einer Monstranz: „Man trägt es vor sich her und zeigt es denen, die glauben sollen, die Wirkung seines Inhalts ist jedoch nicht erwiesen."[67] So besteht bis heute keine ausgearbeitete „materiale Konzeption" zur Abgrenzung der Zuständigkeitsbereiche zwischen der Europäischen Union und ihren Mitgliedstaaten.[68] Auch der Vertrag von Lissabon hat insoweit keinerlei Neuerungen gebracht. Vielmehr übernimmt er weitestgehend die materiellen Prüfungskriterien des Vertrags von Amsterdam.[69] Hiervon gibt es jedoch eine prominente Ausnahme. So wies das Subsidiaritätsprotokoll von Amsterdam in Ziffer 5 verbindliche Prüfungsleitlinien dergestalt aus, dass bei einem betroffenen Sachverhalt ein transnationaler Aspekt, also ein grenzüberschreitender Bezug, gegeben sein muss.[70] Die tatsächlichen Neuerungen liegen jedoch in den prozessualen Vorkehrungen des Vertrags von Lissabon, die das Subsidiaritätsprinzip und seine Kontrolle operabel machen sollen. Wobei Herzstück dieser prozessualen Regelungen verfahrenstechnische Aspekte der Subsidiaritätskontrolle sind,

65 Nettesheim, Subsidiarität durch politische Verhandlung – Art. 5 Abs. 3 EUV als Verständigungsauftrag, S. 37.

66 Timmermann, Subsidiarität und Föderalismus in der Europäischen Union S. 11.

67 Bickenbach, Das Subsidiaritätsprinzip in Art. 5 EUV und seine Kontrolle, EuR 2013, 523.

68 Nettesheim, Subsidiarität durch politische Verhandlung – Art. 5 Abs. 3 EUV als Verständigungsauftrag, S. 45.

69 Oppermann/Classen/Nettesheim, Europarecht, Rn. 25 f.

70 Ladenburger, Anmerkungen zu Kompetenzordnung und Subsidiarität nach dem Vertrag von Lissabon, ZEuS 2011, 389 f.

namentlich das sog. „Frühwarnsystem".[71] Es ist daher nicht Ziel und Aufgabe dieser Arbeit, neue materielle Prüfungskriterien für eine Subsidiaritätsprüfung zu finden oder zu artikulieren. An dieser Stelle sei auf die Vielzahl von Arbeiten verwiesen, die dieses Feld *in extenso*[72] bearbeitet haben. Im Folgenden soll daher nur ein kurzer Überblick über die materiellen Prüfungskriterien, wie sie der Subsidiaritätsprüfung des Vertrags von Lissabon zugrunde liegen, gegeben werden, soweit dies für die vorliegende Arbeit notwendig ist.

I. Der Subsidiaritätsbegriff

Im engeren Sinne ist das Subsidiaritätsprinzip in Art. 5 Abs. 3 EUV als eine Kompetenzregel ausgestaltet, welche nicht die Frage der *Kompetenzverteilung*, sondern die der *Kompetenzausübung* regelt.[73]
Das Subsidiaritätsprinzip ist folglich eine *Kompetenzausübungsschranke*.[74] Es greift jedoch nur dort, wo eine konkurrierende Gesetzgebungszuständigkeit gemäß Art. 4 AEUV besteht. Besitzt die Europäische Union in einem Bereich die ausschließliche Gesetzgebungszuständigkeit, stellt sich die Frage nach einer Subsidiaritätsprüfung schon gar nicht mehr.[75] Art. 5 Abs. 3 EUV beschreibt zwei Prüfungskriterien, welche den kumulativen Kontrollmaßstab der Subsidiaritätsprüfung bilden:

---

71 Groh, Die Rolle der nationalen Parlamente, S. 78; Ladenburger, Anmerkungen zu Kompetenzordnung und Subsidiarität nach dem Vertrag von Lissabon, ZEuS 2011, 389, 399.

72 Vgl. hierzu: Callies, Subsidiaritäts- und Solidaritätsprinzip in der Europäischen Union, S. 104 ff.; Douglas-Scott, Constitutional Law of the European Union; Heintzen, Subsidiaritätsprinzip und Europäische Gemeinschaft, JZ 1991, 317 ff.; Lecheler, Das Subsidiaritätsprinzip: Strukturprinzip einer europäischen Union; Schütze, From Dual to Cooperative Federalism – The Changing Structure of European Law, S. 243 ff.; Moersch, Leistungsfähigkeit und Grenzen des Subsidiaritätsprinzips, S. 1 ff.; Hrbek, Das Subsidiaritätsprinzip in der EU – Bedeutung und Wirkung nach dem Vertrag von Amsterdam, S. 510 ff.

73 Callies, in: Callies/Ruffert, EUV/AEUV, Art. 5 EUV, Rn. 20 ff.

74 Streinz, Europarecht, Rn. 172.

75 Langguth, in: Lenz/Borchardt, EU-Verträge, Art. 5, Rn. 6.

Das Erforderlichkeitskriterium setzt voraus, dass eine Überforderung der Mitgliedstaaten besteht.[76] Gemäß Art. 5 Abs. 3 EUV ist ein Handeln der Union nur dann möglich, „sofern und soweit die Ziele der in Betracht gezogenen Maßnahme von den Mitgliedstaaten weder auf zentraler noch auf regionaler Ebene ausreichend verwirklicht werden können." Ein Handeln der Union muss demnach „erforderlich" sein.[77] Damit handelt es sich bei dem Erforderlichkeitskriterium letztlich um nichts anderes als eine „Zweck-Mittel-Relation", die klären soll, „ob die Mitgliedstaaten – je für sich für sich handelnd – den von der EU-Institution vorformulierten (hypothetischen) Zielzustand herstellen können."[78]

Neben die Frage der Erforderlichkeit eines Handelns durch Unionsorgane tritt das Effizienzkriterium. Danach muss ein Handeln der Europäischen Union nicht nur erforderlich sein, es muss auch effizienter sein. Gesetzgebungsvorhaben müssen auf europäischer Ebene „besser" zu verwirklichen sein. Im Ergebnis muss sich ein Mehrwert für die Europäische Union insgesamt ergeben.[79] „Das Subsidiaritätsprinzip wirkt hier als eine Argumentationslastregel, die schon im Fall eines *non licet* in der Optimierungsfrage die Ausübung einer unionsrechtlichen Kompetenz untersagt."[80]

Sowohl die Formulierungen des Erforderlichkeitskriteriums und die des Effizienzkriteriums waren und sind einer der Hauptkritikpunkte an der Idee, eine effektive Kontrolle und Wahrung des Subsidiaritätsprinzips zu gewährleisten.[81] Denn beide Prüfungskriterien führen unbestimmte Rechtsbegriffe an, die eine juristische Prüfung problematisch gestalten. Ob eine hinreichende Präzisierung überhaupt

---

76 Callies, Die neue Europäische Union nach dem Vertrag von Lissabon, S. 208.

77 Streinz, in: Streinz, EUV/AEUV, Art. 5 EUV, Rn. 28; KOM(2010), 547.

78 Nettesheim, Subsidiarität durch politische Verhandlung – Art. 5 Abs. 3 EUV als Verständigungsauftrag, S. 38.

79 Callies, in: Callies/Ruffert, EUV/AEUV, Art. 5 EUV, Rn. 40 ff.

80 Bast/von Bogdandy, in: Grabitz/Hilf/Nettesheim, Das Recht der Europäischen Union, Art. 5 EUV, Rn. 54 ff.

81 Vgl. hierzu: Schütze, From Dual to Cooperative Federalism – The Changing Structure of European Law, S. 250 f.; Nettesheim, Subsidiarität durch politische Verhandlung – Art. 5 Abs. 3 EUV als Verständigungsauftrag, S. 39 f.; Becker, Die Subsidiaritätsprüfung in Bundestag und Bundesrat – ein rechtliches oder ein politisches Instrument ZPol 2013, 5, 31.

möglich ist, darf bezweifelt werden: Es gibt gute Argumente dafür, dass eine exakte und ohne unbestimmte Rechtbegriffe auskommende Definition des Subsidiaritätsprinzips weder möglich, noch wünschenswert ist.[82] Dass die beiden unbestimmten Rechtsbegriffe „ausreichend“ und „besser“ ein breites Interpretationsspektrum eröffnen, dürfte auch der Grund für die Popularität des Subsidiaritätsprinzips sein: Jeder kann seine Interpretation des Subsidiaritätsprinzips wie eine Monstranz vor sich hertragen, ohne seine Wirkung beweisen zu müssen.

II. Subsidiaritätskontrolle nach Lissabon

Im Gegensatz zu den fehlenden neuen materiellen Prüfungskriterien haben die nationalen Parlamente durch den Vertrag von Lissabon eine Reihe neuer Kontrollinstrumente erhalten, die ihre Position im europäischen Rechtsetzungsprozess nachhaltig aufwerten sollen.[83] Im Wesentlichen wurden die Ideen des Europäischen Verfassungsvertrags für die Subsidiaritätskontrolle in Form des Subsidiaritätsprotokolls übernommen.[84] Dazu zählen insbesondere die Einrichtung eines „Frühwarnsystems“ und die Verfahren der gelben und der roten Karte. Diese Kontrollinstrumente und ihre Funktionen wurden bereits in anderen Arbeiten ausführlich vorgestellt.[85] Daher wird an dieser Stelle nur ein kurzer Überblick über die neuen Möglichkeiten der nationalen Parlamente zur Kontrolle des Subsidiaritätsprinzips gegeben, soweit dies für diese Arbeit notwendig ist.

---

82 Davies, Subsidiarity: The wrong idea, in the wrong place, at the wrong time, CMLR 2006, 63, 66.

83 Hölscheidt, Formale Aufwertung – geringe Schubkraft: Die Rolle der nationalen Parlamente gemäß dem Lissabonner Vertrag, integration 2008, 254.

84 Bußjäger, Frühlingserwachen? Über die aufkeimende Liebe der regionalen und nationalen Parlamente an der Mitwirkung in der Europäischen Union, S. 503.

85 Vgl. hierzu: Groh, Die Rolle der nationalen Parlamente; Müller, Das Frühwarnsystem zur Subsidiaritätskontrolle: Bilanz nach einem Jahr des Bestehens des neuen Instruments, S. 471 ff.; Melin, Die Rolle der deutschen Bundesländer im Europäischen Rechtsetzungsverfahren nach Lissabon, EuR 2011, 655; Altmaier, Die Subsidiaritätskontrolle der nationalen Parlamente nach dem Subsidiaritätsprotokoll zum EU-Verfassungsvertrag, S. 301 ff.

1. Informationsrechte der nationalen Parlamente

Es liegt in der Natur der Sache, dass die nationalstaatlichen Parlamente ihrer Kontrollaufgabe nur nachkommen können, wenn sie über einen um- fassenden Kenntnisstand verfügen. Das Recht umfangreich informiert zu werden, stellt dabei keine Kleinigkeit da, sondern ist eine notwendige Voraussetzung für alle Parlamente, um die Ausübung ihrer Funktion als Kontrollinstanz gerecht zu werden: „Da [...] die Kenntnis tatsächlicher Vorgänge Voraussetzung jeglicher parlamentarischer Kontrolle ist, bildet das Informationsrecht des Parlaments und entsprechend die Auskunftspflicht der Regierung gewissermaßen den archimedischen Punkt des Parlamentarismus."[86]

Dies gilt selbstverständlich auch für die nationalen Parlamente hinsichtlich ihrer Aufgabe, die Einhaltung des Subsidiaritätsprinzips zu kontrollieren. Vor diesem Hintergrund sind alle Gesetzesvorhaben der Kommission hinsichtlich ihrer Vereinbarkeit mit dem Subsidiaritätsprinzip zu begründen. Darüber hinaus sieht das neue Subsidiaritätsprotokoll gemäß Art. 4 SP vor, dass sämtliche Gesetzesentwürfe im Sinne des Art. 3 SP und ihre Änderungen, den nationalen Parlamenten zuzuleiten sind.[87] Dieser Zugewinn an Informationsfluss ist in seiner Bedeutung für die nationalen Parlamente und ihre Arbeit nicht zu unterschätzen: Bislang lag es in der Verantwortung der Regierung eines jeden Mitgliedstaats, die Gesetzgebungsentwürfe – gegebenenfalls – an das jeweilige nationale Parlament zu übermitteln. Art. 4 SP sieht nunmehr vor, dass die Kommission ihre Gesetzgebungsentwürfe unmittelbar den nationalen Parlamenten zuleiten muss. Nur so sind die nationalen Parlamente überhaupt erst in der Lage, umfassend auf mögliche Verletzungen des Subsidiaritätsprinzips zu achten.[88]

86 Ipsen, Fragerecht der Abgeordneten und Antwortpflicht der Landesregierung nach Art. 24 Abs. 1 der Niedersächsischen Verfassung, NdsVbl. 2013, 265.

87 Groh, Die Rolle der nationalen Parlamente, S. 84 f.

88 Groh, Die Rolle der nationalen Parlamente, S. 82.

2. Ex-Ante Subsidiaritätskontrolle

Kommt ein nationales Parlament nach der Prüfung eines europäischen Gesetzentwurfes zu dem Schluss, dass dieser gegen das Subsidiaritätsprinzip verstößt, so kann es gemäß Art. 6 Abs. 1 SP in Form einer begründeten Stellungnahme darlegen, weshalb es den Entwurf für nicht vereinbar mit dem Subsidiaritätsprinzip hält.[89] Diese begründete Stellungnahme erfüllt die Funktion eines Frühwarnmechanismus, dessen sich die Parlamente bedienen können, um aus einer ex-ante Perspektive eine präventiv-politische Kontrolle von Gesetzgebungsentwürfen am Maßstab des Subsidiaritätsprinzips prüfen zu können.[90] Die Stellungnahme kann innerhalb von acht Wochen erhoben werden. Wird dies nur von einer kleinen Anzahl der nationalen Parlamente getan, so ist die Stellungnahme durch die Organe der Europäischen Union gemäß Art. 7 Abs. 1 SP lediglich „zur Kenntnis zu nehmen".

Neben dieser einfachen Rüge können die nationalen Parlamente auch das Verfahren nach Art. 7 Abs. 2 SP („gelbe Karte") erwirken: Entschließen sich ein Drittel der Kammern[91] eine Stellungnahme zu einem einzelnen Gesetzesentwurf abzugeben, so ist die Kommission gezwungen, eine Erklärung zu erlassen, ob aus Ihrer Sicht ein Verstoß gegen das Subsidiaritätsprinzip vorliegt oder nicht. Bei derzeit 28 Mitgliedstaaten ergibt sich eine Gesamtstimmenanzahl von 56 Stimmen. Wird das vorgeschriebene Mindestquorum von 18 Stimmen erreicht, ist die Überprüfung eines Vorschlags ergebnisoffen durchzuführen.[92] Danach steht es den in Art. 7 Abs. 2 UAbs. 2 SP aufgeführten Unionsorganen, die den entsprechenden Entwurf eines Gesetzgebungsakts eingebracht haben, frei, ob sie weiterhin an ihm festhalten, ihn ändern oder sogar zurückziehen wollen. Dies muss stets mit einer Begründung geschehen, die jedoch nicht nur einen Verweis auf die bereits nach Art. 5 SP gegebene Begründung enthalten darf.[93]

---

89 Streinz, in: Streinz, EUV/AEUV, Art. 5 EUV, Rn. 35.

90 Callies, in: Callies/Ruffert, EUV/AEUV, Art. 5, Rn. 65.

91 Im Falle eines Zwei-Kammer-Systems verfügt jede Kammer der innerstaatlichen Legislativen über jeweils eine Stimme.

92 Müller, Das Frühwarnsystem zur Subsidiaritätskontrolle: Bilanz nach einem Jahr des Bestehens des neuen Instruments, S. 471; Bickenbach, Das Subsidiaritätsprinzip in Art. 5 EUV und seine Kontrolle, EuR 2013, 523, 531.

93 Groh, Die Rolle der nationalen Parlamente, S. 90.

Einen Schritt weiter geht das Verfahren nach Art. 7 Abs. 3 SP („rote Karte"). Erreicht das Quroum der nationalen Parlamente die Hälfte der Stimmen der nationalen Parlamente, so werden die Stellungnahmen der nationalen Parlamente zusammen mit einer Stellungnahme der Kommission, dem Unionsgesetzgeber zugeleitet. Das Europäische Parlament und der Rat sind in diesem Fall - anders noch als bei der gelben Karte - dazu verpflichtet, die eingereichten Subsidiaritätsrügen zu berücksichtigen. Wenn der Unionsgesetzgeber mit einer Mehrheit von 55 % der Mitglieder des Rates oder einer Mehrheit der abgegebenen Stimmen des Europäischen Parlaments zu dem Schluss kommen, dass ein Verstoß gegen das Subsidiaritätsprinzip vorliegt, so ist der Gesetzesvorschlag gescheitert.[94] Demnach ist der Name des Verfahrens der roten Karte dahingehend irreführend, als dass er suggeriert, dass den nationalen Parlamenten ein echtes Vetorecht zur Verfügung stehe. Dies ist jedoch selbst beim Erreichen eines Quorums von 29 Stimmen nicht der Fall, da die nationalen Parlamenten in jedem Falle auf die Mitwirkung des Europäischen Parlaments angewiesen sind.

3. Ex-post Subsidiaritätskontrolle

Als lange umstritten galt die Frage, ob das Subsidiaritätsprinzip auch justiziabel sei und eine Verletzung vor Gericht geltend gemacht werden könne. Seine fehlende Rechtsbindungswirkung und die daraus mangelnde Justiziabilität seien auf die Unbestimmtheit des Subsidiaritätsbegriffs zurückzuführen.[95] Durch den Vertrag von Lissabon wurden diese Zweifel jedoch beseitigt.[96] Denn gemäß Art. 8 SP ist der EuGH für Klagen zuständig, die eine Verletzung des Subsidiaritätsprinzips durch europäische Gesetzgebungsakte zum Gegenstand haben und die von einem Mitgliedstaat gemäß Art. 263 AEUV erhoben oder entsprechend seiner Rechtsordnung im Namen seines nationalen

94 Wimmel, Die Mitwirkungsrechte des Bundestages in der Euro-Krise, ZSE 2014, 484, 495.

95 Moersch, Leistungsfähigkeit und Grenzen des Subsidiaritätsprinzips, S. 303; Schima, Das Subsidiaritätsprinzip im Europäischen Gemeinschaftsrecht, S. 139 ff.

96 Groh, Die Rolle der nationalen Parlamente, S. 99.

Parlaments beziehungsweise einer von dessen Kammern übermittelt werden.

Die Erweiterung des Kreis der (materiell) Klagberechtigten stellt die eigentliche substantielle Neuerung dieser Vorschrift dar, da sie den nationalen Parlamenten erstmal ermöglicht, eine Verletzung des Subsidiaritätsprinzips geltend zu machen. Die Mitgliedstaaten sind nach Art. 8 Abs. 1 SP unionsrechtlich dazu verpflichtet, entsprechend innerstaatliches Recht zu erlassen, wobei ihnen ein gewisser Umsetzungsspielraum zusteht.[97]

Für die Umsetzung der europarechtlichen Vorgabe gilt auf mitgliedstaatlicher Ebene, dass durch die innerstaatliche Regelung, die Möglichkeit der nationalen Parlamente eine Subsidiaritätsklage vor dem EuGH zu erheben, nicht ihrer Wirkung beraubt werden darf. Sie soll lediglich die verfahrensmäßige Ausgestaltung zwischen der Regierung und dem nationalen Parlament regeln. Die rein förmliche Klageerhebung obliegt dem Mitgliedstaat hierbei aus zwei Gründen: Einerseits soll sie den Kreis der Klageberechtigten nicht weiter ausdehnen und andererseits soll gewährleistet werden, dass der Mitgliedstaat mit einer Stimme vor dem EuGH auftritt. „Dass das Protokoll ausdrücklich von einer bloßen ‚Übermittlerrolle' des Mitgliedstaates ausgeht, macht jedoch deutlich, dass es sich um eine Klage des jeweiligen nationalen Parlamentes handelt."[98]

Die Subsidiaritätsklage ist ihrer rechtlichen Natur nach eine Sonderform der Nichtigkeitsklage im Sinne des Art. 263 Abs. 2 AEUV.[99] Dieser differenziert hinsichtlich der Klageberechtigung zwischen privilegierten Klägern, die gemäß Art. 263 Abs. 2 AEUV keine Verletzung eigener Rechte und gemäß Abs. 3 und Abs. 4 nach Klägern, die eine Verletzung von eigenen Rechten geltend machen müssen. Zu den privilegierten Klägern gehören auch die Mitgliedstaaten, die ohne eine eigene Rechtsverletzung eine Subsidiaritätsklage vor dem EuGH erheben können. Zwar verlangt Art. 8 SP keine subjektive Rechtsverletzung der nationalen Parlamente, „[...] allerdings ergibt sich aus der Systematik des Art. 263 Abs. 2–4 AEUV, dass ohne Geltendmachung einer Verlet-

97 Melin, Die Rolle der deutschen Bundesländer im Europäischen Rechtsetzungsverfahren nach Lissabon, EuR 2011, 655, 672.

98 Callies, Die neue Europäische Union nach dem Vertrag von Lissabon, S. 202 f.

99 Streinz/Ohler/Herrmann, Der Vertrag von Lissabon zur Reform der EU, S. 75.

zung in eigenen Rechten nur solche Einrichtungen klagen können, denen nach dem Unionsrecht eigene Kompetenzen zukommen."[100] Die Klageberechtigung entfällt auch nicht dadurch, dass die Übermittlung der Klage durch einen Mitgliedstaat und somit durch einen privilegierten Kläger geschieht. Ebenso wenig enthält Art. 8 SP einen Hinweis darauf, dass die Notwendigkeit zur Klageberechtigung besteht.[101] Jedoch wird den nationalen Parlamenten im Rahmen des Frühwarnsystems das Recht und damit die Möglichkeit gegeben, den Entwurf eines europäischen Gesetzgebungsakts überprüfen zu lassen. Es ist daher konsequent, keine weiteren Anforderungen an eine Klage durch die nationalen Parlamente zu stellen, als an die, die an die Mitgliedstaaten selbst gestellt werden, so dass eine Klage durch ein nationales Parlament auch dann zulässig ist, wenn dieses nicht die Verletzung eines eigenen subjektiven Rechts geltend machen kann.[102]

Ungeklärt ist demgegenüber die Frage, ob eine Subsidiaritätsklage eine vorangegangene Subsidiaritätsrüge notwendigerweise voraussetzt und somit nur diejenigen nationalen Parlamente klagebefugt sind, die bereits in einem früheren Stadium des Gesetzgebungsprozesses eine Subsidiaritätsrüge erhoben haben.[103] Diese Frage wird vom Subsidiaritätsprotokoll unbeantwortet gelassen. Gegen die Notwendigkeit einer zuvor erhobenen Subsidiaritätsrüge sprechen jedoch folgende Gesichtspunkte: Die nationalen Parlamente könnten sich anderenfalls dazu genötigt sehen, auf Verdacht und auf Vorrat Subsidiaritätsrügen zu erheben, um für den Ernstfall nicht den Verlust des eigenen Klagerechts zu riskieren. Dies gilt insbesondere für die Fälle, bei denen es zu einer späteren Änderung des Gesetzgebungsentwurfs gekommen ist.[104] Außerdem würden die nationalen Parlamente schlechter als die Regierungen der Mitgliedstaaten gestellt werden, die dem entsprechenden Gesetzgebungsakt zugestimmt haben und dennoch später gegen diesen eine Nichtigkeitsklage erheben können.[105]

100 Uepermann-Wittzack/Edenharter, Subsidiaritätsklage als parlamentarisches Minderheitsrecht?, EuR 2009, 313, 316 f.
101 Groh, Die Rolle der nationalen Parlamente, S. 97.
102 Uepermann-Wittzack/Edenharter, Subsidiaritätsklage als parlamentarisches Minderheitsrecht?, EuR 2009, 313, 317.
103 Callies, Die neue Europäische Union nach dem Vertrag von Lissabon, S. 203.
104 Groh, Die Rolle der nationalen Parlamente, S. 99.
105 Callies, Die neue Europäische Union nach dem Vertrag von Lissabon, S. 203.

Zusammenfassend ist festzuhalten, dass die (formale) Position der nationalen Parlamente durch den Vertrag von Lissabon verbessert wurde. Anders als zuvor ist es nicht bei Lippenbekenntnissen geblieben: Umfängliche Informationsrechte, Frühwarnsystem und die explizite Feststellung der Justitiabilität des Subsidiaritätsprinzips stellt ein Paket von Maßnahmen da, welches den nationalen Parlamenten in dieser Form zuvor nicht zur Verfügung stand. Fraglich bleibt jedoch, ob diese Maßnahmen sich als tatsächlich wirksame Instrumente zur Subsidiaritätskontrolle unter Beweis gestellt und zu einem Mehr an demokratischer Legitimation Europas beigetragen haben.

4. Bilanz der ersten Jahre

Die mit der Einführung der neuen Kontrollinstrumente verbundenen Hoffnungen für einen Zugewinn an demokratischer Legitimation innerhalb Europas waren groß. Der Auffassung Kotzurs nach würde die „europäische Demokratiearena" durch die neuen Kontrollinstrumente eine „mitgliedstaatliche Erweiterung" erfahren und die nationalen Parlamente auf „spezifische Weise zu europäischen Parlamenten" werden. Folglich würden auch nationale Wahlen einen „europäischen Impuls" senden und im Ergebnis zu einer „gemeineuropäischen Legitimationsleistung" beitragen.[106]

Ob das Subsidiaritätskontrollregime des Vertrags von Lissabon jedoch tatsächlich zu einer „gemeineuropäischen Legitimationsleistung" geführt hat, darf angesichts der bisherigen Nutzung der neuen Kontrollinstrumente als fraglich gelten. Seit Inkrafttreten des neuen Subsidiaritätskontrollregimes sind mittlerweile einige Jahre vergangen und es lassen sich erste Trends ablesen. So haben die nationalen Parlamente seit Inkrafttreten des Vertrags von Lissabon bis März 2018 insgesamt 433 begründete Stellungnahmen verabschiedet, wobei ihnen im selben Zeitraum 730 Gesetzgebungsvorschläge zugeleitet wurden.[107] Während sich die Zahl eingereichten begründeten Stellungnahmen von 34

106 Kotzur, Wir haben die Wahl: Überlegungen zu einem demokratischen „Europa der Bürger", Wirtschaftsdienst 2014, 243; *so auch* Callies, Subsidiaritätskontrolle durch Bundestag, Bundesrat und Landesparlamente, S. 581.

107 State of Play Notes, März 2018, S. 6.

im Jahr 2010[108] über 64 im Jahr 2011[109] und 70 im Jahr 2012[110] bis hin zu 88 Stellungnahmen im Jahr 2013[111] fast verdoppelte, wurden im Jahr 2014 lediglich 21 begründete Stellungnahmen eingereicht.[112] Dies entspricht einem Minus von 76 % gegenüber dem Jahr 2013. Begründet wird dies von der Kommission mit einer signifikant geringeren Anzahl von Gesetzgebungsvorschlägen.[113] Wurden 2013 noch 128 Gesetzgebungsvorschläge an die mitgliedstaatlichen Parlamente übersandt, so waren es 2014 gerade einmal noch 62 Vorschläge, also ein Rückgang um etwa die Hälfte.[114] Im Jahr 2015 gingen sogar nur noch 8 begründete Stellungnahmen ein, was einem Minus von 62 % gegenüber dem Vorjahr darstellt.[115] Die Zahl der begründeten Stellungnahmen nahm jedoch im Jahr 2016 wieder sprunghaft zu: Die nationalen Parlamente verabschiedeten in diesem Jahr 65 begründete Stellungnahmen. Dies entspricht einem Plus von 713 % gegenüber dem Jahr 2015.[116] Im Jahr 2017 sank das Niveau zuletzt wieder auf 50 begründete Stellungnahmen.[117]

Die Rügeaktivität der nationalen Parlamente ist insgesamt als verhalten zu bewerten, gleichwohl in letzter Zeit eine leicht ansteigende Tendenz erkennbar ist. Wurde im Zeitraum von 2010–2014 nur in 1,5 % der Fälle eine Subsidiaritätsrüge erhoben, stieg diese Zahl in der Zeit von 2015–2017 auf 1,74 % an; bezogen auf die Zeit von 2016–2017 sogar auf 2,4 %. Daraus ergibt sich für den Zeitraum 2010–2017, dass im Schnitt nur in knapp 1,6 % der Fälle eine Subsidiaritäsrüge erhoben wurde. Bemerkenswert ist jedoch, welchen Schwankungen diese Beteiligung unterliegt: Lag die Rügeintensität im Jahr 2010 bei nur 0,85 %, stieg sie zum Jahr 2012 rasch auf 2,64 % an, fiel dann auf einen Wert von lediglich 0,44 % im Jahr 2015, bevor sie im Jahr 2017 auf einen Spitzenwert von 3,0 % in die Höhe schnellte. Bei der Betrachtung

108 KOM(2011) 344, S. 4.
109 KOM(2012) 373, S. 4.
110 KOM(2013) 566, S. 4.
111 KOM(2014) 506, S. 4.
112 KOM(2015) 315, S. 4.
113 KOM(2015) 315.
114 Vgl. hierzu: State of play Notes, Januar 2014, S. 2; December 2014, S. 4.
115 KOM(2016) 469, S. 9.
116 KOM(2017) 600, S. 8.
117 Vgl. hierzu: State of Play Notes, Februar 2017, S. 2 ff.; Januar 2018, S. 2 ff.

dieser Zahlen ist zu beachten, dass diese Werte in gewisser Hinsicht über die allgemeine Rügeaktivität der nationalen Parlamente täuscht, denn alleine für das Jahr 2016 entfielen 50 % aller begründeten Stellungnahmen auf einen einzelnen Gesetzesvorschlag.[118] Auch in anderen Fällen lag die Anzahl der begründeten Stellungnahmen für einzelne Gesetzesvorschläge zum Teil deutlich über dem jeweiligen Jahresdurchschnitt.[119]

Auffälliger noch als die geringe Rügeaktivität ist die Anzahl der gelben Karten, die bisher insgesamt durch die nationalen Parlamente erhoben wurden. Die erste stammt aus dem Jahr 2012 und betraf den „Vorschlag für eine Verordnung über die Ausübung des Rechts auf Durchführung kollektiver Maßnahmen im Kontext der Niederlassungs- und der Dienstleistungsfreiheit (Monti II)".[120] Zum zweiten Mal wurde das Quorum für das Verfahren nach Art. 7 Abs. 2 SP für den „Vorschlag für eine Verordnung zur Einrichtung der Europäischen Staatsanwaltschaft" (EPPO) im Jahr 2013 erreicht.[121] Zum dritten und bisher letzten Mal hat die Kommission eine gelbe Karte im Jahr 2016 erhalten.[122]

a. Monti II

Der Monti II-Vorschlag der Kommission war der erste Fall, der auf eine breite Front der Ablehnung durch die nationalen Parlamente gestoßen ist. Mit diesem Vorschlag hatte die Kommission versucht, das Verhältnis zwischen sozialen Rechten und der im Vertrag verankerten Niederlassungs- und Dienstleistungsfreiheit zu klären.[123] Die Bedenken der nationalen Parlamente richteten sich vor allem auf die Kompetenzgrundlage und die Mehrwertprüfung durch die Kommission. Ebenso würde das Verhältnismäßigkeitsprinzip ihrer Ansicht nach durch die vorgeschlagene Maßnahme verletzt.

118 Vgl. hierzu: Van Roosebeke, EU-Indikator: EU-Gesetzgebung, Subsidiarität und demokratische Kontrolle, S. 13 f.
119 Vgl. hierzu: KOM(2013) 566 S. 12 ff., KOM(2014) 506 S. 16 ff.
120 KOM(2012) 130; KOM(2013) 566.
121 KOM(2013) 534; KOM(2015) 315.
122 KOM(2016) 128.
123 KOM(2012) 130.

Angesichts des breiten Widerstands gegen die Richtlinie hat die Kommission den Vorschlag zurückgezogen. Allerdings hat sie darauf hingewiesen, dass sie ihn nach wie vor in Übereinstimmung mit dem Subsidiaritätsprinzip sieht.[124] In diesem Zusammenhang ist die Begründung interessant, weshalb die Kommission den Monti II-Vorschlag zurückgezogen hat. Die Argumentation lässt darauf schließen, dass die Kommission den Vorschlag nicht zurückgezogen hat, weil die Parlamente eine gelbe Karte erhoben haben. Vielmehr habe die Kommission erkannt, „[...] dass ihr Vorschlag nicht die erforderliche politische Unterstützung im Europäischen Parlament und im Rat erhalten würde", weshalb sie sich entschlossen habe, den Vorschlag zurückzuziehen.[125] Im Kern hatte das Anliegen der nationalen Parlamente damit Erfolg. Der Gesetzgebungsvorschlag ist am politisch induzierten Widerstand der nationalen Parlamente gescheitert. Dieses Beispiel ist jedoch noch aus einem anderen Grund von großer Bedeutung für die Effizienzanalyse der neuen Kontrollinstrumente. So hat Cooper im Fall von Monti II eindrucksvoll dargelegt, wie knapp das notwendige Quorum für die gelbe Karte zustande gekommen ist: Mit dem letzten Tag der ablaufenden Frist, hat Belgien noch die letzte notwendige begründete Stellungnahme beschlossen – nur wenige Stunden vor Ablauf der Stellungsnahmefrist. Am selben Abend tagte auch die *Tweede Kamer* in den Niederlanden – in Kenntnis der übrigen begründeten Stellungnahme, jedoch in Unkenntnis darüber, ob das notwendige Quorum bereits erreicht wurde. Die Abstimmung sollte ursprünglich früher stattfinden, musste jedoch verschoben werden. Unter dem Eindruck der vermeintlich ablaufenden Frist wurde noch an demselben Abend auch die niederländische begründete Stellungnahme verabschiedet. Als entscheidenden Grund für das erfolgreiche Vorgehen der nationalen Parlamente im Fall von Monti II eine gelbe Karte zu verabschieden, ist in einem Treffen der COSAC zu sehen, das nur wenige Tage vor dem Ablauf der Stellungsnahmefrist stattgefunden hat. Dort nutze die dänische Delegation die Gelegenheit, die übrigen Teilnehmer auf informeller Basis über die Verabschiedung einer begründeten Stellungnahme zu informieren und ihre Gründe hierfür vorzutragen. Erst

124 KOM(2013) 566.
125 KOM(2013) 566.

diese Initiative der dänischen Delegation scheint bei den übrigen Parlamenten den Monti II-Vorschlag der Kommission überhaupt erst auf die Agenda gebracht zu haben.[126] Angesichts des späten Erreichens des vorausgesetzten Quorums für die gelbe Karte erscheint es mehr als zweifelhaft, ob diese ohne die dänische Initiative eine ausreichende Anzahl begründeter Stellungnahmen erreicht worden wären. Damit scheint die erste gelbe Karte dem Zufall geschuldet, dass kurz vor Ablauf der Stellungsnahmefrist ein COSAC-Treffen stattgefunden hat.

b. EPPO

Der zweite Fall einer gelben Karte war der EPPO-Vorschlag der Kommission. Ziel des Vorschlags war die Gründung einer europäischen Staatsanwaltschaft, um Täter verfolgen zu können, die zum Nachteil europäischer Finanzinteressen handeln. Als dezentrale Einrichtung sollte sie sich insbesondere auf die mitgliedstaatlichen Ermittlungs- und Strafverfolgungsbehörden, sowie das jeweilige innerstaatliche Recht stützen.[127] In ihrer Begründung des Vorschlags geht die Kommission nur sehr kurz auf die Vereinbarkeit mit dem Subsidiaritätsprinzip ein. So bestehe die Notwendigkeit einer europäischen Legislativmaßnahme in diesem Bereich, da „die geplante Maßnahme einen immanenten Bezug zur EU" aufweise. Das Ziel, die finanziellen Interessen der EU zu schützen, könne aufgrund „seines Umfangs und seiner Wirkungen im Einklang mit dem Subsidiaritätsprinzip nur auf Unionsebene" verwirklicht werden. Eine effektive Bekämpfung entsprechender Straftaten sei durch die Behörden der Mitgliedstaaten „nicht zufriedenstellend" zu erreichen.[128]

Diese kurze Begründung der Maßnahme in Bezug auf ihre Vereinbarkeit mit dem Subsidiaritätsprinzip war bereits für einige Parlamente Anlass genug, eine begründete Stellungnahme abzugeben.[129] Einige andere hatten jedoch tiefergreifendere Bedenken. So widersprach etwa das House of Lords in seiner Stellungnahme entschieden der Darstel-

126 Cooper, A yellow card for the striker: national parliaments and the defeat of EU legislation on the right to strike, JEPP 2015, 1406, 1414 ff.

127 KOM(2014) 506.

128 KOM(2013) 534.

129 KOM(2014) 506.

lung, dass es einer einheitlichen Verfolgung durch europäische Organe bedürfe, nur weil finanzielle Interessen der Europäischen Union betroffen seien. Außerdem sei nicht belegt, dass durch die Übertragung von Aufgaben auf eine europäische Staatsanwaltschaft, eine tatsächliche Verbesserung der Verfolgung von Tätern eintrete. Auch habe die Kommission nicht ausreichend erwogen, die bisher bestehenden Systeme aufzuwerten.[130]

Trotz des Widerstands der nationalen Parlamente kam die Kommission auch in diesem Fall zu dem Schluss, dass ihr Vorschlag zur Einrichtung einer europäischen Staatsanwaltschaft subsidiaritätskonform sei. Anders als zuvor jedoch, hielt sie dieses Mal an ihrem Gesetzgebungsvorschlag fest.[131] Im Gegensatz zum Fall des Monti II-Vorschlags, fand kurz vor dem Auslaufen der Rügefrist kein COSAC-Treffen statt: Während das zweite und letzte COSAC-Treffen im Jahr 2013 Anfang Juli stattfand, wurde der EPPO-Vorschlag der Kommission erst am 17. Juli 2013 verabschiedet. Insofern lässt sich das Erreichen des notwendigen Quorums in diesem Fall nicht auf einen informellen Austausch am Rande eines Treffens zurückführen.

c. Richtlinie 96/71/EG

Der dritte und bisher letzte Fall einer gelben Karte betrifft den Kommissionsvorschlag „zur Änderung der Richtlinie 96/71/EG des Europäischen Parlaments und des Rates vom 16. Dezember 1996 über die Entsendung von Arbeitnehmern im Rahmen der Erbringung von Dienstleistungen".[132] Inhaltlich befasst sich der Vorschlag mit der Überarbeitung einer Richtlinie aus dem Jahr 1996, um diese auf stattgefundene Veränderungen hin anzupassen, insbesondere solche, die durch die EU-Osterweiterung und durch die wachsende Heterogenität des europäischen Binnenmarktes hin entstanden sind. Die Richtlinie regelt drei Entsendungsarten: Die direkte Dienstleistungserbringung durch ein Unternehmen im Rahmen eines Dienstleistungsvertrags, die Entsendung in eine Niederlassung oder in ein der Unternehmensgrup-

130 The House of Lords, Subsidiarity Assessment: The European Public Prosecutor's Office, S. 5.

131 KOM(2014) 506.

132 KOM(2016) 128.

pe angehörendes Unternehmen und das Zurverfügungstellen eines Arbeitnehmers über ein Leiharbeitsunternehmen, das in einem anderen Mitgliedstaat niedergelassen ist. Dieser Kommissionsvorschlag ist aus zweierlei Gründen bemerkenswert. Zum einem begründet die Kommission die inhaltliche Vereinbarkeit des Vorschlags mit dem Subsidiaritätsprinzip nach Art. 5 Abs. 3 EUV lapidar mit nur einem einzigen Satz: „Die Änderung einer bestehenden Richtlinie kann nur durch Annahme einer neuen Richtlinie erfolgen."[133] Obwohl es stimmt, dass eine bestehende Richtlinie nur durch die Annahme einer neuen Richtlinie geändert werden kann, ist es nicht folgerichtig anzunehmen, dass diese neue Richtlinie ebenso im Einklang mit dem Subsidiaritätsprinzip steht wie die ursprüngliche, zu ändernde Richtlinie. Die Formulierung lässt aber genau auf diese Ansicht der Kommission schließen. Insofern ist es belanglos, ob der Vorschlag zur Änderung der alten Richtlinie tatsächlich gegen das Subsidiaritätsprinzip verstößt oder nicht, da diese Begründung der Kommission ganz offensichtlich im Lichte des Maßstabs des Art. 5 SP als vollkommen unzulänglich zu bewerten ist, wonach die Vereinbarkeit eines Gesetzgebungsvorschlags mit dem Subsidiaritätsprinzip detailliert darzustellen ist. In diesem Fall lesen sich die Ausführungen der Kommission eher als eine Feststellung und eben nicht als eine abgewogene Begründung. Der zweite Grund, weshalb diese gelbe Karte bemerkenswert ist, sind die Veranlasser der gelben Karte oder vielmehr die geographische Verteilung ihrer Urheber. Hierbei handelt es sich – mit der Ausnahme Dänemarks – um begründete Stellungnahmen, die von nahezu allen osteuropäischen Parlamenten verabschiedet wurden.[134]

Bereits dem Vorschlag selbst ist eine deutliche Polarisierung zu entnehmen: „Österreich, Belgien, Frankreich, Deutschland, Luxemburg, die Niederlande und Schweden haben in einem gemeinsamen Schreiben ihre Unterstützung für die Modernisierung der Entsenderichtlinie zugesichert und sich zu dem Grundsatz des ‚gleichen Entgelts für gleiche Arbeit am gleichen Ort' bekannt", demgegenüber hätten „Bulgarien, die Tschechische Republik, Estland, Ungarn, Litauen, Lettland, Polen, die Slowakei und Rumänien [...] in einem gemeinsa-

133 KOM(2016) 128, S. 5.
134 Becker, Beschäftigungs- und Sozialpolitik, S. 218.

men Schreiben zum Ausdruck gebracht, dass es für eine Überarbeitung der Richtlinie von 1996 zu früh sei und sie bis zum Ablauf der Frist für die Umsetzung der Durchsetzungsrichtlinie aufgeschoben werden sollte; zudem müssten die Auswirkungen sorgfältig evaluiert und bewertet werden.“[135]

d. Versagen des Frühwarnsystems

Neben den drei dargestellten Fällen, wurde das Quorum für eine vierte gelbe Karte bisher nicht erreicht. Dabei hat es genügend Fälle gegeben, die geradezu nach einer intensiveren Subsidiaritätskontrolle durch die nationalen Parlamente verlangt hätten. Dies soll anhand einiger Fallbeispiele verdeutlicht werden. Ein prominentes Beispiel hierfür ist die Richtlinie zur Schaffung einer bestimmten Frauenquote in Aufsichtsräten börsennotierter Unternehmen.[136] Der Vorschlag selbst weist zwar auf die Nennung „positiver Diskriminierung“ in Art. 157 Abs. 3 AEUV hin und damit auf eine vermeintliche Zuständigkeit der Kommission. Allerdings verweist gerade Abs. 4 der Vorschrift auf die ausdrückliche Kompetenz der Mitgliedstaaten hinsichtlich positiver Diskriminierung, sodass hier zumindest eine Kompetenzüberschreitung als sehr wahrscheinlich anzusehen ist. Besonders bedenklich erscheint jedoch die Begründung des Vorschlags hinsichtlich seiner Vereinbarkeit mit dem Subsidiaritätsprinzip: Angesichts dessen, dass die von den Mitgliedstaaten gewählten Maßnahmen sehr unterschiedlich waren oder gar gänzlich fehlten, sei das Ziel einer gleichmäßigen Besetzung von Aufsichtsräten durch Frauen und Männer durch die Mitgliedstaaten alleine in absehbarer Zeit nicht zu erreichen. Um den „Kompetenzpool der am besten qualifizierten Frauen“ nutzen zu können und um „wettbewerbsfähige Wirtschaft“ zu schaffen, bedürfe es der Richtlinie, da ihre Ziele „nicht ausreichend“ durch die mitgliedstaatlichen Parlamente selbst erreicht werden könnten.[137] Der vorgeschlagenen Richtlinie fehlt damit nicht nur eine Kompetenzgrundlage, sie bleibt auch in ihrer Begründung wage und ist derart mit diffusen Zielen gespickt, dass ein erheblicher Widerstand der nationalen Parla-

135 KOM(2016) 128, S. 5 f.
136 KOM(2012) 614.
137 KOM(2012) 614, S. 10 ff.

mente zu erwarten gewesen wäre. Erstaunlicherweise hat die Kommission insgesamt lediglich fünf begründete Stellungnahmen gemäß Art. 2 SP seitens der nationalen Parlamente erhalten, dasselbe gilt für die Anzahl der Stimmen, welche zur Auslösung des Verfahrens nach Art. 7 Abs. 2 SP gezählt werden.[138]

Auf einer vergleichbar diffusen Argumentationsgrundlage steht der Vorschlag für eine Richtlinie zur Schaffung eines Rahmens für maritime Raumordnung und integriertes Küstenmanagement.[139] Ziel der Richtlinie ist die unionsweite abgestimmte Förderung einer nachhaltigen Nutzung von Küsten- und Meeresressourcen und der Entwicklung von Küsten- wie Meerestätigkeiten, durch kohärente Verfahren der Mitgliedstaaten zur Planung der Nutzung des Meeresraums.[140] Die Kommission hält den Vorschlag für subsidiaritätskonform, da nur durch diesen eine europaweite Umsetzung der Maßnahme sicherzustellen sei.[141] Aus der Formulierung „sicherstellen" ergibt sich jedoch nicht notwendigerweise der Schluss, dass die Mitgliedstaaten unfähig sind, die Ziele des Vorschlags ausreichend erfüllen zu können. Inwieweit sich durch ein gesetzgeberisches Tätigwerden der Europäischen Union in diesem Bereich ein besseres Ergebnis erzielen lässt, bleibt die Begründung ebenfalls schuldig. Jedenfalls wird hieraus nicht deutlich, worin ein Mehrwert gegenüber mitgliedstaatlichen Handeln liegen soll. Die Kommission führt weiter aus, dass ein Handeln der Europäischen Union einen Mehrwert darstellen würde, da hierdurch in diesem Bereich ein Rahmen für die Zusammenarbeit zwischen den Mitgliedstaaten geschaffen würde: „Grenzübergreifende Zusammenarbeit bei der maritimen Raumordnung und dem [...] Küstenzonenmanagement in EU-Meeresregionen und -unterregionen ist von entscheidender Bedeutung, da Meeresökosysteme, Fischfanggebiete, Meeresschutzgebiete sowie Seeverkehrsinfrastruktur wie Kabel, Pipelines, Schifffahrtswege, Öl-, Gas- und Windkraftanlagen usw. nicht an Staatsgrenzen haltmachen."[142]

138 KOM(2014) 506.
139 KOM(2013) 133.
140 KOM(2013) 133, S. 2 f.
141 KOM(2013) 133, S. 6.
142 KOM(2013) 133, S. 6.

Diese Argumentation überzeugt jedoch nicht. Erstens bleibt die Kommission mit dieser Begründung eine Antwort schuldig, weshalb eine Koordination über Ländergrenzen hinweg nicht ausreichend durch nationalstaatliche Regelungen erfüllt werden kann. Zweitens legt die Kommission lediglich dar, dass der Vorschlag die Umsetzung der Ziele sicherstellt, nicht jedoch, ob durch ein europäisches Handeln ein besseres Ergebnis erzielt wird. Insofern sind beide Argumentationsstränge der Kommission nicht zielführend.

Zwar erfüllt der Vorschlag ganz unbestritten das Kriterium eines grenzüberschreitenden Sachverhalts. Dies liefert jedoch keinen Hinweis dafür, dass der Sachverhalt weder ausreichend durch die Mitgliedstaaten, noch besser durch die EU geregelt werden kann. Ein grenzüberschreitender Sachverhalt erfüllt nicht die Kriterien des Mehrwerttests zugunsten der Europäischen Union, sondern lediglich das des transnationalen Kriteriums älterer Subsidiaritätsprotokolle, welches sich nicht mehr im Lissabonner Subsidiaritätsprotokoll wiederfindet.[143] Ob der Vorschlag damit im Einklang mit dem Subsidiaritätsprinzip in Art. 5 Abs. 3 EUV steht und dieser tatsächlich einen Mehrwert mit sich bringt, kann der Vorschlagsbegründung damit nicht entnommen werden.

Dieser Ansicht ist auch der Bundesrat: „Auch wenn die Kommission aus ordnungspolitischen Gründen für einen Regelungsrahmen in den Bereichen ‚Maritime Raumordnung' und ‚Strategien zum Integrierten Küstenzonenmanagement' plädiert, ist es nicht nachvollziehbar, weshalb die Regelungsdichte des Richtlinienvorschlags in relevanten Punkten weit über den prozeduralen Rahmen hinausgeht."[144] Auch in den Stellungnahmen anderer nationaler Parlamente kommt diese Haltung zum Ausdruck. So gelangt das finnische Parlament zu folgendem Schluss: „[...] the proposed directive appears to offer no added value compared to existing national arrangements that provide quite well for the coordination of different functions that is the objective of the directive."[145]

143 Ladenburger, Anmerkungen zu Kompetenzordnung und Subsidiarität nach dem Vertrag von Lissabon, ZEuS 2011, 389, 396 f.

144 BR Drs. 193/13, S. 2.

145 Decision of Parliament (EK /2013 vp–M 6/2013 vp).

Dass der Vorschlag zur maritimen Raumordnung nicht das notwendige Quorum für eine gelbe Karte erreicht hat, überrascht im Kontext dieser Arbeit aus zwei Gründen. Zum einem zeigt die recht deutliche Kritik der begründeten Stellungnahmen die erheblichen Zweifel an der Vereinbarkeit der Richtlinie mit dem Subsidiaritätsprinzip. Insofern ist die relativ geringe Anzahl der mitgliedstaatlichen Küstenanrainer auffällig, die eine begründete Stellungnahme verabschiedet haben. Zum anderem wäre jedoch auch mit einem größeren Interesse der übrigen Mitgliedstaaten zu rechnen gewesen: Denn unabhängig davon, ob die vorgeschlagene Richtlinie das Subsidiaritätsprinzip tatsächlich verletzt oder nicht, ist die Begründung der Kommission so diffus, dass sich alleine hieraus ein Grund ergibt, eine Verletzung des Subsidiaritätprinzips zu rügen. Dies gilt auch für die Mitgliedstaaten die keinen Zugang zu einer Küste haben. Insgesamt haben die begründeten Stellungnahmen lediglich die Anzahl von 13 Stimmen erbracht, die eine Verletzung des Subsidiaritätsprinzips bemängelt haben.[146]

Es ist generell auffällig, dass die Anzahl der begründeten Stellungnahmen nur selten einen zweistelligen Wert hinsichtlich eines einzelnen Gesetzgebungsvorschlags erreichen.[147] Nur in wenigen Fällen ist eine Konzentrierung von begründeten Stellungnahmen zu erkennen[148] – darüber hinaus bleibt es meist bei vereinzelten Stellungnahmen durch die nationalen Parlamente. Ebenfalls bemerkenswert ist, wie unterschiedlich die nationalen Parlamente ihre Stellungnahmen verfassen. Es scheint so, als bestünde bei den nationalen Parlamenten ein gewisses Maß an Unsicherheit, anhand welchen Maßstabs Gesetzgebungsvorschläge zu prüfen sind. So ergab eine Umfrage des Sekretariats der COSAC[149], dass lediglich sechs Parlamentskammern fest definierte Prüfungskriterien benutzen, um einen Vorschlag auf seine Ver-

146 KOM(2014) 506, S. 17.

147 Vgl. hierzu: KOM(2012) 373, Anhang S. 12 ff.; KOM(2013) 566, Anhang S. 12 ff.; KOM(2014) 506, Anhang S. 16 ff.

148 So haben bisher neben dem Monti II und dem EPPO Vorschlag nur die folgenden Vorschläge, KOM(2013) 133, KOM(2012) 788 und KOM(296), eine zweistellige Zahl an begründeten Stellungnahmen erreicht, vgl. hierzu: KOM(2011) 344, KOM(2012) 373, KOM(2013) 566, KOM (2014) 506, KOM(2015) 315, KOM(2016) 128.

149 Conference of Community and European Affairs Committees of Parliaments oft he European Union („Konferenz der Europaausschüsse der Parlamente“).

einbarkeit hin mit dem Subsidiaritätsprinzip zu überprüfen. Im selben Bericht gaben nur ein kleiner Teil der befragten Parlamente an, eine standardisierte Vorlage für das Verfassen begründeter Stellungnahmen zu benutzen.[150] Stark abweichend voneinander sind ebenfalls der Umfang und die Qualität begründeter Stellungnahmen im Vergleich zwischen den nationalen Parlamenten. So legte das britische Oberhaus in seiner begründeten Stellungnahme zum EPPO-Vorschlag auf mehreren Seiten ausführlich dar, weshalb es den Inhalt des Vorschlags für unvereinbar mit dem Subsidiaritätsprinzip hielt.[151] Demgegenüber stellte das schwedische Parlament lediglich fest, dass die Kommission nicht ausreichend dargelegt habe, weshalb der Vorschlag mit dem Subsidiaritätsprinzip vereinbar sei.[152]

Betrachtet man die abgegeben Stellungnahmen im Zeitraum der Jahre 2010–2017 nach Mitgliedstaaten sortiert, wird die Diskrepanz noch deutlicher: Während Schweden in nahezu 10 % der Fälle eine begrün-dete Stellungnahme verabschiedete, folgen die Niederlande mit einer Rügequote von gerade einmal knapp 3 %. Dabei ist dieser Wert bereits fast zweimal höher als der langfristige Mittelwert aller durch die Mitgliedstaaten erhobenen Subsidiaritätsrügen. Am anderen Ende der Skala sind die Parlamente Estlands, Kroatiens und Sloweniens zu finden, deren Rügeaktivität nahezu gegen Null tendiert.[153] Damit geben die nationalen Parlamente nicht nur begründete Stellungnahmen unterschiedlicher Qualität ab, sie tun dies außerdem in erheblich abweichender Quantität.[154]

---

150 COSAC, Twenty-fourth Bi-annual Report: Developments in European Union Procedures and Practices Relevant to Parliamentary Scrutiny, S. 19 f.

151 The House of Lords, Subsidiarity Assessment: The European Public Prosecutor's Office, S. 4 ff.

152 Cornell, Similar but different – Comparing the Scrutiny of the Principle of Subsidiarity within the EWM in Denmark, Finland and Sweden, S. 220.

153 Vgl. hierzu: Van Roosebeke, EU-Indikator: EU-Gesetzgebung, Subsidiarität und demokratische Kontrolle, S. 15; Gattermann/Hefftler, Beyond Institutional Capacity: Political Motivation and Parliamentary Behaviour in the Early Warning System, WEP 2015, 305, 313.

154 Selbst unter Herausnahme der Stellungnahmen des schwedischen Parlamentes, welches einen besonderen Ausnahmefall darstellt, ergeben sich zum Teil erhebliche Abweichungen in der Anzahl abgegebener Stellungnahmen, vgl. hierzu: Gattermann/Hefftler, Beyond Institutional Capacity: Political Motivation and Parliamentary Behaviour in the Early Warning System, WEP 2015, 305, 313.

Im Wesentlichen dürften hierfür zwei Ursachsen maßgeblich sein. Zum einem fehlen vielen der nationalen Parlamenten schlicht die Kapazitäten, insbesondere in personeller Hinsicht, das entsprechende Arbeitspensum, welches eine nachhaltige Überprüfung von europäischen Gesetzesvorhaben erfordert, zu bewältigen. So kommt etwa in Spanien auf einen mit Europaangelegenheiten beauftragten Parlamentsmitarbeiter auf 100 Abgeordnete, dies ist zwanzigmal mehr als auf einen Mitarbeiter des deutschen Bundesrats zu kommt.[155] Auf der anderen Seite scheinen auch ökonomische wie parteipolitische Umstände, sowie der Einfluss europaskeptischer Parteien Einfluss auf die Abgabe von Stellungnahmen zu haben.[156]

Bislang gänzlich ohne praktische Anwendung geblieben ist das Verfahren der roten Karte. Ein entsprechendes Quorum ist bislang nicht zustande gekommen.[157] Bisher gibt es zudem keinen Fall, in dem eine Subsidiaritätsklage nach dem Lissabonner Subsidiaritätsprotokoll angestrebt wurde. Dies bedeutet jedoch nicht, dass das Subsidiaritätsprinzip nicht bereits Verhandlungsgegenstand vor dem EuGH gewesen ist.[158]

5. Bewertung

Eine Bewertung der ersten Jahre der neuen Subsidiaritätkontrolle durch die nationalen Parlamente zu treffen, ist schwierig, da eine Viel-

155 Gattermann/Hefftler, Beyond Institutional Capacity: Political Motivation and Parliamentary Behaviour in the Early Warning System, WEP 2015, 305, 306; Högenauer/Christiansen, Parliamentary Administrations in the Srutiny of EU Decision-Making, S. 125.

156 Vgl. hierzu: Gattermann/Hefftler, Beyond Institutional Capacity: Political Motivation and Parliamentary Behaviour in the Early Warning System, WEP 2015, 305 ff.; Auel/Rozenberg/Tacea, Fighting Back? And, If So, How? Measuring Parliamentary Strength and Activity in EU Affairs, S. 60 ff.

157 Vgl. hierzu: KOM(2011) 344, KOM(2012) 373, KOM(2013) 566, KOM(2014) 506, KOM(2015) 315, KOM(2015) 315.

158 So hat sich der EuGH in jüngerer Vergangenheit in folgenden Fällen zum Subsidiaritätsprinzip in folgenden Fällen geäußert: Rs. C-491/01 (British American Tobacco); Rs. T-526/10 (The seal product case); Rs. C-288/11 (Mitteldeutscher Flughafen); Rs. T-31/07 (Du Pont de Nemours u.a. gegen die Kommission) und Rs. C-58/8 (Roaminggebühren).

zahl von Faktoren mit einzubeziehen sind. Als Maßstab sollte einerseits das Maß an gestiegener demokratischer Legitimation innerhalb der Europäischen Union und andererseits eine verbesserte Wahrung des Subsidiaritätsprinzips dienen.[159] Die Bilanz fällt jedoch angesichts der Zahlen und der bei der Einführung des neuen Subsidiaritätskontrollregimes geäußerten Hoffnung ernüchternd aus. Gerade einmal drei gelbe Karten, kein einziges Verfahren der roten Karte und keine Subsidiaritätsklage vor dem EuGH, sprechen hier eine deutliche Sprache.

Allerdings zeigt eine Vielzahl von Beiträgen der nationalen Parlamente zum Subsidiaritätsprinzip, dass ihrerseits ein großes Interesse an diesem Thema besteht: Seit dem Inkrafttreten des Vertrags von Lissabon wurden den nationalen Parlamenten 730 Gesetzgebungsentwürfe zugeschickt, wobei die Kommission nicht nur 433 begründete Stellungnahmen seitens der nationalen Parlamente erhalten hat, sondern auch 2423 einfache Beiträge, die sich inhaltlich auf das Subsidiaritätsprinzip bezogen haben.[160] Damit steht die große Anzahl an Beiträgen im offenen Widerspruch zu der – insbesondere in den Jahren 2014 und 2015 – stark zurückgegangenen Anzahl begründeter Stellungnahmen und zu der verhaltenen Rügeaktivität der nationalen Parlamente. In der Vergangenheit begründete die Kommission den dramatischen Rückgang an begründeten Stellungnahmen mit der gleichzeitig stark gesunkenen Zahl von Gesetzgebungsvorschlägen.[161] Dies kann jedoch im Ergebnis nicht darüber hinwegtäuschen, dass die nationalen Parlamente seit Inkrafttreten des Vertrags von Lissabon in gerade einmal 1,6 % der Fälle eine begründete Stellungnahme verabschiedeten, das Verfahren der gelben Karte lediglich in drei Fällen zur Anwendung kam, das der roten Karte gänzlich ohne Anwendung geblieben ist und bisher noch keine Subsidiaritätsklage durch die nationalen Parlamente erhoben wurde. Denn der Rückgang an Gesetzesentwürfen seit Antritt der neuen Kommission kann nicht erklären, wieso bisher nur dreimal das Quorum der gelben Karte erreicht wurde, obwohl es hierfür häufiger Anlass gegeben hat. Die Enttäuschung dürfte umso größer sein,

159 Cooper, The Watchdogs of Subsidiarity: National Parliaments and the Logic of Arguing in the EU, JCMS 2006, 281, 291.
160 State of Play Notes, März 2018, S. 6.
161 KOM(2015) 315, S. 4.

wenn man die Verfahren der gelben und roten Karte als die wesentlichen Innovationen des Lissabonner Subsidiaritätsprotokolls begreift. Denn hierbei handelt es sich um die beiden Elemente, die das Lissabonner Subsidiaritätsprotokoll entscheidend von seinen Vorgängern absetzt, die keinerlei vergleichbare Regelung enthielten.[162]

Bei der Kommission selbst ist das Bewusstsein für den Themenkomplex Subsidiarität in Bezug auf ihre Beziehung zu den nationalen Parlamenten geschärft worden. In einem Bericht verweist die Kommission darauf, dass Kommissionspräsident Juncker die Achtung des Subsidiaritätsprinzips zu einem zentralen Anliegen der neuen Kommission gemacht habe.[163] So könnte die unerwartet, in Relation gesehen, geringe Anzahl begründeter Stellungnahmen auch damit zusammenhängen, dass Gesetzgebungsentwürfe bereits im Vorfeld strenger auf ihre Vereinbarkeit mit dem Subsidiaritätsprinzip geprüft werden und hierdurch schon von Anfang an weniger begründete Stellungnahmen provoziert werden. So lässt sich die ernüchternde Bilanz dahingehend interpretieren, dass es schlichtweg keinen Anlass für weitere gelbe oder rote Karten oder gar für eine Subsidiaritätsklage gegeben hat und sich diese Instrumente in ihrer Bedeutung schlichtweg noch nicht beweisen konnten.

Gegen die Sichtweise der Kommission spricht allerdings, dass es eine Reihe von Fällen gegeben hat, in denen mit einer gelben Karte zu rechnen war. Die Subsidiaritätsprüfung der nationalen Parlamente scheint jedoch zu unkoordiniert und oberflächlich zu erfolgen. Die vorausgesetzten Hürden für das Auslösen bestimmter Mechanismen des Subsidiaritätsprotokolls scheinen für ein koordiniertes Vorgehen der nationalen Parlamente zu groß zu sein. Zumindest anhand der zählbaren Ergebnisse in Form bestimmter Eskalationsstufen die das Subsidiaritätsprotokoll vorsieht, fällt das bisherige Fazit enttäuschend aus. Angesichts der regen Beteiligung der nationalen Parlamente und dem gesteigerten Bewusstsein der Kommission, dem Thema Subsidiarität in der Europäischen Union mehr Bedeutung beizumessen, kann

162 Groh, Die Rolle der nationalen Parlamente, S. 78; Melin, Die Rolle der deutschen Bundesländer im Europäischen Rechtsetzungsverfahren nach Lissabon, EuR 2011, 655; Altmaier, Die Subsidiaritätskontrolle der nationalen Parlamente nach dem Subsidiaritätsprotokoll zum EU-Verfassungsvertrag, S. 301 ff.

163 KOM(2015) 315, S. 2.

das Subsidiaritätskontrollregime dennoch nicht als gänzlich gescheitert angesehen werden.

Die insgesamt große Anzahl von Beiträgen bringt zum Ausdruck, welche Bedeutung dieses Thema für die nationalen Parlamente hat.[164] Dies ist im Kern nicht überraschend, da es ihnen doch eine Stimme in Angelegenheiten der europäischen Gesetzgebung gibt. Trotzdem ist die Subsidiaritätskontrolle in ihrer jetzigen Form ungeeignet, um die Erwartungen zu erfüllen, die mit der Einführung des Vertrags von Lissabon verbunden gewesen sind. Zum einem sind dies die zu erfüllenden Quoren des Subsidiaritätsprotokolls für die nationalen Parlamente. Gleichzeitig sind die Begründungen der Subsidiaritätskonformität von Gesetzesentwürfen durch die Kommission schlicht unzureichend. Allein aus diesem Grund wäre eine höhere Anzahl begründeter Stellungnahmen zu erwarten gewesen.[165] Durch eine Reform der Kontrollinstrumente könnte jedoch das große Interessenspotential der nationalen Parlamente genutzt werden, welches offenbar vorhanden ist.

Wollen die nationalen Parlamente in Zukunft einen größeren Effekt mit den Instrumenten der Subsidiaritätskontrolle erreichen, so bedarf es einer besseren Abstimmung der Parlamente untereinander. Die teilweise erheblich divergierenden Kriterien bei der Überprüfung eines Gesetzgebungsvorschlags auf seine Vereinbarkeit mit dem Subsidiaritätsprinzip, erschwert ein koordiniertes und vor allem effizientes Vorgehen erheblich. Auch die Tatsache, dass begründete Stellungnahmen nicht grundsätzlich in englischer Sprache zur Verfügung gestellt werden[166], verhindert eine zügige Vernetzung der Parlamente, um die voraussgesetzten Quoren der gelben oder roten Karte zu erreichen. Hierzu gehört ebenfalls, dass begründete Stellungnahmen auch tatsächlich eine mögliche Verletzung des Subsidiaritätsprinzips darlegen, sprich eine qualitative Steigerung der inhaltlichen Auseinandersetzung ist hierfür nötig. Eine Standardisierung über Parlamentsgrenzen hinweg kann hierbei eine große Rolle spielen.

---

164 State of Play Notes, März 2016, S. 4.

165 Vgl. hierzu: KOM(2013) 133, S. 6; KOM(2012) 614, S. 10 ff.; Twenty-fourth Biannual Report: Developments in European Union Procedures and Practices Relevant to Parliamentary Scrutiny, S. 17.

166 Twenty-fourth Bi-annual Report: Developments in European Union Procedures and Practices Relevant to Parliamentary Scrutiny, S. 22.

Dieses Problem betrifft jedoch nicht nur die mitgliedstaatlichen Parlamente. Wie oben im Fall des EPPO- und Küstenzonenmanagementfalls aufgezeigt, gibt es eine Reihe von Fällen, in denen die Begründung der Subsidiaritätskonformität durch die Kommission als unzureichend bezeichnet werden muss.

Bei der Durchsicht verschiedener Vorschlagsbegründungen drängt sich zudem der Eindruck auf, dass die Reizwörter der Subsidiaritätskriterien lediglich zitiert werden und keine substanzielle inhaltliche Auseinandersetzung erfolgt, ob ein Vorschlag tatsächlich die Kriterien des Art. 5 Abs. 3 EUV erfüllt.[167] Dies soll anhand zweier Beispiele verdeutlicht werden. So begründete die Kommission ihren Vorschlag für eine Verordnung über Regeln und Verfahren für lärmbedingte Betriebsbeschränkungen auf Flughäfen wie folgt: „The objectives of the proposal can not be sufficiently achieved by the Member States individually." Weshalb die Mitgliedstaaten die Ziele des Vorschlags nicht ausreichend erfüllen können, bleibt jedoch unausgesprochen. Stattdessen fährt die Kommission fort, dass die Ziele dadurch besser zu erfüllen seien, indem ein europaweit harmonisiertes Konzept eingeführt würde, welches nicht nur ein einheitliches Betriebsumfeld für die Flugfahrtwirtschaft schaffe, sondern diese auch vor Wettbewerbsverzerrungen und einem Sammelsurium von Lärmschutzvorschriften schütze.[168]

In ihrem Vorschlag für eine Richtlinie über Gesellschaften mit beschränkter Haftung mit einem einzigen Gesellschafter, wird das Erforderlichkeitskriterium mit keiner Silbe erwähnt, vielmehr stellt die Kommission fest, dass die Union nur handeln dürfte, wenn sie „bessere Ergebnisse" erziele und gelangt in ihrer Bewertung insgesamt zu folgendem Schluss: „Eine gezielte Maßnahme der Union dürfte daher mit dem Subsidiaritätsprinzip vereinbar sein."[169]

Beide Vorschläge mögen inhaltlich das Erforderlichkeits- und das Effizienzkriterium von Art. 5 Abs. 3 EUV erfüllen, sie genügen jedoch kaum den Anforderungen von Art. 5 SP, wonach Gesetzgebungsentwürfe „im Hinblick auf die Grundsätze der Subsidiarität und der Ver-

167 Vgl. hierzu: COM(2011) 828, S. 7; KOM(2011) 370, S. 7; KOM(2013) 627, S. 9 f.; KOM(2014) 212, S. 6.
168 COM(2011) 828, S. 7.
169 KOM(2014) 212, S. 6.

hältnismäßigkeit begründet" werden müssen und „die Feststellung, dass ein Ziel der Union besser auf Unionsebene erreicht werden kann", auf „qualitativen und, soweit möglich, quantitativen Kriterien" beruht. Hierbei handelt es sich indes um kein neues Phänomen. Bereits in der Vergangenheit waren die substanzlosen und paraphrastischen Subsidiaritätsbegründungen der Kommission kritisiert worden.[170]

Dasselbe Problem betrifft jedoch nicht nur die Begründung der Vorschläge, sondern auch die Antworten auf begründete Stellungnahmen zu Vorschlägen des Unionsgesetzgebers. Der Unmut über die Vorgehensweise lässt sich gut an einem Bericht des britischen Oberhauses ablesen: „When a reasoned opinion is issued by a national parliament, [...] opinion should be seriously considered by the Commission, and a response should be prepared which addresses the concerns raised in that reasoned opinion."[171] Bereits 2013 forderte die COSAC in diesem Sinne die Kommission dazu auf, „qualitativ bessere und zeitnähere Reaktionen auf begründete Stellungnahmen und Beiträge" abzugeben.[172] Interessanterweise folgte der Aufforderung der COSAC nur wenige Tage später die ablehnende Reaktion der Kommission auf die gelbe Karte im Fall des EPPO-Vorschlags.[173]

Vor diesem Hintergrund ist eine Äußerung der Kommission bemerkenswert, wonach die nationalen Parlamente in ihren begründeten Stellungnahmen darlegen müssten, weshalb ein Vorschlag nicht „[...] mit dem Subsidiaritätsgrundsatz vereinbar ist. Daher werden rechtliche oder politische Argumente, die nicht im Zusammenhang mit dem Subsidiaritätsgrundsatz stehen [...] nicht detailliert geprüft."[174] Diese Aussage hat eine ungewöhnlich scharfe Replik des britischen Oberhauses hervorgerufen: „The Committee does not consider it appropriate for the Commission to assume the sole responsibility for

170 Nettesheim, Die Kompetenzordnung im Vertrag für eine Verfassung für Europa, EuR 2004, 511, 536 f.

171 House of Lords, The role of national parliaments in the European Union, HL Paper 151, S. 28.

172 Europäisches Parlament, Beitrag der 50. Tagung der COSAC 27.–29. Oktober 2013 in Vilnius, Amtsblatt der Europäischen Union, (2014/C 104/01), S. 3.

173 KOM(2013) 851; KOM(2013) 534.

174 KOM(2013) 851, S. 4.

deciding what arguments do, or do not, come within the ambit of the subsidiarity principle."[175]

Unabhängig davon, ob in den aufgezeigten Fällen tatsächlich eine Verletzung des Subsidiaritätsprinzips vorliegt oder nicht, kann nicht darüber hinweggesehen werden, dass die Subsidiaritätskontrolle bereits im Vorfeld des eigentlichen Frühwarnsystems einige Konstruktions- und Umsetzungsprobleme hat. Denn die bisweilen unzureichenden Begründungen der Kommission von Vorschlägen, sowie die der Antworten auf begründete Stellungnahmen erschweren den Prozess für die nationalen Parlamente erheblich. Gleichzeitig verhindert das unabgestimmte und uneinheitliche Vorgehen der nationalen Parlamente selbst eine effiziente Nutzung der neuen Kontrollinstrumente. Vor allem aber steht dieses Verhalten, beabsichtigt oder nicht, im Widerspruch zu der Idee, die hinter der Einführung des neuen Subsidiaritätskontrollregimes stand: Die demokratische Legitimation der Europäischen Union durch eine größere Beteiligung der nationalen Parlamente im europäischen Gesetzgebungsverfahren zu verbessern. Denn ein Verfahren, das sich für die nationalen Parlamente als de facto inoperabel erwiesen hat, wird nicht in der Lage sein, einen nachhaltigen Legitimationsbeitrag zu leisten.

6. Reformvorschläge

Obwohl die neuen Instrumente für die Subsidiaritätskontrolle gezeigt haben, dass sie durchaus ein gewisses Potential besitzen und die nationalen Parlamente an ihrer Nutzung interessiert sind, ist eines deutlich geworden: Die skizzierten Defizite zeigen eindringlich auf, welch große Reformnotwendigkeit hinsichtlich der durch den Vertrag von Lissabon eingeführten Instrumente zur Überwachung des Subsidiaritätsprinzips besteht.

Die vorangegangene Analyse zeigt, dass es keines gänzlich neuen Systems der Subsidiaritätskontrolle bedarf. Vielmehr muss das bisherige System an vielen Stellen optimiert und neu kalibriert werden, um

175 House of Lords, The role of national parliaments in the European Union, HL Paper 151, S. 29.

das Potential der Subsidiaritätskontrolle vollständig nutzbar zu machen. Die folgenden Reformvorschläge basieren auf der zuvor dargelegten Analyse. Angesichts der aufgezeigten vielschichtigen Problematik des Themas kann eine Reform nur dann Erfolg haben, wenn die aufgezeigten Reformelemente als Gesamtmaßnahmenpaket betrachtet werden. Es greift eine Vielzahl von Elementen auf, dazu gehören institutionelle, verfahrenstechnische und juristische.

a. Koordination und Kooperation

Um Gesetzgebungsvorschläge im Rahmen des Frühwarnsystems auf mögliche Verletzungen des Subsidiaritätsprinzips hin zu kontrollieren, müssen die nationalen Parlamente bereits frühzeitig über angestrebte Gesetzgebungsentwürfe informiert werden. Diese einfache wie banale Feststellung hat ihre Umsetzung in den erheblich ausgeweiteten Informationsrechten der nationalen Parlamente erfahren und ist doch keine Selbstverständlichkeit.[176] Dies gilt auch für die nationalen Parlamente bei der Subsidiaritätskontrolle. Obwohl ihre Informationsrechte im Zuge des Vertrags von Lissabon erheblich ausgeweitet wurden, stehen die nationalen Parlamente weiterhin vor einem großen Problem: Die Entscheidungsprozesse innerhalb der Europäischen Union sind ihnen für eine umfassende und zeitnahe Prüfung entzogen.

> „Denn während sich die politisch verantwortlichen Akteure in den Hauptstädten noch Gedanken darüber machen, ob eine angestrebte Richtlinie grundsätzlich sinnvoll und mit dem Subsidiaritätsprinzip vereinbar ist, haben sich die Experten- und Arbeitsgruppen von Rat und Kommission längst an die konkrete Rechtsetzungsarbeit gemacht. Nationale Parlamente verfügen allerdings kaum über ausreichend personelle und organisatorische Ressourcen, um die informell gestalteten Stadien der EU-Entscheidungsverläufe effektiv zu kontrollieren."[177]

176 Groh, Die Rolle der nationalen Parlamente, S. 82.

177 Maurer, Mehrebenenparlamentarismus – Konzeptionelle und empirische Fragen zu den Funktionen von Parlamenten nach dem Vertrag von Lissabon, S. 45; Das britische Oberhaus gelangte zu folgender Feststellung: „Even when it is considered as core business, no chamber has a limitless capacity to engage with EU affairs. There are many competing demands on the time of Members of national parliaments, and European scrutiny will only ever be one element of the work of each national chamber.", House of Lords, The role of national parliaments in the European Union, HL Paper 151, S. 13

Mit dem neuen Subsidiaritätsprotokoll wurde zwar versucht, dieser Problematik zu begegnen und eine institutionelle Lösung zu schaffen, um die nationalen Parlamente früher in den Gesetzgebungsprozess einzubinden.[178] Problematisch bleibt jedoch weiterhin, dass die nationalen Parlamente die von ihnen begründeten Stellungnahmen erst zu einem Zeitpunkt abgeben, an dem die politisch entscheidenden Absprachen zwischen Kommission und Ministerrat bereits gelaufen sind. Bedenkt man nun die vielfältigen Informationspflichten, Informationsverarbeitungskapazitäten und internen Abstimmungsprozesse wie sie beispielsweise im Bundestag, Bundesrat und in den Länderparlamenten bestehen, wird ersichtlich, wie schwierig eine nachhaltige Bearbeitung innerhalb der achtwöchigen Frist ist.[179] Und dies schließt noch nicht einmal den Abstimmungsprozess mit den anderen nationalen Parlamenten mit ein. Dies bedeutet ein großes Hemmnis für das Erreichen der in Art. 7 SP vorausgesetzten Quoren.

Wiederholt wurde daher angemahnt, die Stellungsnahmefrist für Subsidiaritätsrügen zu verlängern. Es fehle den nationalen Parlamenten schlichtweg die Zeit und die Ressourcen, Gesetzentwürfe auf einen Verstoß gegen das Subsidiaritätsprinzip in dieser kurzen Zeit effektiv zu überprüfen, aber vor allem den langwierigen Abstimmungsprozess untereinander zu vollziehen.[180] Auch ohne die Kontrolle – teils technischer und komplexer – europäischer Gesetzesvorhaben auf ihre Vereinbarkeit mit dem Subsidiaritätsprinzip hin, haben die nationalen Parlamente bereits eine große Arbeitsbelastung.[181]

Interessanterweise ergab eine Umfrage der COSAC aus dem Jahr 2013, dass die Mehrheit der nationalen Parlamente die achtwöchige Stellungsnahmefrist für ausreichend halten, wobei einige jedoch anga-

178 Hüttmann/Knodt, in: Das Ende der Demokratie in Europa? Intergouvernementalismus, Euro-Krisenpolitik und »Mehrebenenparlamentarismus« in der EU, S. 137.

179 Bickenbach, Das Subsidiaritätsprinzip in Art. 5 EUV und seine Kontrolle, EuR 2013, 523, 544.

180 Groh, Die Rolle der nationalen Parlamente, S. 83; Bickenbach, Das Subsidiaritätsprinzip in Art. 5 EUV und seine Kontrolle, EuR 2013, 523, 544.

181 Cooper, A yellow card for the striker: national parliaments and the defeat of EU legislation on the right to strike, JEPP 2015, 1406, 1408.

ben, dass eine verlängerte Frist den Prozess vereinfachen würde.[182] Mittlerweile sprechen sich die meisten Mitglieder zumindest für eine partielle Erweiterung der Frist über Weihnachten und Neujahr, sowie über die Parlamentsferien im Sommer aus.[183]

Wie vorstehend aufgezeigt, ist bisher noch kein koordiniertes und abgestimmtes Vorgehen der nationalen Parlamente mit Blick auf die Subsidiaritätskontrolle zu erkennen. Gleichzeitig ist jedoch deutlich geworden, wie wichtig ein solches Vorgehen für eine erfolgreiche Subsidiaritätskontrolle durch die nationalen Parlamente ist. Insofern erscheint eine Verlängerung der Stellungnahmefristen sinnvoll, da sie den Akteuren mehr Zeit gibt, sich untereinander besser zu koordinieren und abzustimmen.[184] Die regelmäßig geforderte Verlängerung der Frist von zwei Wochen[185] leuchtet als moderat und sinnvoll ein, da eine erhebliche größe Fristverlängerung das Risiko der Unsicherheit im Gesetzgebungsprozess in sich birgt.

Eine Verlängerung der Stellungnahmefrist wird jedoch nicht das grundlegende Problem lösen können: Um die Instrumente der Subsidiaritätskontrolle wirksam zu nutzen, bedarf es auf Seiten der nationale Parlamente eines veränderten Vorgehens, um die Hürden zu überwinden, die eine ernsthafte und vor allem tiefergreifende Auseinandersetzung der Kommission mit den Subsidiaritätsbedenken der nationalen Parlamente blockieren. Die größte Hürde dürfte die Belastbarkeit der Parlamente selbst sein. Denn das zusätzlich Arbeitspensum, welches eine umfassende Subsidiaritätskontrolle erfordert, ist enorm. Damit ist die Notwendigkeit für eine Entlastung der nationalen Parlamente, etwa durch die Auslagerung der Subsidiaritätsanalysen, immanent: „Mehrfach wurde in Debatten darauf verwiesen, dass dieses Verfahren den Parlamentsmitarbeitern das Äußerste abverlange. [...] Im Evalutionszeitraum (15 Monate) hätte die Bundesregierung dem Parlament fast 30.000 EU-Dokumente und Unterrichtungen des Bundesre-

182 Nineteenth Bi-annual Report: Developments in European Union and Practices Relevant to Parliamentary Scrutiny, S. 28.

183 Twentyfourth Bi-annual Report: Developments in European Union Procedures and Practices Relevant to Parliamentary Scrutiny, S. 22.

184 vgl. hierzu: Cooper, A yellow card for the striker: national parliaments and the defeat of EU legislation on the right to strike, JEPP 2015, 1406, 1414 ff.

185 Müller, Das Frühwarnsystem zur Subsidiaritätskontrolle: Bilanz nach einem Jahr des Bestehens des neuen Instruments, S. 482.

gierung in Angelegenheiten der Europäischen Union zugeleitet – das heißt 2.000 monatlich, 100 an jedem Arbeitstag."[186]

Eine Abnahme des Arbeitspensums ist jedoch zukünftig nicht zu erwarten, denn die Europäische Union wird auch in Zukunft Gesetzesvorhaben nach ihrer Einbringung weiter beraten und vorantreiben. Eine gesteigerte Effizienz der Subsidiaritätsprüfung muss also bei den nationalen Parlamenten selbst und vor allem bei ihrer Vernetzung untereinander erfolgen. Der letzte Punkt besteht hierbei aus zwei Elementen: Es bedarf einer vereinheitlichten Überprüfung und einer gemeinsamen Institution, die die Arbeit kanalisiert und fokussiert.

Die naheliegenste Institution hierfür ist die COSAC.[187] Sie bringt aufgrund ihrer Zusammensetzung die besten Voraussetzungen mit, um als Forum für den Abstimmungsprozess der nationalen Parlamente untereinander zu dienen. Zum einen hat sie sich bereits als ständige Konferenz etabliert und zum anderen sind die entscheidenden Europaausschüsse der nationalen Parlamente beteiligt. Der Fall des Monti II-Vorschlags hat gezeigt, dass das Forum der COSAC für die Koordination der nationalen Parlamente sehr hilfreich sein kann. So ist die vergleichsweise große Anzahl begründeter Stellungnahmen in diesem Fall auf eine im selben Zeitraum tagende Koferenz der COSAC zurückzuführen.[188]

Dennoch ist die COSAC ihrer jetzigen Form nach ungeeignet, als Katalysator der Abstimmungsprozesse zu dienen. Die COSAC ist zwar als dauerhafte Institution angelegt[189], allerdings finden Tagungen lediglich alle sechs Monate statt. Damit tagt sie viel zu selten für eine effektive Abstimmung der Parlamente untereinander, unabhängig von der Frage, ob die Stellungsnahmefrist acht oder zehn Wochen beträgt. Die ständige Institutionalisierung der COSAC innerhalb der EU und damit vor allem innerhalb des Subsidiaritätskontrollprozesses, konnte einige der dargestellten Probleme lösen.

186 Reiding/van Meurs/Hulsenboom, Die europäische Subsidiaritätsprüfung auf dem Prüfstand. Erwartungen und erste Erfahrungen aus dem deutschen und dem niederländischen Parlament, ZParl 2016, 85, 95.

187 Vgl. zur Gründung und Entwicklung der COSAC: Cygan, COSAC: Birth, Evolution, Failures and Perspective, S. 207 ff.

188 Bickenbach, Das Subsidiaritätsprinzip in Art. 5 EUV und seine Kontrolle, EuR 2013, 523, 545.

189 Groh, Die Rolle der nationalen Parlamente, S. 106.

Zunächst sollte die COSAC als zentrale Anlaufstelle dienen, um die (begründeten) Stellungnahmen der Mitgliedstaaten zu übersetzen. Vielfach werden die Stellungnahmen lediglich in der Landessprache ihres Herkunftslands verfasst. Dies verhindert regelmäßig, dass andere Parlamente die Stellungnahmen überhaupt zur Kenntnis nehmen können und gegebenenfalls zu der Überzeugung gelangen, dass ein Verstoß gegen das Subsidiaritätsprinzip vorliegt.[190] An dieser Stelle sei noch einmal das praktische Verfahren vor Auge geführt: Den nationalen Parlamenten bleiben acht Wochen Zeit, Gesetzgebungsvorschläge zu überprüfen, eventuell eine Stellungnahme zu verfassen und diese im Idealfall auf der IPEX-Plattform anzubieten. Dies geschieht jedoch meist zu spät.[191]

Außerdem werden die Stellungnahmen nach keinem standardisierten Prüfungsschema erstellt, was eine Vergleichbarkeit ebenfalls erschwert. Im Rahmen einer verbesserten Zusammenarbeit sollte daher darauf gedrängt werden, ein weitestgehend einheitliches Prüfungsschema zu entwickeln, sowohl in formeller, als auch in materieller Hinsicht. Eine Angleichung würde die inhaltliche Arbeit beschleunigen und damit ein koordiniertes Vorgehen erleichtern.

Eine Institutionalisierung der COSAC würde ermöglichen, dass die COSAC als Frühwarnsystem innerhalb des Frühwarnsystems fungiert: Die grundsätzliche Überprüfung von Gesetzgebungsvorschlägen durch die COSAC könnte dazu dienen, dass diese die nationalen Parlamente auf mögliche Verletzungen des Subsidiaritätsprinzips oder zumindest auf unzureichende Begründungen durch die Kommission hinweist. Es hat sich in der Vergangenheit gezeigt, dass ein Zugriff auf die kritischen Informationen durch die nationalen Parlamente häufig zu spät erfolgt ist.[192] Eine zentral durchgeführte Subsidiaritätskontrolle, verbundenen mit der gezielten Informierung der zuständigen Ausschüsse, würde die nationalen Parlamente in die Lage versetzen, früh-

190 Bickenbach, Das Subsidiaritätsprinzip in Art. 5 EUV und seine Kontrolle, EuR 2013, 523, 545.

191 Reiding/van Meurs/Hulsenboom, Die europäische Subsidiaritätsprüfung auf dem Prüfstand. Erwartungen und erste Erfahrungen aus dem deutschen und dem niederländischen Parlament, ZParl 2016, 85, 90.

192 Buzogány/Stuchlik, Subsidiarität und Mitsprache. Nationale Parlamente nach Lissabon, ZParl 2012, 340, 358.

zeitiger als bisher, auf mögliche Verletzungen des Subsidiaritätsprinzips zu reagieren.

Effizienz ist in der Vergangenheit der Schlüssel für die erfolgreiche Verabschiedung einer gelben Karte gewesen. Durch frühzeitig zentral durchgeführte Subsidiaritätsanalysen ließe sich nicht nur Zeit für den Abstimmungsprozess der nationalen Parlamente untereinander wie innerhalb der Parlamente gewinnen, sie dürfte in vielen Fällen überhaupt erst das Bewusstsein für eine mögliche Subsidiaritätsverletzung bei den Parlamentariern schaffen. Gleichzeitig könnte die COSAC als interparlamentarisches Gremium die Parlamente über – insbesondere begründete – Stellungnahmen anderer Parlamente unterrichten und als Dreh- und Angelpunkt für ein koordiniertes Vorgehen dienen, um die Quoren, welche das Subsidiaritätsprotokoll voraussetzt, zu erreichen.

Zwar haben Konferenzen der COSAC in der Vergangenheit keinen messbaren Effekt auf eine erhöhte Abgabe begründeter Stellungnahmen im angrenzenden Zeitraum gehabt.[193] Zu bedenken ist allerdings, dass die COSAC bisher weder über die Organisation noch über den Auftrag verfügte, als ein Frühwarnsystem im Frühwarnsystem zu fungieren.

Voraussetzung für diese Tätigkeit wäre freilich, dass die COSAC über vergleichbare Informationsrechte wie die nationalen Parlamente nach Art. 4 SP verfügt. Würde man ihr einen eigenen institutionellen Status zu sprechen, dürften hierfür keinerlei Hinderungsgründe bestehen. Die Implementierung eines solchen Vorgehens würde für eine bessere Vernetzung der nationalen Parlamente untereinander sorgen und damit eine rasche und umfassendere Subsidiaritätskontrolle als bisher ermöglichen. Die Notwendigkeit besserer Koordination und Kooperation wurden in diesem Zusammenhang wiederholt von den Parlamenten betont.[194] Dass bisher vor allem nur im Fall von Monti II ein entscheidender Einfluss eines COSAC-Meetings auf die Verab-

193 Gattermann/Hefftler, Beyond Institutional Capacity: Political Motivation and Parliamentary Behaviour in the Early Warning System, WEP 2015, 305, 322; eine Ausnahme bildet die gelbe Karte im Fall von Monti II, vgl. hierzu: Bickenbach, Das Subsidiaritätsprinzip in Art. 5 EUV und seine Kontrolle, EuR 2013, 523, 545.

194 COSAC, Twenty-fourth Bi-annual Report: Developments in European Union Procedures and Practices Relevant to Parliamentary Scrutiny, S. 19 f.

schiedung einer gelben Karte nachgewiesen werden konnte, spricht indes nicht gegen die Notwendigkeit einer Aufwertung der COSAC. Vielmehr hat Monti II überhaupt erst gezeigt, wie groß die Notwendigkeit einer besseren Abstimmung der nationalen Parlamente ist, denn ohne die Initative der dänischen Delegation wäre es vermutlich niemals zu der Verabschiedung der ersten gelben Karte nach dem neuen Subsidiaritätsprotokoll gekommen.[195]

Auch auf technischer Seite existiert mit dem „InterParliamentary EU information eXchange" bereits eine zentrale Dokumentationsplattform, die gemeinsam von der Europäischen Union und den nationalen Parlamenten betrieben wird.[196] Bereits jetzt gilt die IPEX als ein unersetzliches Instrument, um den Informationsaustausch für die Subsidiaritätskontrolle zwischen den nationalen Parlamenten zu gewährleisten.[197] Von der COSAC, als ständige Institution innerhalb der Europäischen Union erarbeitete Dokumente, Übersetzungen und Analysen könnten auf dieser Plattform eingestellt werden, verbunden mit der Funktion, die nationalen Parlamente auf mögliche Subsidiaritätsverletzungen und Rügefristen hinzuweisen. In der Vergangenheit haben sich jedenfalls die Einführung der IPEX-Datenbank, die Zusammenarbeit der COSAC und die Kontakte in den Verbindungsbüros in Brüssel selbst als hilfreich erwiesen, die Kooperation zwischen den Parlamenten zu erleichtern.[198]

Angesichts der Flut an Dokumenten und der ohnehin schon großen Arbeitsbelastung vieler nationaler Parlamente, erscheint der Aufbau eines europäischen Subsidiaritätsprüfungsnetzwerks als ein vielversprechendes Instrument, die Koordination und Kooperation zwischen den Parlamenten zu fördern. Die Tatsache, dass es bereits in einem gewissen Ausmaß geeignete Institutionen und die technische Infrastruktur gibt, sollte eine Umsetzung erleichtern. Eine zentrale

195 Cooper, A yellow card for the striker: national parliaments and the defeat of EU legislation on the right to strike, JEPP 2015, 1406, 1414 ff.

196 Bickenbach, Das Subsidiaritätsprinzip in Art. 5 EUV und seine Kontrolle, EuR 2013, 523, 545.

197 Cooper, A yellow card for the striker: national parliaments and the defeat of EU legislation on the right to strike, JEPP 2015, 1406, 1412.

198 Buzogány/Stuchlik, Subsidiarität und Mitsprache. Nationale Parlamente nach Lissabon, ZParl 2012, 340, 356; *kritisch* Cygan, COSAC: Birth, Evolution, Failures and Perspective, S. 215.

Steuerung durch eine institutionalisierte COSAC würde außerdem eine „up-to-date"-Datenbank vereinfachen. Zwar spielte im Fall von Monti II die IPEX-Datenbank keine Rolle, da sie nicht über die aktuellsten Informationen verfügte.[199] Angesichts der kurzen Stellungsnahmefristen könnte die IPEX-Datenbank jedoch in Zukunft eine schnellere Koordination der nationalen Parlamente erleichtern.

Die COSAC spielte im Rahmen des Frühwarnsystems bisher eine bestenfalls untergeordnete Rolle. Sie verfügt weder über die Kapazitäten, noch über den Status, um eine effektive Koordinierung der nationalen Parlamente zu gewährleisten. Insofern sind diese noch weit davon entfernt eine „virtuelle dritte Kammer"[200] der europäischen Gesetzgebung zu sein. Dass ein – im weitesten Sinne – über die COSAC initiiertes Vorgehen zu einer erfolgreichen Anwendung von Art. 7 Abs. 2 SP führen kann, hat Monti II gezeigt. Eine Aufwertung und Institutionalisierung der COSAC ist damit ein entscheidendes Element dafür, die Effektivität und Effizienz des Frühwarnsystems zu steigern, wenn nicht gar zu begründen.

b. Grüne Karte

Die neuen Kontrollinstrumente des Subsidiaritätsprotokolls weisen einen deutlich defensiven Charakter auf, da sie nur darauf ausgerichtet sind, Gesetzgebungsvorhaben oder zumindest Teile dieser zu verhindern. Becker beschreibt die Folgen für die Subsidiaritätskontrolle durch die nationalen Parlamente, basierend auf der ihr zugrunde liegenden Defensivlogik:

> „Die Subsidiaritätsprüfung ist im Kern also als zusätzliches defensives Kontrollinstrument der nationalen Parlamente ausgestaltet, das eine präventive Schutzwirkung entfalten soll. Es erlaubt eine Mitwirkung der nationalen Parlamente am europäischen Politikprozess nur im Bezug auf die enge Frage nach der angemessenen Ebene der sekundärrechtlichen Rechtsetzung und wird daher of als Schutzschild zur Wahrung nationalstaatlicher Souveränitätsräume begriffen. Diese inhärente Defensivlogik legt den Fokus zwangsläufig auf ‚negative interventions' […] Wenn aber das

199 Cooper, A yellow card for the striker: national parliaments and the defeat of EU legislation on the right to strike, JEPP 2015, 1406, 1412.

200 Cooper, The watchdogs of Subsidiarity: National Parliaments and the Logic of Arguing in the EU, JCMS 2006, 281, 282 f.

> Instrument der europäischen Subsidiaritätsrüge in erster Linie für die innenpolitische Profilierung und [...] Polarisierung genutzt wird, gewinnt die Subsidiaritätskontrolle zwar an Attraktivität für die normalen Parlamente. Deren Stellungnahmen müssen in der Folge aber nicht unbedingt von der EU-Kommission und dem Europäischen Parlament als abgewogener inhaltlicher Beitrag zur besseren Legislativtätigkeit der EU aufgenommen werden, insbesondere, wenn sie zur Verhinderung europäischer Rechtsetzung eingesetzt werden. Der Einfluss der Positionierung nationaler Parlamente auf die Meinungsbildung der EU-Organe könnte sich reduzieren. Das Instrument würde [...] endgültig auf seine politische Nutzbarkeit als defensives Verhinderungs- oder zumindest Verzögerungsinstrument [...] reduziert werden."[201]

Um dieser negativen Natur der Subsidiaritätskontrolle zu entkommen, gibt es seit einiger Zeit die Idee, dass Instrumentarium der nationalen Parlamente um ein positives Instrument („grüne Karte") zu erweitern, um die Möglichkeit zu schaffen, auch konstruktive Vorschläge unter dem Gesichtspunkt des Subsidiaritätsprinzips zu unterbereiten.

Der Vorschlag für eine solche grüne Karte geht auf einen Bericht des britischen Oberhauses aus dem Jahr 2013 zurück. Inhalt und Ziel der grünen Karte soll dabei nicht sein, das Initiativrecht der Kommission zu unterhöhlen, sondern vielmehr dem europäischen Gesetzgeber Vorschläge unterbreiten zu können, auf einem bestimmten Gebiet gesetzgeberisch tätig zu werden, die bisherige Gesetzgebung zu überprüfen und zu verbessern oder zurückzunehmen.[202] Die COSAC hat bereits in der Vergangenheit betont, dass die Möglichkeit zur Erhebung einer grünen Karte die nationalen Parlamente dazu befähigen würde, eine proaktive Rolle bei der Gesetzgebung innerhalb der Union einzunehmen. Die Schaffung einer grünen Karte „[...] entspringt dem Bedürfnis der nationalen Parlamente, innerhalb des EU-Gesetzgebungsprozesses als Gestalter und nicht nur – wie im Subsidiaritätsfrühwarnmechanismus angelegt – als Blockierer von Gesetzgebung wahrgenommen zu werden."[203] Damit würde das Verfahren der grünen Karte letztlich die konkret verfahrenstechnische Institutionalisierung des po-

201 Becker, Die Subsidiaritätsprüfung in Bundestag und Bundesrat – ein rechtliches oder ein politisches Instrument?, S. 12.

202 House of Lords, The role of national parliaments in the European Union, HL Paper 151, S. 20 f.

203 Müller, Das Kartenspiel der nationalen Parlamente und wie ihre Rolle in der Europäischen Union gestärkt werden könnte, S. 379.

litischen Dialoges zwischen der Kommission und den nationalen Parlamenten bedeuten.[204]

Die Reaktionen auf den britischen Vorschlag wurden von den anderen Parlamenten überwiegend positiv aufgenommen, wobei einige darauf hingewiesen haben, dass die Einführung eines solchen Verfahrens nur mit einer Änderung der europäischen Verträge möglich sei und die nationalen Parlamente bereits jetzt die Möglichkeit hätten, vergleichbare Vorschläge zu unterbreiten.[205]

Der britische Vorschlag für die Gestaltung einer grünen Karte orientiert sich ganz offensichtlich an dem der gelben Karte. So soll die Kommission jeden Vorschlag gründlich prüfen und entweder eine Gesetzesinitiative starten oder erklären, wieso sie dies nicht tut[206], vergleichbar mit dem Fall einer gelben Karte, bei der die Kommission auch ausführen muss, wieso sie an einem Gesetzesentwurf festhalten will. Insofern stellt der Vorschlag eine qualitative Neuerung gegenüber der jetzigen Rechtslage dar, da die nationalen Parlamente eine offizielle Auseinandersetzung der Kommission mit einfachen Vorschlägen nicht erzwingen können. Die Begründung könnte dabei in derselben Form ausfallen, wie die Kommission sie bereits bei der Begründung der Konformität eines Gesetzgebungsvorschlages mit dem Subsidiaritätsprinzip abgibt. Dabei muss jedoch sichergestellt werden, dass Vorschläge der nationalen Parlamente, insbesondere im Fall eines Änderungs- oder Rücknahmevorschlags, nicht nur oberflächlich von der Kommission zurück gewiesen werden können, sondern dass tatsächlich eine ernsthafte Auseinandersetzung mit den Vorschlägen erfolgt.

Zweifelhaft ist jedoch, ob ein solches Verfahren tatsächlich wirksam sein kann. Denn der defensiven Natur des Subsidiaritätsprinzips nach, würde die grüne Karte als positives Verfahrenselement einen Fremdkörper in der Systematik der Subsidiaritätskontrolle darstellen, eben weil das Subsidiaritätsprinzip schon historisch gesehen kein Par-

204 Vgl. hierzu: Preising, Der Umgang nationaler Parlamente mit den neuen Rechten des Vertrages von Lissabon – die Perspektive der Europäischen Union, S. 152.

205 COSAC, Twenty-third Bi-annual Report: Developments in European Union Procedures and Practices Relevant to Parliamentary Scrutiny, S. 31; COSAC, Twenty-fourth Bi-annual Report: Developments in European Union Procedures and Practices Relevant to Parliamentary Scrutiny, S. 12.

206 House of Lords, The role of national parliaments in the European Union, HL Paper 151, S. 21.

tizipations- sondern ein Verteidigungsinstrument nationaler Souveränität ist. Fraglich ist, ob die nationalen Parlamente ein großes Interesse daran haben, der Kommission Vorschläge für weitere europäische Legislativakte zu unterbreiten. Auf der anderen Seite könnte eine grüne Karte, die explizit einen Anstoß dazu gibt, bestehende Regelungen zu überarbeiten oder gar zurückzunehmen, für die nationalen Parlamente ein Anreiz sein, sich aktiv konstruktiv einzubringen. Gleichzeitig wäre es für die Kommission eine Gelegenheit, ihre selbst ausgegebene Losung für ein besseres Verhältnis mit den nationalen Parlamenten zu praktizieren.[207]

Außerdem haben viele private Akteure, die vielfach nationale Diversität in der Gesetzgebung als schädlich für ihr Geschäft betrachten, kein Interesse an einer Zersplitterung der Rechtslage, wenn hierdurch die Kosten für die Wirtschaft steigen.[208] Erkennen nationale Parlamente, dass eine bestehende Rechtslage wirtschaftliches Wachstum hemmt, so könnte dies eine Motivation sein, sich aktiv für eine europäische Regelung einzusetzen. Dies würde einen konstruktiven Beitrag im Rahmen der Subsidiaritätskontrolle darstellen, der durch die nationalen Parlamente selbst eingebracht wird.

Wenn es das erklärte Ziel gewesen ist, durch die Implementierung der neuen Instrumente des Vertrags von Lissabon zur Überwachung des Subsidiaritätsprinzips ein Mehr an demokratischer Legitimation innerhalb der Europäischen Union zu fördern, erscheint es nur konsequent, die nationalen Parlamente nicht nur negativ-defensiv zu beteiligen, sondern ihnen vielmehr einen Weg aufzuzeigen, mit dem sie sich positiv-konstruktiv beteiligen können und unmittelbar Einfluss auf die europäische Gesetzgebung bekommen. Aus diesem Grund sollte das Verfahren der grünen Karte in das Subsidiaritätsprotokoll mit aufgenommen werden.

c. Das Verfahren nach Art. 7 Abs. 2 SP

Innerhalb des Frühwarnsystems der Subsidiaritätskontrolle nimmt das Verfahren der gelben Karte eine besondere Stellung ein. Denn anders

207 KOM (2006), 211, S. 9 f.

208 Craig, Subsidiarity: A political and Legal Analysis, JCMS 2012, 72, 80.

als im Falle einer einfachen begründeten Stellungnahme, soll die Kommission im Falle einer gelben Karte gezwungen werden, sich umfassend mit der Kritik der nationalen Parlamente zu beschäftigen. Die Funktion der gelben Karte kann somit auch als Warnschuss der nationalen Parlamente gegenüber dem Gemeinschaftsgesetzgeber verstanden werden.

Als Herzstück der neuen Subsidiaritätskontrolle[209] ist sie jedoch nicht unumstritten. Insbesondere drei Kritikpunkte werden wiederholt genannt: Erstens fehle den nationalen Parlamenten die Kapazitäten, um ein koordiniertes Vorgehen zu gewährleisten, damit sie das vorausgesetzte Quorum erreichen. So wird die gelbe Karte von den Abgeordneten des Bundestags „als impraktikabel und sehr arbeitsintensiv betrachtet."[210] Es fehle der Anreiz für die nationalen Parlamente, ihre ohnehin knappen Ressourcen in dieses Verfahren zu investieren. Zum einem weil unklar ist, ob sich hierdurch ein politischer Mehrwert zu Hause ergibt, und zum anderen, weil der *modus operandi* bei der Subsidiaritätskontrolle von Parlament zu Parlament sehr unterschiedlich ist, genauso wie die jeweilige Neigung der Parlamente, sich überhaupt in der Subsidiaritätskontrolle einzubringen.[211] Drittens stelle sich die Frage, welche Bedeutung das Erreichen einer gelben Karte hat, da sie schließlich keine Vetofunktion besitzt. Die nationalen Parlamente würden durch eine gelbe Karte nicht entscheidend mehr Einfluss auf europäischer Ebene gewinnen. Demgegenüber sei es viel attraktiver für die nationalen Parlamente, über ihren Einfluss auf die eigene Regierung Einfluss auf die europäische Gesetzgebung zu nehmen.[212]

Dass die Koordination und Kooperation zwischen den nationalen Parlamenten der Mitgliedstaaten intensiviert und ausgebaut werden muss, wurde bereits ausführlich dargelegt. Im Falle des Verfahrens der gelben Karte erfährt dieser Aspekt jedoch eine besondere Notwendigkeit. Denn es stellt eine besondere Herausforderung für die nationalen

209 Groh, Die Rolle der nationalen Parlamente, S. 78.

210 Reiding/van Meurs/Hulsenboom, Die europäische Subsidiaritätsprüfung auf dem Prüfstand. Erwartungen und erste Erfahrungen, ZParl 2016, 85, 95.

211 Buzogány/Stuchlik, Subsidiarität und Mitsprache. Nationale Parlamente nach Lissabon, ZParl 2012, 340, 361.

212 Cooper, A yellow card for the striker: national parliaments and the defeat of EU legislation on the right to strike, JEPP 2015, 1406, 1408 f.

Parlamente dar, innerhalb eines sehr kurzen Zeitraums, die notwendige Anzahl begründeter Stellungnahmen zu erreichen. Gleichzeitig gibt es häufig extrem unterschiedliche Interessen der nationalen Parlamente. Besonders deutlich fällt dies im Fall der dritten gelben Karte auf, die eine deutliche Trennung von west- und osteuropäischen Staaten hinsichtlich ihrer inhaltlichen Positionierung erkennen lässt, wobei es den osteuropäischen Mitgliedsländern offenbar gelungen ist, ein koordiniertes Vorgehen zustande zu bringen.

Auch in den anderen beiden Fällen war das gemeinsame Vorgehen der Parlamente der entscheidende Faktor: Betrachtet man EPPO und Monti II, so ist deutlich zu erkennen, welches Momentum sich mit der breiten ablehnenden Front der nationalen Parlamente gegenüber dem Gemeinschaftsgesetzgeber aufgebaut hat. Besonders im Fall des Monti II-Vorschlags lassen sich drei wesentliche Faktoren herausarbeiten, die die Grundlage für das Zustandekommen der gelben Karte gebildet haben: Intensive interparlamentarische Koordination, ein zeitlich gut gesetztes interparlamentarisches Treffen und ein Netzwerk von Repräsentanten nationaler Parlamente in Brüssel.[213] Gleichzeitig spiegelt dieses Vorgehen den großen Kraftaufwand wider, welches das Verfahren der gelben Karte für die nationalen Parlamente bedeutet. Obwohl dies die Kommission nicht dazu bewegen konnte, eine Verletzung des Subsidiaritätsprinzips einzugestehen, zeigen beide Fälle doch, welches Potential in diesem Verfahren steckt.[214] Es ist daher umso enttäuschender, dass die vorausgesetzten Quoren erst dreimal erreicht worden sind, obwohl es hierzu mehrere Anlässe gegeben hat. Ein Grund hierfür ist sicherlich die mangelnde Vernetzung der Parlamente untereinander und ihre fehlende Effizienz bei der Subsidiaritätskontrolle selbst. Insbesondere die Abgeordneten des Deutschen Bundestags zeigen sich daher skeptisch gegenüber dem Instrument, das darüber hinaus bisher auch kein nennenswertes Medienecho hervorgerufen hat.[215]

213 Cooper, A yellow card for the striker: national parliaments and the defeat of EU legislation on the right to strike, JEPP 2015, 1406.

214 Reiding/van Meurs/Hulsenboom, Die europäische Subsidiaritätsprüfung auf dem Prüfstand. Erwartungen und erste Erfahrungen, ZParl 2016, 85, 89.

215 Reiding/van Meurs/Hulsenboom, Die europäische Subsidiaritätsprüfung auf dem Prüfstand. Erwartungen und erste Erfahrungen, ZParl 2016, 85, 91 ff.

Betrachtet man die Anzahl kumulierter, begründeter Stellungnahmen in den Fällen, die ein koordiniertes Vorgehen der nationalen Parlamente hätten erwarten lassen, so fällt auf, dass häufig nur eine bestimmte Anzahl begründeter Stellungnahmen erreicht wird. Diese liegt meist weit weg von der im Subsidiaritätsprotokoll vorausgesetzten Quorums, jedoch häufig über der Anzahl begründeter Stellungnahmen zu Gesetzesvorschlägen, die nur eine sehr geringe Anzahl von begründeten Stellungnahmen erhalten haben. Es erscheint daher sinnvoll, nicht nur eine bessere Koordination und Kooperation seitens der nationalen Parlamente zu verlangen, sondern gleichzeitig auch eine Absenkung der notwendigen Quoren zum Auslösen einer gelben Karte – ein Entgegenkommen von beiden Seiten. Eine Absenkung des notwendigen Quorums darf dabei natürlich kein Selbstzweck sein: Ziel ist es nicht, eine inflationäre Erhöhung der Anzahl gelber Karten zu produzieren, um eine Aufwertung der Statistiken zu erzielen. Eine zu hohe Hürde jedoch könnte das Verfahren nach Art. 7 SP nachhaltig beschädigen, wenn die nationalen Parlamente bemerken, dass es kaum realistisch ist, die geforderte Anzahl begründeter Stellungnahmen zu erreichen.

Basierend auf der Auswertung der bisher mit zumindest einer begründeten Stellungnahme bedachten Gesetzgebungsvorschläge ergibt sich folgendes Bild: Eine Absenkung des Quorums zum Auslösen des Verfahrens nach Art. 7 Abs. 2 SP auf ein Viertel der Stimmen der den nationalen Parlamenten gemäß dem Subsidiaritätsprotokoll zur Verfügung stehenden Stimmen erscheint sowohl sinn- als auch maßvoll. Es erhöht einerseits die Attraktivität für die nationalen Parlamente, ein entsprechendes Verfahren anzustreben ohne andererseits seine Bedeutung zu entwerten. Den nationalen Parlamenten ist es bisher nur in seltenen Fällen gelungen, eine zweistellige Anzahl an begründeten Stellungnahmen zu erreichen.[216] Eine Absenkung auf ein Viertel der Stimmen würde bedeuten, dass zukünftig 14 – und nicht wie bisher 18 Stimmen – der nationalen Parlamente genügen würden, um das Verfah-

216 So haben bisher neben dem Monti II und dem EPPO Vorschlag nur die folgenden Vorschläge, KOM(2013) 133, KOM(2012) 788 und KOM(296), eine zweistellige Zahl an begründeten Stellungnahmen erreicht, vgl. hierzu: KOM(2011) 344, KOM(2012) 373, KOM(2013) 566, KOM (2014) 506, KOM(2015) 315, KOM(2016) 128.

ren nach Art. 7 Abs. 2 SP auszulösen. Im Übrigen würde die Schwelle zum Auslösen einer gelben Karte auf dasselbe Maß reduziert, wie es bereits jetzt in Art. 7 Abs. S. 2 SP für Gesetzgebungsentwürfe nach Art. 76 AEUV vorgesehen ist. Damit würde sich eine Absenkung des vorausgesetzten Quorums harmonisch in die Systematik des Subsidiaritätsprotokolls einfügen.

Neben einer Absenkung der Quoren ist es zudem erforderlich, der Kommission einen verbindlichen Rahmen vorzugeben, in welcher Form ihre Reaktion auf eine gelbe Karte zu erfolgen hat. Denn im Falle des EPPO-Vorschlags, des Vorschlags zur Änderung der Richtlinie 96/71/EG, und bei Monti II kann die Begründung, weswegen die drei Vorschläge aus Sicht der Kommission vereinbar sind mit dem Subsidiaritätsprinzip, nur als unzureichend bezeichnet werden. In jedem Fall erscheinen sie jedoch unangemessen angesichts der zentralen Bedeutung dieses Mechanismus im Kontext des neuen Subsidiaritätskontrollsystems. Ist eine kritische Masse nationaler Parlamente von der Verletzung des Subsidiaritätsprinzips durch einen Gesetzgebungsentwurf der Kommission überzeugt, so sollte dies eine umfassendere Reaktion der Kommission hervorrufen, als dies bisher geschehen ist. Gleichwohl sollte der gelben Karte keine Vetofunktion zukommen, da hier die Gefahr bestünde, dass sie zu einem Blockadeinstrument wird. Interessant könnte jedoch die Schaffung einer „Time-Out"-Funktion sein: Sofern die nationalen Parlamente aufgrund eines europäischen Gesetzesvorschlags das Verfahren nach Art. 7 Abs. 2 SP auslösen, könnte der Gesetzesvorschlag für eine gewisse Zeit im weiteren Gesetzgebungsprozess angehalten werden. Dies lässt sich damit begründen, dass der Kommission nun genügend Zeit bleibt, eine umfassende Stellungnahme vorzubereiten, weswegen sie den entsprechenden Gesetzesvorschlag für vereinbar mit dem Subsidiaritätsprinzip hält. Außerdem kann sie in der Folgezeit den Dialog mit den nationalen Parlamenten suchen.

Es dürfte die Kommission empfindlich politisch treffen, wenn einer ihrer Vorschläge für eine längere Zeit zwangsweise verzögert wird, gleichzeitig könnte es eine Motivation für sie sein, bereits im Vorfeld umfassender auf die begründeten Stellungnahmen der nationalen Parlamente zu reagieren. Die zwangsweise Aussetzung eines Gesetzesvorhabens könnte außerdem den Anreiz stärken, sich intensiver zu beteiligen, da diese Themen auch für die innenpolitische Profilierung genutzt werden können.[217] Das Einfrieren eines Gesetzesvorhabens der Kommission durch die nationalen Parlamente dürfte jedenfalls ein großes Medienecho hervorrufen. Darüber hinaus würde dieses Instrument nicht zu einem reinen Blockadeinstrument verkommen, da es Gesetzesvorhaben nur aufhalten und nicht vollständig verhindern kann.

Die Absenkung des vorausgesetzen Quorums und die gleichzeitige Verschärfung der Folgen einer Auslösung des Verfahrens nach Art. 7 Abs. 2 SP, würde dieses Kontrollinstrument für die nationalen Parlamente nachhaltig aufwerten und somit dem Herzstück der Subsidiaritätskontrolle neues Leben einzuhauchen.

d. Das Verfahren nach Art. 7 Abs. 3 SP

Die Gestaltung des Verfahrens nach Art. 7 Abs. 3 SP wirft einige Fragen auf. Sinn und Wortlaut („außerdem") des Art. 7 Abs. 3 SP sprechen dafür, dass es sich hierbei um ein ergänzendes Verfahren zu Abs. 2 SP handeln soll. Interessanterweise ist nach Art. 7 Abs. 2 SP jedoch nur die Entscheidung zu begründen, während Art. 7 Abs. 3 SP die Vereinbarkeit des Vorschlags mit dem Subsidiaritätsprinzip von der Kommission begründet werden muss. Hierbei handelt es sich letztlich nur um eine terminologische Unterscheidung, denn in beiden Fällen reicht ein einfacher Verweis auf Art. 5 SP nicht aus. Allerdings gilt die Begründungspflicht nach Art. 7 Abs. 2 SP nur für Entscheidungen, während Art. 7 Abs. 3 SP diese nur für den Fall vorsieht, dass an einem Entwurf festgehalten werden soll. Außerdem erscheint Art. 7 Abs. 3 UAbs. 2 b) SP ohne erkennbaren Grund von den üblichen Mehrheitserfordernissen abzuweichen: So wird für das Scheitern eines Vorschlags die Mehrheit der abgegebenen Stimmen des Europäischen Parlaments vorausgesetzt und nicht wie üblich die Mehrheit der Stimmen seiner Mitglieder.[218]

Von größerer Bedeutung sind jedoch die von Art. 7 Abs. 3 SP vorausgesetzten Quoren. Wenn es für die nationalen Parlamente schon

217 Buzogány/Stuchlik, Subsidiarität und Mitsprache. Nationale Parlamente nach Lissabon, ZParl 2012, 340, 361.

218 Groh, Die Rolle der nationalen Parlamente, S. 91 f.

schwierig ist, die Quoren von Art. 7 Abs. 2 SP zu erreichen, dann scheint es erst recht so, dass das Verfahren der roten Karte in seiner jetzigen Ausgestaltung ohne jegliche praktische Relevanz für die Kontrolle des Subsidiaritätsprinzips bleiben wird. Die geforderten Quoren sind nicht ohne einen immensen Arbeitsaufwand für die nationalen Parlamente zu erreichen und es besteht für sie kaum ein Anreiz, diesen Aufwand zu betreiben, da die endgültige Entscheidung, ob ein Gesetzesvorschlag weiterverfolgt wird oder nicht, nicht von ihnen entschieden werden kann. Zwar dürfte der politische Druck im Falle der Erfüllung des vorgesehenen Quorums groß genug sein, einen europäischen Gesetzesentwurf zu Fall zu bringen, allerdings dürften die Parlamentsmehrheiten stets den direkten Weg über die Fachminister der von ihr getragenen Regierung wählen, um unmittelbar im Rat etwaige Vorstöße zu Fall zu bringen. Es besteht für sie also keinerlei Motivation, das aufwendige und zugleich erfolgsunsichere Verfahren nach Art. 7 Abs. 3 SP überhaupt anzustreben. Damit ist das Verfahren nach Art. 7 Abs. 3 SP nicht nur zu komplex, um für die nationalen Parlamente praktikabel zu sein, es ist in seiner jetzigen Form auch schlicht zu unattraktiv. Es erscheint außerdem widersinnig, dass ein einzelnes Parlament ein Gesetzgebungsvorhaben durch eine Subsidiaritätsklage zu Fall bringen kann, aber eine breite und entschlossene Mehrheit der Parlamente, die sich gemeinsam gegen ein Gesetzesvorhaben ausgesprochen haben, dieses nicht verhindern kann.

Die Schlussfolgerung hieraus ist klar: Zum einem sind die vorausgesetzten Quoren für das Verfahren der roten Karte abzusenken, damit die nationalen Parlamente überhaupt eine realistische Perspektive haben, entsprechende Quoren zu erreichen. Angesichts der bisherigen Erfahrungen mit den erreichten Quoren im Fall von Monti II und EPPO erscheint hier eine Absenkung des vorausgesetzten Quorums auf ein Drittel der Stimmen angemessen, auch in Relation zur angedachten Absenkung im Falle des Verfahrens nach Art. 7 Abs. 2 SP. An dieser Stelle ist die Implementierung eines dynamischen Verfahrens vielversprechend: Hält die Kommission nach einer gelben Karte an einem Gesetzgebungsvorschlag an ihrer Begründung fest, könnte den übrigen nationalen Parlamenten, die bis zu diesem Zeitpunkt noch keine begründete Stellungnahme abgegeben haben, die Möglichkeit eingeräumt werden, dem Verfahren innerhalb einer gewissen Frist mit einer eigenen begründeten Stellungnahme beizutreten. Sofern hierdurch rechnerisch das Quorum nach Art. 7 Abs. 3 SP erfüllt wird, wird die gelbe Karte automatisch in eine rote Karte umgewandelt. Dies würde nicht nur das Interesse der übrigen, bisher nicht involvierten, nationalen Parlamente steigern. Ein gemeinsames Vorgehen zu koordinieren, würde hierdurch wesentlich einfacher. Außerdem zwänge es die Kommission, die Vereinbarkeitsbegründung eines Vorschlags mit dem Subsidiaritätsprinzip präziser zu prüfen.

Weiterhin muss eine rote Karte dahingehend aufgewertet werden, dass diese tatsächlich ein Gesetzesvorhaben der Kommission unterbinden kann. Insbesondere dieser Aspekt stellt ein erhebliches Attraktivitätsmerkmal für die nationalen Parlamente dar, sich dieses Instruments zu bedienen. Freilich bestünde die Gefahr, würden die notwendigen Quoren für dieses Verfahren abgesenkt, dass das Verfahren der roten Karte sich als Blockadeinstrument der nationalen Parlamente erweist, Gesetzgebungsprozesse auf europäischer Ebene nachhaltig zu stören. Allerdings hat die Analyse der bisherigen Subsidiaritätskontrolle gezeigt, wie schwierig der Abstimmungsprozess für die nationalen Parlamente in dieser Frage ist. Es ist daher nicht zu erwarten, dass sie zukünftig in der Lage sein werden, in großer Anzahl rote Karten zu beschließen, zumal sie sich damit häufig auch gegen die, von der Parlamentsmehrheit getragenen, Regierungen stellen würden. Um dennoch Missbrauch vorzubeugen, könnte das Verfahren, nachdem das Verfahren gemäß Art. 7 Abs. 3 SP ausgelöst wurde, invertiert werden: Erreichen die nationalen Parlamente die notwendigen Quoren und erteilen einem Gesetzesvorhaben die rote Karte, gilt das Vorhaben als gescheitert, sofern sowohl der Rat, als auch das Europäische Parlament nicht mit einfacher Mehrheit die Vereinbarkeit des Gesetzgebungsvorschlags mit dem Subsidiaritätsprinzip erklären. Hierdurch stünde die Kommission unter erhöhten Druck, beide Gremien von der Subsidiaritätskonformität des Gesetzgebungsentwurfs zu überzeugen. Letztendlich handelt es sich hierbei um eine Beweislastumkehr zugunsten der nationalen Parlamente, für die dieses Verfahren eine echte Perspektive (außerhalb der Subsidiaritätsklage) eröffnet, sich aktiver an der Subsidiaritätskontrolle zu beteiligen, ohne die Gefahr, dass die rote Karte zu einem reinem Blockadeinstrument verkommt. Darüber hinaus erscheint die Aufwertung, insbesondere mit Blick auf die Motivation der nationalen Parlamente, sich an diesem arbeitsintensiven Prozess zu beteiligen, angesichts der ernüchternden Bilanz dringend geboten. Viel wichtiger ist jedoch, dass die nationalen Parlamente durch diesen Prozess eine echte Aufwertung in ihrer Rolle im europäischen Legislativprozess erfahren würden.

e. Begründungs- und Gesetzgebungsgrundlagenrügen

Es wurde vorstehend dargelegt, wie oft die Begründung der Vereinbarkeit von Gesetzesvorschlägen mit dem Subsidiaritätsprinzip nur unzureichend erfolgte. Teilweise drängt sich der Eindruck auf, dass überhaupt keine inhaltliche Auseinandersetzung mit der Materie stattgefunden hat. Zu häufig erfolgte die Begründung oberflächlich und substanzlos. So stieß die Reaktion der Kommission auf die geäußerte Kritik im EPPO-Fall auf Unverständnis seitens der nationalen Parlamente.[219] Dies wirft nicht nur ein schlechtes Licht auf die Bemühungen der Kommission, einen besseren politischen Dialog zu kreieren, es erschwert auch die Arbeit der nationalen Parlamente, ihrer Rolle als Wächter der Subsidiarität nachzukommen. Die nationalen Parlamente sollten daher nicht nur eine mögliche Verletzung des Subsidiaritätsprinzips als solche in Gestalt einer begründeten Stellungnahme rügen dürfen, dies sollte ebenso für offensichtlich unzureichenden Begründungen der Kommission gelten, als eine Beweislastumkehr zugunsten der nationalen Parlamente: Die Kommission wäre gezwungen, die Vereinbarkeit von Gesetzesvorschlägen mit dem Subsidiaritätsprinzip zukünftig umfassender und präziser zu begründen. Für die nationalen Parlamente könnte sich auf diese Weise die Arbeitsbelastung erheblich reduzieren, da sie zunächst auf eine umfangreiche Subsidiaritätsprüfung verzichten können.

Ergänzend sollte den nationalen Parlamenten die Möglichkeit eingeräumt werden, nicht nur eine Verletzung des Subsidiaritätsprinzips und des Verhältnismäßigkeitsprinzips zu rügen, sondern auch die vermeintlich falsche Wahl der Gesetzgebungsgrundlage. Denn wenn die Parlamente ein Gesetzesvorhaben, das auf der richtigen Gesetzes-

219 Müller, Das Kartenspiel der nationalen Parlamente und wie ihre Rolle in der Europäischen Union gestärkt werden könnte, S. 379.

grundlage vorgeschlagen wird, rügen können, so erscheint es nur konsequent, dass sie in entsprechenden Fällen ebenfalls die Wahl einer falschen Gesetzesgrundlage, im Rahmen der Subsidiaritätskontrolle, rügen können sollten.

f. Ausgestaltung der Subsidiaritätskontrolle als Minderheitenrecht

Ein Umstand, den das Lissabonner Subsidiaritätskontrollsystem in Gänze unbeachtet lässt, ist die Ausübung der Subsidiaritätskontrolle durch die parlamentarische Minderheit. Weder Art. 5 Abs. 3 EUV noch das Subsidiaritätsprotokoll selbst treffen Aussagen zu der Frage, wie der innerparlamentarische *modus operandi* der Subsidiaritätskontrolle in den Mitgliedstaaten zu erfolgen hat. Es ist vielmehr Sache der nationalen Parlamente für sich selbst festzulegen, in welcher Form begründete Stellungnahmen oder Subsidiaritätsklagen zu verabschieden sind.

Während im Deutschen Bundestag etwa die Möglichkeit zur Erhebung einer Subsidiaritätsklage als parlamentarisches Minderheitenrecht in § 93 d Abs. 2 GOBT ausdrücklich vorgesehen ist, fehlt eine entsprechende Klausel für die Verabschiedung einer Subsidiaritätsrüge, § 93 c GOBT. Diese Differenzierung überrascht bei einer rein formellen Betrachtung der verschiedenen Instrumente des Subsidiaritätsprotokolls: Warum sollte die Parlamentsminderheit einerseits in der Lage sein können, einen vermeintlichen Verstoß gegen das Subsidiaritätsprinzip vor den EuGH zu bringen, während es ihr gleichzeitig nicht gestattet ist, eine einfache begründete Stellungnahme zu verabschieden? Aufgrund ihres natürlichen Näheverhältnisses zu der von ihr getragenen Regierung, wird die Mehrheitsfraktion in der Regel nicht gegen Gesetzesvorhaben der Kommission votieren, die von ihrer Regierung gut geheißen werden.[220] Gleichzeitig wird die Opposition nur geringe Erfolgschancen besitzen, eine begründete Stellungnahme zu verabschieden, wenn die Parlamentsmehrheit einen Vorschlag gutheißt; im besten Falle wäre es ein symbolischer Akt für die innenpolitische Bühne. Es entspricht der Oppositionslogik, wonach derartige Vorstöße

220 Gattermann/Hefftler, Beyond Institutional Capacity: Political Motivation and Parliamentary Behaviour in the Early Warning System, WEP 2015, 305, 307.

regelmäßig erfolglos bleiben.[221] So erklärt sich, weshalb nur die Erhebung einer Subsidiaritätsklage als Minderheitenrecht ausgestaltet ist.

Außerdem dürfte der Weg über eine Subsidiaritätsrüge für die regierende Parlamentsmehrheit unattraktiv sein, da er arbeitsintensiv und die Erfolgsaussichten ungewiss sind. Der direkte Weg über den jeweiligen Minister, unmittelbar Einfluss im Rat auszuüben und so gegen einen Gesetzgebungsvorschlag der Kommission vorzugehen, ist demgegenüber erheblich leichter und besitzt eine größere Aussicht auf Erfolg.[222] So weist die geringe Anzahl begründeter Stellungnahmen des Deutschen Bundestags eher eher darauf hin, dass andere Einflussmöglichkeiten, wie der Einfluss auf die Bundesregierung oder über Informationsflüsse über das Bundestagsbüro in Brüssel, vielversprechender sind. Jedenfalls bleibt Europapolitik für die Mehrheitsfraktionen ein Balanceakt.[223]

Die Ausgestaltung der Subsidiaritätskontrolle als Minderheitenrecht, insbesondere die der Klage, trifft nicht auf ungeteilte Zustimmung. So wird etwa zu bedenken gegeben, dass Minderheitenrechte nur dort angebracht seien, „wo die Mehrheit aufgrund einer strukturellen Interessenkongruenz regelmäßig nicht geneigt sein wird, Rechte geltend zu machen", diese Interessenskongruenz fehle indes bei der Subsidiaritätsklage im Gegensatz zur Einrichtung eines parlamentarischen Untersuchungsausschusses oder der Prozessstandschaft, da die nationalen Parlamente ein natürliches Interesse daran hätten, „dass Rechtssetzungskompetenzen bei ihnen verbleiben".[224] Damit würde insbesondere das Klagerecht Gefahr laufen, politisch instrumentalisiert zu werden: „Die Subsidiaritätsklage könnte zum Spielball der innerparlamentarischen Auseinandersetzung werden. Eine europaskeptische, nationalistische oder extreme Opposition könnten aus Gründen

221 Reiding/van Meurs/Hulsenboom, Die europäische Subsidiaritätsprüfung auf dem Prüfstand. Erwartungen und erste Erfahrungen, ZParl 2016, 85, 90; Buzogány/Stuchlik, Subsidiarität und Mitsprache. Nationale Parlamente nach Lissabon, ZParl 2012, 340, 355.

222 Reiding/van Meurs/Hulsenboom, Die europäische Subsidiaritätsprüfung auf dem Prüfstand. Erwartungen und erste Erfahrungen, ZParl 2016, 85, 91.

223 Buzogány/Stuchlik, Subsidiarität und Mitsprache. Nationale Parlamente nach Lissabon, ZParl 2012, 340, 355.

224 Uerpmann-Wittzack/Edenharter, Subsidiaritätsklage als parlamentarisches Minderheitsrecht?, EuR 2009, 313, 322.

der innenpolitischen Profilierung selbst offensichtlich unbegründete Klagen durchsetzen."[225] Die Gefahr einer politischen Instrumentalisierung durch nationalistische Gruppierungen, könnte jedoch innerstaatlich durch ein 2/3-Widerspruchsrecht, wie es der Deutsche Bundestag vorgesehen hatte, kompensiert werden.[226]

Wichtiger ist jedoch, dass der innerstaatliche Diskurs über europäische Gesetzesvorhaben von besonderer Bedeutung ist. Dies gilt umso mehr, wenn man davon ausgeht, dass die nationalen Parlamente durch ihren Beitrag in Gestalt der Subsidiaritätskontrolle zu spezifisch „europäischen Parlamenten" werden, die Teil an einer „gemeineuropäischen Legitimationsleistung" haben sollen.[227] Der innerparlamentarische und damit innerstaatliche Diskurs ist wichtig für die demokratische Legitimation, die mit dem dem Vertrag von Lissabon angestrebt wurde, schließlich vollzieht sich diese vor allem über die nationalen Parlamente.[228]

Es ist widersinnig, die Parlamentsminderheiten durch ein System zu benachteiligen, das den indirekten Weg der Parlamentsmehrheit über den jeweiligen Fachminister fördert. So könnte die Ausgestaltung der Subsidiaritätskontrolle als Minderheitenrecht vielmehr ein Anreiz für die nationalen Parlamente darstellen, eine innenpolitische Debatte über Legislativakte der Europäischen Union zu entzünden. Die Parlamentsmehrheit würde so gezwungen sich inhaltlich zu positionieren, ganz unabhängig davon, ob die Regierung einen Kommissionsvorschlag positiv oder negativ bewertet. Damit würde ein wichtiges Ziel des Vertrags von Lissabon erreicht werden: Die Stärkung von parlamentarischen Minderheitsrechten in Angelegenheiten der Europäischen Union, könnte die parlamentarischen Debatten zu europäischen Gesetzesvorhaben beflügeln, welche die Mehrheitsfraktionen

---

225 Uerpmann-Wittzack/Edenharter, Subsidiaritätsklage als parlamentarisches Minderheitsrecht?, EuR 2009, 313, 326.

226 Uerpmann-Wittzack/Edenharter, Subsidiaritätsklage als parlamentarisches Minderheitsrecht?, EuR 2009, 313, 326 f.

227 Kotzur, Wir haben die Wahl: Überlegungen zu einem demokratischen „Europa der Bürger", Wirtschaftsdienst 2014, 239, 243.

228 Kielmansegg, Integrationsziel Politische Union: Überlegungen zu einem uneindeutigen Schlüsselbegriff, ZSE 2014, 18, 37.

ansonsten „über die europäische Bande“[229] in Brüssel und damit an der Öffentlichkeit vorbeilaufen lassen können. Einfluss und Bedeutung der nationalen Parlamente für den europäischen Gesetzgebungsprozess würden so gestärkt und die demokratische Legitimation europäischer Gesetzgebungsakte gefördert.

Die Herbeiführung einer Subsidiaritätsrüge durch die Parlamentsminderheit auf der innenpolitischen Bühne ist geeignet, ein größeres mediales Interesse an der Subsidiaritätskontrolle durch die nationalen Parlamente insgesamt zu steigern. Denn solange die von den Mehrheitsfraktionen getragenen Regierungen einen Kommissionsvorschlag gut heißen, dürften sie kein Interesse an nationalen Störfeuern haben. Ob auch die Subsidiaritätsklage als Minderheitenrecht ausgestaltet werden sollte, kann zunächst angesichts der möglichen Risiken[230] dahinstehen. Entscheidend ist die grundsätzliche Einbindung der Parlamentsminderheit, um einen Diskurs auf mitgliedstaatlicher Ebene zu initiieren.

Für das Verfahren nach Art. 7 Abs. 3 SP würde die Ausgestaltung der Subsidiaritätskontrolle als Minderheitenrecht eine große Bereicherung bedeuten. Da der Parlamentsminderheit in aller Regel der Zugang zu den Fachministern und damit der Einfluss zu einem frühen Zeitpunkt des Gesetzgebungsprozesses fehlt, könnte die Möglichkeit ein Gesetzgebungsvorhaben durch eine rote Karte zu Fall bringen zu können, eine interessante Möglichkeit darstellen, sich innenpolitisch zu profilieren. Gleichzeitig wird die regierungstragende Parlamentsmehrheit gezwungen, eine Position hinsichtlich eines Gesetzesvorhaben der EU-Kommission zu beziehen. Das Ausweichen über den jeweiligen Fachminister wird so erschwert.

Die Ausgestaltung des Verfahrens nach Art. 7 Abs. 3 SP auf innerstaatlicher Ebene ist ein zusätzlicher Anreiz für eine bessere horizontale Vernetzung der nationalen Parlamente, da nun auch Parlamentsminderheiten an einem gemeinsamen, koordinierten Vorgehen gegen einen Gesetzesentwurf der Kommission beteiligen werden könnten. Im Zweifelsfall bedarf es hierfür aus ihrer Sicht noch nicht einmal ei-

---

229 Papier, Bevormundung oder Bürgerfreiheit? Die Belebung des Subsidiaritätsprinzips, S. 24.

230 Vgl. hierzu: Uerpmann-Wittzack/Edenharter, Subsidiaritätsklage als parlamentarisches Minderheitsrecht?, EuR 2009, 313 ff.

nes großen Aufwandes, da Abgeordnete anderer nationaler Parlamente auf der Suche nach Mehrheiten gezielt auf Oppositionsparteien zu gehen könnten, um das von Art. 7 Abs. 3 SP geforderte Quorum zu erfüllen.

Sollten die Minderheitenrechte im Rahmen der Subsidiaritätskontrolle gestärkt werden, so gilt an dieser Stelle umso mehr, dass es einer besseren Kooperation und Koordination zwischen den Parlamenten bedarf. Denn es dürfte den Oppositionsparteien in aller Regel unmöglich sein, neben dem normalen innerstaatlichen Diskurs, die enorme Menge an europäischen Dokumenten in der Art und Weise zu bewältigen, dass eine ernsthafte Auseinandersetzung mit der Subsidiaritätskontrolle möglich ist. Werden jedoch derartige Analysen auf anderer Ebene durchgeführt und den nationalen Parlamenten, insbesondere den federführenden Fachausschüssen zugeleitet, besteht für die Opposition im Verhältnis zu den Regierungsfraktionen annähernd Waffengleichheit. Die Stärkung von Minderheitenrechten, in Verbindung mit der Absenkung der von Art. 7 Abs. 2 und Abs. 3 SP geforderten Quoren erschließt den nationalen Parlamenten neue Möglichkeiten, die zunächst auf mitgliedstaatlicher Ebene einen intensiveren Diskurs bewirken und damit zu einer erhöhten Legitimationsleistung in der Europäischen Union insgesamt beitragen.

g. Late Card

Die zweite niederländische Kammer hat im November 2013 einen interessanten Vorschlag vorgelegt, der den Zeitpunkt der Beteiligungsmöglichkeit der nationalen Parlamente an der Subsidiaritätsprüfung erweitern würde. Der Vorschlag beinhaltet die Einführung einer „late card".[231] Hintergrund ist die Tatsache, dass ein Vorschlag der Kommission am Ende des Gesetzgebungsprozesses inhaltlich nicht unerheblich von der ursprünglichen Fassung, wie sie von der Kommission den nationalen Parlamenten zunächst übermittelt wird, abweichen kann. Daher soll ihnen die Möglichkeit eingeräumt werden, Vorschläge noch zu

231 House of Commons European Scrutiny Committee, Thirteenth Report of Session 2014-15, HC 219-xiii, S. 16.

diesem späteren Zeitpunkt auf eine Verletzung des Subsidiaritätsprinzips hin zu überprüfen.

Gegen die Einführung dieses Instruments spricht, dass zu diesem Zeitpunkt des Gesetzgebungsverfahrens die nationalen Minister bereits eine entscheidende Rolle spielen und die nationalen Parlamente über diese ihren Einfluss geltend machen können. Allerdings würde dies den Parlamentsminderheiten die Möglichkeit rauben, sich in Form einer Subsidiaritätskontrolle an dem europäischen Gesetzgebungsprozess zu beteiligen. Für die Einführung einer „late card" spricht auch, dass eine erheblich Änderung eines Gesetzesvorschlags zu diesem späten Zeitpunkt prinzipiell möglich ist und damit noch eine Verletzung des Subsidiaritätsprinzips denkbar ist. Die nationalen Parlamente sollte daher nicht schlechter als der Gemeinschaftsgesetzgeber gestellt werden, der zu einem späten Zeitpunkt das Gesetzgebungsverfahren noch erheblich beeinflussen kann.

7. Zusammenfassung

Die Bilanz nach knapp acht Jahren Subsidiaritätskontrolle, seit Inkrafttreten des Vertrags von Lissabon, fällt ernüchternd, wenn nicht gar enttäuschend aus. Ein anderer Schluss lässt sich angesichts der Erwartungen, die mit der Einführung des neuen Subsidiaritätskontrollsystems verbunden waren, nicht ziehen. Es war das angestrebte Ziel, eine Stärkung der nationalen Parlamente im Gesetzgebungsprozess der Europäischen Union zu erreichen, um für ein Mehr an demokratischer Legitimation zu sorgen. Die aktuelle kritische Lage und die Fliehkräfte, die an der Europäischen Union zerren, zeigen dass dieses Ziel nicht erreicht wurde. Zumindest ist es nicht gelungen, durch die neuen Kontrollinstrumente ein spürbares Mehr demokratischer Legitimation der Union zu generieren.[232]

Das bedeutet indes nicht, dass das zweifelhafte Abschneiden der neuen Subsidiaritätskontrolle verantwortlich für die augenblickliche

232 Bruttel, Europäische Integration und Krise in der Eurozone: Akzeptanz und Ablehnung der EU in Deutschland, Frankreich, Spanien und Großbritannien, integration 2014, 275 ff.

Misere ist. Im Gegenteil belegen die Vielzahl von Beiträgen zum Thema Subsidiarität, aber auch der von der Kommission initiierte politische Dialog, welch großes und reges Interesse auf seiten der nationalen Parlamente für diesen Themenkomplex besteht. Beiträge, Dialoge und die Stellungnahmen zeigen die grundsätzliche Bereitschaft der Mitgliedstaaten, sich in diesem Bereich zu engagieren.

Die mit dem Vertrag von Lissabon eingeführten Kontrollinstrumente sind in ihrer jetzigen Form jedoch so inadäquat wie insuffizient, als dass sie die nationalen Parlamente in die Lage versetzen würden, eine nachhaltige Subsidiaritätskontrolle durchzuführen, um Europa ein Stück demokratischer zu gestalten. Im Ergebnis lässt sich das schwache Abschneiden auf einige wenige Probleme reduzieren, die eine effektive Kontrolle der Einhaltung des Subsidiaritätsprinzips blockieren. Zum einen verhindert der enorme Arbeitsaufwand eine konsequente und umfangreiche Subsidiaritätskontrolle europäischer Gesetzgebungsentwürfe. Gleichzeitig ist die Motivation für die nationalen Parlamente gering, da diesem enormen Aufwand häufig ein viel zu geringer Ertrag gegenüber steht. Der koordinatorische Aufwand der notwendig ist, um überhaupt eine ernsthafte Auseinandersetzung der Kommission mit einem gerügten Vorschlag zu erreichen, ist hoch und verspricht kaum Aussicht auf Erfolg. Die Mehrheitsfraktionen in den Parlamenten können über ihre Regierung viel effektiver Gesetzesvorhaben unmittelbar im Ministerrat torpedieren. Selbst beim Erreichen der vorausgesetzten Quoren gemäß Art. 7 Abs. 2 oder Art. 7 Abs. 3 SP sind die Mitgliedstaaten nicht in der Lage, Gesetzesvorhaben des Gemeinschaftsgesetzgebers aus eigener Kraft zu Fall zu bringen. Die Furcht vor zu starken nationalen Parlamenten, die sich vermeintlich durch effektive, das heißt einschneidende Maßnahmen, zu „co-legislators" aufschwingen könnten[233], hat diese zu zahnlosen Tigern verkümmern lassen. Dass bisher erst dreimal das Quorum gemäß Art. 7 Abs. 2 SP erreicht wurde, ist ein nachhaltiger Beleg hierfür, zumal jeder dieser Fälle nachweislich nur durch einen enormen koordinatorischen Kraftaufwand und eine gehörige Prise Zufall durch die nationalen Parlamente erreicht werden konnte. Gleichzeitig hatten diese gelben Karten

233 Cooper, The Watchdogs of Subsidiarity: National Parliaments and the Logic of Arguing in the EU, JCMS 2006, 281, 290.

keinen nennenswerten Effekt auf die Gesetzesvorhaben der Kommission. Dies zeigt sich nicht zuletzt an ihren häufig inadäquaten Erklärungen zur Vereinbarkeit von Gesetzesvorhaben mit dem Subsidiaritätsprinzip.

Im Ergebnis ist eine Revision der Kontrollinstrumente daher zwingend geboten. Die oben dargestellten Reformansätze sind Vorschläge, wie die Attraktivität der Subsidiaritätskontrolle erhöht werden kann, um den Mitgliedstaaten einen Anlass zu bieten, ihre Bemühungen auf diesem Feld zu intensivieren. Hierfür bedürfen nicht nur die Verfahren und die Konsequenzen, die sie auslösen, einer Weiterentwicklung. Eine verbesserte und intensivere Zusammenarbeit der nationalen Parlamente untereinander ist Dreh- und Angelpunkt für eine erfolgreiche Subsidiaritätskontrolle. Die Zusammenarbeit der nationalen Parlamente ist damit insbesondere für die demokratische Kultur innerhalb Europas von großer Bedeutung. Voraussetzung ist jedoch, dass die Zusammenarbeit in Zukunft effizienter und koordinierter als bisher erfolgt. Vergleichbare Standards bei der Überprüfung von Gesetzesentwürfen und ein schnellerer Austausch von Informationen setzt ein institutionalisiertes Netzwerk voraus, das auf große Ressourcen zurückgreifen kann. Die Etablierung der COSAC als dauerhafte Institution, die als ein Verbindungsglied zwischen den nationalen Parlamenten auf der einen und der Europäischen Union auf der anderen Seite steht, ist geradezu prädestiniert für diese Aufgabe. Die nationalen Parlamente können in Gestalt der zuständigen Fachausschüsse für Europaangelegenheiten so auf bereits existierende Strukturen zurückgreifen. Gelingt es, dass die COSAC bereits frühzeitig die nationalen Parlamente auf potentielle Subsidiaritätsverletzungen hinweist, würde die Subsidiaritätskontrolle die notwendige Effizienz erfahren. Gleichzeitig würde sich der koordinatorische Arbeitsaufwand für die Parlamente verringern, da die COSAC im Verbund mit der IPEX-Plattform als ein Koordinations-Hub dienen könnte. Dies würde es außerdem den parlamentarischen Minderheiten erleichtern, sich aktiv an der Subsidiaritätskontrolle zu beteiligen. Eine weitestgehende Vereinheitlichung der Abfassung von begründeten Stellungnahmen würde ein Übriges dazu beitragen, nicht nur den Aufwand, sondern vor allem die Effizienz der Bearbeitung zu erhöhen. Die Vereinfachung und Vereinheitlichung der Subsidiaritätskontrolle ist der Schlüssel, eine größere Beteiligung der nationalen Parlamente zu generieren, damit diese ihrer Aufgabe als Wächter des Subsidiaritätsprinzips nachkommen können.

III. Subsidiarität: Die falsche Idee, am falschen Ort, zur falschen Zeit

Unabhängig von der Frage, ob der demokratische Diskurs durch die direkte Beteiligung der nationalen Parlamente gestärkt werden kann und diese in der Lage sind, durch eine effektive Subsidiaritätskontrolle ihre Kompetenzen vor einer extensiven Gesetzeslegung durch die Europäische Union zu schützen, wird die Frage diskutiert, ob das Subsidiaritätsprinzip und die Überwachung seiner Einhaltung, überhaupt die richtige Antwort auf diese Problematik ist, ob es also tatsächlich in der Lage ist, die Erosion der Kompetenzen nationaler Parlamente aufzuhalten und im Ergebnis für ein Mehr an Demokratie innerhalb Europas zu sorgen. Hinterfragt wird, ob die in das Subsidiaritätsprinzip gesteckten Hoffnungen nicht verfehlt sind, da es diese Hoffnungen niemals erfüllen kann.[234]

Es ist nicht Gegenstand dieser Arbeit, eine umfassende Abhandlung über die Leistungsfähigkeit und die Grenzen des Subsidiaritätsprinzips im europäischen Kontext zu verfassen. An dieser Stelle sei auf den hierzu bereits existierenden Diskurs verwiesen, der das Thema bereits ausgeschöpft hat.[235]

1. Verhältnismäßigkeit anstelle von Subsidiarität

In seiner Analyse[236] beschäftigt sich Davies mit der Frage, ob das Verhältnismäßigkeitsprinzip geeigneter als das Subsidiaritätsprinzip ist,

234 Davies, Subsidiarity: The wrong idea, in the wrong place, at the wrong time, CMLR 2006, 63, 66 ff.; Moersch, Leistungsfähigkeit und Grenzen des Subsidiaritätsprinzips, S. 228; Kempen, Das Subsidiaritätsprinzip – europäische Zauberformel oder demokratische Herausforderung für die EU-Bürger?, S. 19.

235 Vgl. hierzu: Moersch, Leistungsfähigkeit und Grenzen des Subsidiaritätsprinzips, S. 228 ff.; Heintzen, Subsidiaritätsprinzip und Europäische Gemeinschaft, JZ 1991, 317 ff.; Höffe, Subsidiarität als staatsphilosophisches Prinzip, S. 49 ff.

236 Davies, Subsidiarity: The wrong idea, in the wrong place, at the wrong time, CMLR 2006, 63 ff.

das Legitimationsdefizit der Europäischen Union einzugrenzen. Er gelangt zu dem Schluss, dass das Subsidiaritätsprinzip und seine Kontrolle hierzu nicht geeignet sind. Seiner Auffassung nach ist die Verhältnismäßigkeitprüfung von europäischen Legislativakten der Schlüssel für mehr demokratische Legitimation.

An dieser Stelle lohnt es sich inne zu halten und zunächst die normative Ausgestaltung des Subsidiaritäsprinzips zu betrachten. Danach ist Art. 5 Abs. 3 EUV wie folgt formuliert:

> „Nach dem Subsidiaritätsprinzip wird die Union in den Bereichen, die nicht in ihre ausschließliche Zuständigkeit fallen, nur tätig, sofern und soweit die Ziele der in Betracht gezogenen Maßnahmen von den Mitgliedstaaten weder auf zentraler noch auf regionaler oder lokaler Ebene ausreichend verwirklicht werden können, sondern vielmehr wegen ihres Umfangs oder ihrer Wirkungen auf Unionsebene besser zu verwirklichen sind."

Mit anderen Worten *darf* die Union nur dann in diesen Bereichen tätig werden, sofern sowohl das Negativ- als auch das Positivkriterium erfüllt sind. Es handelt sich der Formulierung nach um ein Auslösersystem, das bei der Erfüllung beider Parameter automatisch die Gesetzgebungskompetenz der Europäischen Union zu spricht. Entspricht dies dem Geist des Subsidiaritätsprinzips in Form des Vertrags von Lissabon? Hinter der Frage, ob die Mitgliedstaaten ein Ziel nicht ausreichend erfüllen können und dieses auf Unionsebene gegebenenfalls besser zu verwirklichen ist, steht nicht die Frage wer handeln darf, sondern wer handeln *sollte*.

Ob die eine oder die andere Ebene handeln sollte, ist im Kern letztlich eine Frage der grundsätzlichen *Kompetenzverteilung* und nicht nur der *Kompetenzausübung* im Einzelfall. Diese Ansicht ist nicht unumstritten. Insbesondere der Wortlaut von Art. 6 SP und Art. 8 SP sprechen dafür, dass die Überprüfung der Einhaltung des Subsidiaritätsprinzips nur die Frage nach dem „wie" behandeln dürfe und nicht die vorgelagerte Frage „ob" in dem jeweiligen Bereich überhaupt eine Kompetenz der Union besteht. Dagegen spricht die ausgenommen schwierige Abgrenzbarkeit von Kompetenzeinräumung und Kompetenzausübung.[237]

In diesem Zusammenhang wird unweigerlich auch die Frage nach der Natur des Subsidiaritätsprinzips aufgeworfen. Ob es sich in erster Linie um ein rechtliches Prinzip handelt, ein politisches, ein philosophisches oder gar eine Mixtur aus allen genannten Bereichen war und ist in der Literatur umstritten. So wurde die Einführung des Subsidiaritätprinzips in die europäischen Veträge teilweise als seine Aufwertung zu einem Rechtsprinzip verstanden,[238] teilweise sogar als ein zentrales Verfassungsprinzip.[239] Kiiver hingegen hält das Subsidiaritätsprinzip nicht für ein ausschließlich rechtliches Prinzip, vielmehr trage dieses auch politische Züge.[240]

In diese Richtung argumentiert auch Di Fabio. Für ihn ist das Subsidiaritätsprinzip „eine sozialphilosophisch klug hergeleitete regulative Regel, an die man sich halten sollte, wenn man Politik gestaltet“. Sie sei „[...] als Rechtsregel auch im Bundesstaat und bei der Verteilung der politischen Macht im Verhältnis zwischen freier Gesellschaft und Staat anzutreffen. Allerdings wirkt diese Regel im politischen Prozess regelmäßig nicht“. Es wäre daher besser, „wenn man sich einfach an das Recht halten würde“.[241] Der letzte Satz ist natürlich ein Zirkelschluss: Würde sich jede Ebene an „das Recht“ halten, bedürfte es natürlich keiner Kompetenzausübungsregeln.

Nach der Auffassung Nettesheim stößt jeder Versuch, Kompetenzbestimmungen zu schärfen oder zu präzisieren, schnell an die Grenzen, der „in den Eigenarten der Sprache und in der Natur liegenden Sache“, daher müsse die Abgrenzung von Kompetenzen vielmehr als

237 Höffe, Subsidiaritätsprinzip als staatsphilosophisches Prinzip, S. 66; vgl. zur Übersicht über den Meinungsstand: Mehn, Die Rolle der deutschen Bundesländer im Europäischen Rechtsetzungsverfahren nach Lissabon, EuR 2011, 655, 669 f.

238 Buschmann/Daiber, Subsidiaritätsrüge und Grundsatz der begrenzten Einzelermächtigung, DÖV 2011, 504, 508 f.; *so auch* Uerpmann-Wittzack, Die Subsidiaritätskontrolle durch Bundestag und Bundesrat aus Sicht des deutschen Rechts, S. 76.

239 Carozza, Subsidiarity as a Structural Principle of International Human Rights Law, AJIL 2003, 38.

240 Kiiver, The National Parliaments in the European Union: A critical View on EU Constitution-Building, S. 157 f.

241 Di Fabio, Europa am Wendepunkt: Wirtschaftsregierung oder Subsidiarität?, in: Welche Chancen hat Subsidiarität in Europa?, S. 24.

„[...] diskursiver Prozess verstanden werden, in dem es um die Vermittlung und den Ausgleich der supranationalen mit den nationalen, vor allem aber den Interessen unterstaatlicher Einheiten geht. Kompetenzabgrenzung bedeutet insofern Rationalisierung des Diskurses über derartige Interessen."[242] Subsidiarität sei mit anderen Worten als eine Regel nur für die Gestaltung des politischen Prozesses geeignet und eigne sich damit nicht als Rechtsregel, um der zunehmend extensiven Kompetenzausübung seitens der Union zu begegnen. Das Subsidiaritätsprinzip hat keinen „genuin rechtswissenschaftlichen" Charakter.[243] Folglich ist das Subsidiaritätsprinzip in allererster Linie als ein politisches Prinzip zu verstehen.

Es ist diese Unbestimmtheit des Subsidiaritätsprinzips, die es auf den ersten Blick so verführerisch wirken lässt, offeriert es doch eine vermeintlich elegante, wie einfache Differenzierungsmöglichkeit. Dabei kommt es immer darauf an, auf welches Element der beiden Subsidiaritätskriterien man sich stützt: Während das Erforderlichkeitskriterium die niedrige Ebene stützt, da ein Handeln durch die höhere nur bei der Insuffizienz der unteren Ebene vorgesehen ist, gewährt das Effektivitätskriterium der niedrigeren Ebene indes keinen Vorrang und damit auch keinen Schutz vor kompetenzüberschreitendem Handeln durch die höhere Ebene – die intendierte Schutzfunktion der niedrigeren Ebene entfällt also wieder.

Das Subsidiaritätsprinzip bietet damit bei divergierenden Auffassungen politischer Institutionen ihren jeweiligen Interessensvertretern keine Lösung. Sie bietet einzig und allein eine Rechtfertigung an, weshalb die niedrigere oder die höhere Einheit handeln sollte.[244] Demnach ist das Subsidiaritätsprinzip schon seiner Natur nach nicht geeignet, einen Ausgleich zwischen den Interessen der höheren und der niedrigeren Ebene zu finden; darüber hinaus scheint es die untere Ebene auch strukturell zu benachteiligen, obwohl es eine vermeintlich schüt-

242 Nettesheim, Die Kompetenzordnung im Vertrag für eine Verfassung für Europa, EuR 2004, 511, 536.

243 Kempen, Subsidiaritätsprinzip, europäisches Gemeinschaftsrecht und Tarifautonomie, KritV 1994, 13, 21.

244 Heise, Neue Macht den Parlamenten! Die nationalen Parlamente in der Europäischen Union als Wächter der Subsidiarität?, S. 20.

zende Funktion inne hat. Es bildet keine Demarkationslinie, die besagt bis hier hin und nicht weiter.[245]

Davies hat sich in seiner umfassenden Analyse dieses Problems angenommen. Dabei gelangt er zunächst zu der Feststellung, dass Subsidiarität kein nutzloses Konzept sei und zwar aus demokratischen, wie ökonomischen Gründen. Der Subsidiaritätsgedanke habe in der Vergangenheit dazu beigetragen, eine „über detaillierte Harmonisierung" zu beenden.[246] Dies sei aber nicht Kern des aktuellen Kompetenzproblems. Vielmehr sei inzwischen der Punkt erreicht, an dem das Unionsrecht sensible und tradionelle nationalstaatliche Kompetenzen berühre:

> „The current problem is in deciding the extent to which the Community may legitimately make demands and legislate in these areas, and the extent to which, even if there is a price in openess or in other aspects of Community goals, Member State autonomy should be respected."[247]

Im Ergebnis stellt er fest, dass das Subsidiaritätsprinzip nicht das geeignete Mittel ist, diese Entscheidung zu treffen. Es bietet keine Möglichkeit an, eine Balance zwischen den Interessen der Europäischen Union und denen ihrer Mitgliedstaaten im Rechtssetzungsprozess zu finden, da es bereits von Anfang die falsche Grundeinstellung innehat; es ist schlicht die falsche Idee, am falschen Ort, zur falschen Zeit:

> „Subsidiarity's weakness is that it assumes the primacy of the central goal, and allows no mechanism for questioning whether or not it is desirable, in the light of other interests, to fully pursue this. Thus subsidiarity could be interpreted as a centralizing, or intolerant concept, which sets out to silence and deny the independent objectives of the lower level. [...] Subsidiarity then functions as a principle to do with implementation, dertermining who should do what to achieve these common goals. It is not about balancing at all. This makes perfect sense given its origins. It is hardly likely that the Roman Catholic Church would endorse a principle which allows lower orders to balance their interests in autonomy, free will, and

245 Craig, Subsidiarity: A political and Legal Analysis, JCMS 2012, 72, 82.
246 Davies, Subsidiarity: The wrong idea, in the wrong place, at the wrong time, CMLR 2006, 63, 80.
247 Davies, Subsidiarity: The wrong idea, in the wrong place, at the wrong time, CMLR 2006, 63, 78.

perhaps fun, against the higher order's interest in respect for principles or doctrine."[248]

Das Subsidiaritätsprinzip wirkt aufgrund des dominanten Effektivitätskriteriums daher vielmehr als ein stark zentralisierendes Element. In seiner Analyse klingt an dieser Stelle bereits ein wichtiges Argument an: Subsidiarität bietet keine Möglichkeit an festzustellen, ob ein (vermeintliches) gemeinschaftliches Ziel in Abwägung mit anderen Interessen wünschenswert ist. Vielmehr führt die zentralisierende Wirkung des Subsidiaritätsprinzips regelmäßig zu der Annahme, dass die höhere Ebene, in diesem Fall die Europäische Union, gesetzgeberisch handeln müsse, da es andere wesentliche Aspekte bei der Abwägung, wer handeln *sollte*, naturgegebenermaßen außer acht lasse oder zumindest unterdrücke. Um dies zu illustrieren, beschreibt Davies zwei interessante, hypothetische Gesetzesvorschläge der Europäischen Union. Der erste Vorschlag sieht vor, dass das jeweilige innerstaatliche Vertragsrecht der Mitgliedstaaten durch ein gemeinsames, einheitliches europäisches Vertragsrecht verdrängt wird. Das zweite Fallbeispiel beschreibt die Einführung eines europaweit einheitlichen Lehrplans und die Angleichung der Schulsysteme als solche, darüber hinaus auch die Einführung von Englisch als gemeinsame, europaweit einheitliche Unterrichtssprache.[249]

Es lässt sich wohl ohne Übertreibung festhalten, dass beide Vorschläge mit an Sicherheit grenzender Wahrscheinlichkeit ausgesprochen kontrovers diskutiert, wenn nicht gar – insbesondere im Falle des Bildungsvorschlages – auf breite Ablehnung stoßen würden. Davies These ist jedoch, dass beide Vorschläge in Anbetracht des Subsidiaritätsprinzips nachhaltig begründet werden können, obwohl das Ergebnis offensichtlich, angesichts des erheblichen Eingriffs in die mitgliedstaatliche Souveränität, für die meisten Menschen in den Mitgliedstaaten vollkommen inakzeptabel wäre.

Seiner Ansicht nach gibt es *prima facie* in beiden Fällen in Form der Art. 94 und 95 EGV[250] eine Kompetenzgrundlage für beide Gesetzes-

248 Davies, Subsidiarity: The wrong idea, in the wrong place, at the wrong time, CMLR 2006, 63, 78; *sowohl auch* Bartl, The way we do europe: subsidiarity and the substantive democratic deficit, ELJ 2015, 23 ff.

249 Davies, Subsidiarity: The wrong idea, in the wrong place, at the wrong time, CMLR 2006, 63, 68 f.

250 Heute: Art. 115 und 114 AEUV.

vorschläge, da beide zum Abbau von Schranken der Freizügigkeit beitragen und insgesamt zu einer Harmonisierung des geltenden Rechts führen würden.[251] Dies vorausgesetzt, wird in beiden Fällen deutlich, dass die Begründung der Vereinbarkeit der Vorschläge mit dem Subsidiaritätsprinzip nicht als Ausgleich von Interessen oder als Lösung verstanden werden würde, sondern als ihre Rechtfertigung.

Die Schaffung eines einheitlichen europäischen Vertragsrechts, welches das jeweilige Vertragsrecht der Mitgliedstaaten verdrängt, dürfte der am ehesten realisierbare der beiden Vorschläge sein. Tatsächlich hat die Kommission im Jahr 2011 einen Vorschlag für die Verordnung über ein gemeinsames europäisches Kaufrecht vorgelegt.[252] Gleichwohl dieser Vorschlag nicht die Einführung eines „europäischen Zivilgesetzbuchs" bedeutet hätte[253], berührt der Vorschlag bereits absehbar empfindliche Kompetenzbereiche der Mitgliedstaaten.

Davies Argumentation in diesem Fall ist einleuchtend: Unterschiedliche Vertragssysteme beschränken die Freizügigkeit und erschweren es besonders kleinen Unternehmen, sich grenzüberschreitend wirtschaftlich zu entfalten. Es sei folglich die Unterschiedlichkeit der Vertragsrechte, die dieses Problem in erster Linie verursachen.[254] Mit anderen Worten könnten die Mitgliedstaaten keine ausreichende Gesetzeslage schaffen, da es ja gerade dies sei, was das Problem überhaupt erst verursacht habe. Logischerweise müsse daher eine Harmonisierung durch die Union zu einem besseren Ergebnis und damit auch zu einem Mehrwert für die Gemeinschaft insgesamt führen. Natürlich könnten die nationalen Parlamente Absprachen treffen, um eine Harmonisierung zu erreichen, dies würde jedoch nichts daran ändern, dass Unterschiede in den Vertragsrechtssystemen bestehen blieben. Davies zufolge entspräche der Gesetzesvorschlag damit den Kriterien des Subsidiaritätsprinzips, da das Ziel nicht ausreichend durch die Mitgliedstaaten alleine und gleichzeitig besser durch die Gemeinschaft zu erreichen sei. Ein Handeln der Europäischen Union sei in diesem Fall daher durchaus sinnvoll. Der

251 Davies, Subsidiarity: The wrong idea, in the wrong place, at the wrong time, CMLR 2006, 63, 69 f.

252 KOM(2011), 635.

253 Kötz, Europäisches Vertragsrecht, S. 14.

254 Davies, Subsidiarity: The wrong idea, in the wrong place, at the wrong time, CMLR 2006, 63, 68 f.

Vorschlag und vor allem die Prüfung des Subsidiaritätsprinzip beziehen allerdings – weil es seiner Natur nach hierzu nicht fähig ist – andere Interessen der Mitgliedstaaten nicht mit ein. Die Abwägung der Subsidiaritätskriterien bietet also keine Balance zwischen dem durchaus gerechtfertigten Interesse, grenzüberschreitende Wirtschaftshemnisse abzubauen und dem Interesse der Mitgliedstaaten, eigenverantwortlich in einem immanent wichtigen Bereich, legislativ tätig zu werden. Ersteres würde einen erheblichen Eingriff in die nationale Autonomie und damit letztlich auch in die Souveränität der Mitgliedstaaten bedeuten.

Noch sensibler ist das zweite von Davies genannte Beispiel: Die Einführung eines europaweit einheitlichen Schulsystems, eines Curriculums und sogar einer einheitlichen Unterrichtssprache, lassen sich unter der Prämisse des Subsidiaritätsprinzips nachhaltig begründen. So argumentiert Davies, dass es für Arbeitnehmer bei einem Arbeitsplatzwechsel in ein anderes europäisches Land, ein großes Hindernis darstellt, dass der Nachzug der Familie, insbesondere bei schulpflichtigen Kindern, mit größeren Schwierigkeiten verbunden ist und ein Standortwechsel deshalb häufig ausbleibt und somit in letzter Konsequenz ein Hindernis für Freizügigkeit in Europa darstellt. Denn gleichwohl die Mitgliedstaaten für sich genommen sicherlich einige Maßnahmen ergreifen könnten, die eine Eingliederung von Schülern aus anderen Mitgliedstaaten der Union erleichtern würden, so steht außer Frage, dass unterschiedliche Schulsysteme bei einem Lebensstandortwechsel zu erheblichen Problemen führen, sodass auch in diesem Fall eine Regelung durch die Mitgliedstaaten selbst durchaus für nicht ausreichend erklärt werden könnte. Jedenfalls könnten sie dieses Problem nicht in Gänze in Eigenregie lösen, während sich durch eine europaweit einheitliche Regelung – bezogen auf das Ziel, die Freizügigkeit innerhalb Europas zu erleichtern – ein Mehrwert für die Europäische Union als Ganzes ergäbe. Dass darüber hinaus eine einheitliche Unterrichtssprache eine erhebliche Erleichterung darstellen würde, ist naheliegend. Mit anderen Worten: Subsidiarität biete keinen Grund, Englisch nicht zur allgemeinen Unterrichtssprache innerhalb der Europäischen Union zu erklären.[255]

---

255 Davies, Subsidiarity: The wrong idea, in the wrong place, at the wrong time, CMLR 2006, 63, 68 f.

Beide Vorschläge mögen als besonders drastische Beispiele dienen und besonders exemplarisch und vielleicht auch abwegig wirken. Sie verdeutlichen allerdings, dass die Vereinbarkeit eines Gesetzesvorschlags mit den Kriterien des Subsidiaritätsprinzips selbst in solchen Fällen substanziell begründbar sind, die offensichtlich für die meisten Menschen in Europa als zu großer Einschnitt in den Verantwortungsbereich des nationalen Gesetzesgebers empfunden wird:

> „It is undeniable that common educational systems and and contract laws would further the Community goals in question, but they would also detract hugely from Member State autonomy, and impede national capacity to have and hold an independent educational and legal system. This capacity can be valued in democratic terms – it is good to have systems that are close to the people and reflect their will – and also in cultural ones–schools and laws are the product of history and collective experience and play a role in giving consistency and structure to a country – and in social ones – the people are bound together by the institutions and frameworks which they share, which add to social cohesion. In other words, harmonization is good for certain Community goals, but, in many ways, bad for lots oft he things that Member States are legitimately concerned with and wish to protect."[256]

Demnach scheint das Subsidiaritätsprinzip nicht in der Lage zu sein, seiner Aufgabe, die Kompetenzen der nationalen Parlamente vor einer zunehmend extensiven Kompetenzausübung durch die Europäische Union zu schützen, da es argumentativ stets die nächst höhere Ebene zu bevorteilen scheint. Anhand der vorstehend diskutierten Gesetzesvorschläge wird dies deutlich: Die Zielsetzung wird von einem Ziel her definiert und zwar dem Bestreben nach der Harmonisierung der Rechtslage innerhalb der Europäischen Union. Das Gegenteil wäre indes ebenso überraschend. Dass eine normative Harmonisierung auf europäische Ebene grundsätzlich durch einheitlich europäische Gesetzeswerke besser zu erreichen ist, als durch die jeweilige Gesetzgebung der Mitgliedstaaten, liegt auf der Hand.

Demzufolge liest sich die Begründung für den tatsächlichen Vorschlag der Kommission für ein gemeinsames europäische Kaufrecht ähnlich: „Der Verordnungsvorschlag versteht sich ferner als ein weiterer Schritt zur Verwirklichung des Binnenmarktes. [...] Die Verord-

256 Davies, Subsidiarity: The wrong idea, in the wrong place, at the wrong time, CMLR 2006, 63, 70.

nung hat damit Teil am übergeordneten Ziel des gesamten Unionsrechts, den europäischen Binnenmarkt zu verwirklichen."[257]

Die Kompetenzen der Union scheinen sich demnach von den Zielsetzungen her zu definieren. Dies sorgt nach Davies Auffassung dafür, dass die Prüfung der Vereinbarkeit eines Gesetzgebungsvorschlags mit dem Subsidiaritätsprinzip stets zum Nachteil der nationalen Parlamente auszufallen scheint:

> „The fact that the Community's competences tend to be defined in terms of objectives to be achieved, rather than areas of activity to be regulated, is at the heart of the mismatch described above. Wheras the Member States often look at a measure in terms of ist effect on an area of activity – which corresponds to the degree to which it invades their powers – the Community, and the Court, assess it primarily in terms of the degree to which it achieves Community goals."[258]

Weder das Erforderlichkeits- noch das Effizienzkriterium würden einen geeigneten Abwägungsmaßstab für den Eingriff in die Kompetenzen der Mitgliedstaaten bilden, deren Interessen im Rahmen der Subsidiaritätsprüfung in diesen Fällen unberücksichtigt bleibt. Mit der fortlaufenden und immer tieferen Integration der Europäischen Union, werden zunehmend sensible Bereiche, traditionell nationalstaatlicher Interessen, berührt.

Es stellt sich somit die Frage, wie sichergestellt werden kann, dass einerseits die Europäische Union notwendige Reglungen treffen kann und wie sich die Mitglieddstaaten andererseits vor einer ausufernden Kompetenzausübung durch selbige schützen können.[259] Davies Antwort auf diese Problematik lautet Verhältnismäßigkeit oder genauer die Verhältnismäßigkeitsprüfung im engeren Sinne.[260] Diese sei anders als das Subsidiaritätsprinzip imstande, sowohl die Interessen der Europäischen Union, als auch diejenigen der Mitgliedstaaten auszugleichen. Ein Blick auf die beiden hypothetischen Beispielsfälle, scheint Davies Analyse zu

257 Schmidt-Kessel, Der Vorschlag der Kommission für ein Optionales Instrument – Einleitung, S. 6.

258 Davies, Subsidiarity: The wrong idea, in the wrong place, at the wrong time, CMLR 2006, 63, 72 f.

259 Davies, Subsidiarity: The wrong idea, in the wrong place, at the wrong time, CMLR 2006, 63, 80.

260 Davies, Subsidiarity: The wrong idea, in the wrong place, at the wrong time, CMLR 2006, 63, 81 ff.

bestätigen. Er gelangt im Ergebnis zu der Überzeugung, dass nur das Verhältnismäßigkeitsprinzip in der Lage ist, nationalstaatliche Kompetenzen und die mitgliedstaatliche Autonomie – und damit letztlich die Souveränität der Mitgliedstaaten – davor zu schützen, Opfer ausufernder Unionsgesetzgebung zu werden.[261]

Obwohl sowohl das Schul- als auch das gemeinsame Vertragsrechtsbeispiel für die Harmonisierung bestimmter Ziele der Gemeinschaft förderlich sein mögen, so würden beide Gesetzesvorhaben wichtige Institutionen der Mitgliedstaaten beschädigen oder zumindest angreifen, die aber für den nationalen Kit von elementarer Bedeutung seien und legitimerweise von den Mitgliedstaaten verteidigt würden. In beiden Fällen lässt sich – ausgehend vom dem Ziel, eine Harmonisierungen in den jeweiligen Bereichen zu erzielen – gut argumentieren, dass die Gesetzesvorhaben notwendig sind, eben weil die Mitgliedstaaten für sich alleine nicht in der Lage sind, entsprechend ausreichende Rechtslagen herzustellen. In jedem Falle dürfte aber eine europaweite Harmonisierung durch den Unionsgesetzgeber besser sein, als die einzelstaatliche Gesetzgebung in diesen Fällen. Demnach stünden beide Vorhaben im Einklang mit dem Subsidiaritätsprinzip. Dies würde jedoch ganz offensichtlich ein vollkommen unausgeglichenes Ergebnis für die Interessen der Mitgliedstaaten darstellen. Prüft man jedoch nun, ob die gewählten Maßnahmen verhältnismäßig sind, so wird man schnell feststellen, dass die gewählten Maßnahmen zwar geeignet und vielleicht auch erforderlich sind, jedoch angesichts des massiven Eingriffs in die nationale Autonomie und Souveränität unangemessen erscheinen. In den beiden genannten Beispielen lässt sich nur über die Prüfung der Verhältnismäßigkeit erklären, weshalb beide offensichtlich zu weit in die Kompetenzen der Mitgliedstaaten greifen, da die Verhältnismäßigkeitsprüfung anders als beim Subsidiaritätsprinzip – die Prüfung anderer Ziele und Interessen berücksichtigt. So gesehen wirkt die Prüfung des Verhältnismäßigkeitsprinzips als Korrektur der untragbaren Ergebnisse, die offenkundig durch eine alleinige Prüfung des Subsidiaritätsprinzips entsteht. Außerdem erscheint nach Davies Auffassung der Mehrwert, der sich für die Gemeinschaft durch die ge-

261 Davies, Subsidiarity: The wrong idea, in the wrong place, at the wrong time, CMLR 2006, 63, 81 ff.

wählten Maßnahmen ergibt, ausgesprochen klein in Vergleich zu dem Schaden den entsprechende Vorschläge bei nationalen Interessen anrichten:

> „The claim is that the Community measures would be advanced, the cost in Member state interests would be disproportionately large."[262]

Mit anderen Worten eröffnet erst die Prüfung der Verhältnismäßigkeit eines Gesetzesentwurfs die Gelegenheit, eine wahrhaft balancierte Abwägung vorzunehmen, ob ein Gesetzesvorhaben der Europäischen Union zu tief in die Kompetenzen der Mitgliedstaaten eingreift oder nicht.

Die Prüfung der Ziele und Interessen der Mitgliedstaaten im Rahmen der Verhältnismäßigkeit, die bei einer Subsidiaritätsprüfung fehlen, lässt Davies Analyse daher als insgesamt stimmig erscheinen. Europäische Gesetzesvorschläge verfolgen immer das Ziel, eine unionsweite rechtliche Regelung zu finden. Es ist dem Subsidiaritätsprinzip inhärent, dass Gesetzesvorhaben immer von einem gemeinsamen Ziel der größeren Ordnung her bestimmt sein werden und auch bestimmt sein müssen, denn andernfalls liefen sie Gefahr, ihre Legitimation zu verlieren. Denn wenn sich der Gemeinschaftsgesetzgeber die Harmonisierung der Rechtslage als Ziel gesetzt hat, wird die hiermit verbundene Subsidiaritätsprüfung stets zur Feststellung der Inferiorität mitgliedstaatlichen Handelns gelangen, da der Subsidiaritätsprüfungsmaßstab eben nicht an die Ziele des Vertrags von Lissabon anknüpft.[263] Dies bedeutet, dass die Vereinbarkeit einer Norm mit dem Subsidiaritätsprinzip natürlicherweise immer mit der Notwendigkeit einer europaweiten Regelung begründet wird, demzufolge die Ebene der Nationalstaaten nicht für sich in der Lage ist, ausreichende Regelungen für das hinter dem Gesetzesvorhaben stehende zentrale Ziel zu definieren. Vielmehr wird der Gemeinschaftsgesetzgeber seinen Begründungsspielraum nach Art. 5 Abs. 3 EUV offensiv auszunutzen: „Wenn sie handeln wollen, machen sie geltend, die Überwindung von ‚Regelungsdifferenzen' oder eine ‚einheitliche Rechtslage' anzustreben. Dieses Ziel können die Mitgliedstaa-

262 Davies, Subsidiarity: The wrong idea, in the wrong place, at the wrong time, CMLR 2006, 63, 71.

263 Nettesheim, Subsidiarität durch politische Verhandlung – Art. 5 Abs. 3 EUV als Verständigungsauftrag, S. 38.

ten offensichtlich nicht alleine realisieren. Insofern haben es die EU-Institutionen weitgehend in der Hand, durch eine ihren politischen Absichten entsprechende Zieldefinition die rechtsdogmatische Prüfung zu determinieren."[264]

An dieser Stelle lässt sich einwenden, dass dennoch von Fall zu Fall diskutiert wird, ob ein Vorhaben tatsächlich mit dem Subsidiaritätsprinzip im Einklang steht. Dabei darf allerdings nicht übersehen werden, dass in der Überprüfung, ob ein Legislativakt subsidiaritätskonform ist, nach der Lesart Davies nur von dem Ziel her, das dem Vorschlag zugrundeliegt, die Vereinbarkeit mit dem Subsidiaritätsprinzip betrachtet wird, ohne Rücksicht auf unterschiedliche Ziele oder Interessen anderer Ebenen. Insoweit kann das Subsidiaritätsprinzip keine Waffengleichheit herstellen, da die Definition des Ziels für den jeweiligen Vorschlag bereits prädeterminiert ist. Daher ist nach Davies Ansicht die Korrektur durch das Verhältnismäßigkeitsprinzip notwendig, um den nationalen Parlamenten die Fähigkeit zu geben, ihre Kompetenzen, angesichts einer zunehmend ausufernden Legislativtätigkeit der Europäischen Union, zu schützen. Das Verhältnismäßigkeitsprinzip stellt nicht ein gemeinsames Ziel in den Mittelpunkt der Frage, wer handeln sollte, sondern betrachtet das Gesamtbild und lässt anders als das Subsidiaritätsprinzip eine Abwägung anderer Ziele und Interessen zu. Im Ergebnis korrigiert das Verhältnismäßigkeitsprinzip die beschriebene Insuffizienz des Subsidiaritätsprinzips und schützt die nationalen Parlamente vor einer extensiven Kompetenzausübung durch die Europäische Union.

Tatsächlich lässt sich eine Prädeterminierung vieler europäischer Gesetzesvorhaben kaum übersehen. Es gibt somit eine Reihe von Beispielen, die Davies These unterstützen. Der (tatsächliche) Vorschlag für ein gemeinsames europäisches Kaufrecht beginnt etwa mit der Formulierung: „Das von Mitgliedstaat zu Mitgliedstaat unterschiedliche Vertragsrecht hindert Unternehmer und Verbraucher an grenzübergreifenden Geschäften im Binnenmarkt."[265] Auch im Fall der Richtlinie zur Schaffung einer Frauenquote in Aufsichtsräten von börsennotierten Unternehmen wurde das Ziel des Vorschlags offenbar von den

264 Nettesheim, Subsidiarität durch politische Verhandlung – Art. 5 Abs. 3 EUV als Verständigungsauftrag, S. 38.

265 KOM(2011) 635, S. 1.

politischen Absichten des Gemeinschaftsgesetzgebers her definiert. So habe „die unterschiedliche Entwicklung bei den innerstaatlichen Rechtsvorschriften eine Fragmentierung der rechtlichen Rahmenregelungen in der EU zur Folge", welche „in letzter Instanz das ordnungsgemäße Funktionieren des Binnenmarkts" behindere.[266] Im Falle des Vorschlags zum Lärmschutz an Flughäfen, begründet die Kommission ihren Vorschlag ebenfalls von dem Standpunkt aus, dass es einer europaweiten Regelung bedürfe, da ansonsten Regelungsdifferenzen entstehen würden. So könnten die Ziele des Vorschlags durch eine einheitliche Maßnahme der Europäischen Union besser erreicht werden, da es sich hierbei um „ein harmonisiertes Konzept" handle, welches die Unternehmen vor „einem Sammelsurium unterschiedlicher Lärmschutzvorschriften schütze."[267]

Besonders die Formulierung des Vorschlags zur Flughafenverordnung lässt aufhorchen. Der Begriff „Sammelsurium" ist hier deutlich negativ konnotiert und unterstreicht damit, dass unterschiedliche Vorschriften in den Mitgliedstaaten nachteilig sind. In ihrer Begründung, inwieweit ein Mehrwert in einer europaweiten Regelung liegt, bleibt der Vorschlag jedoch bestenfalls wage. So schafft der Vorschlag zwar „ein besser vorhersehbares Betriebsumfeld"[268], dies allein erklärt aber kaum, warum die Mitgliedstaaten Lärmschutzvorschriften nicht allein im ausreichenden Maße erlassen können. Betrachtet man demgegenüber den Vorschlag unter der vorangestellten These, so liegt der Schluss nahe, dass der Vorschlag von dem Ziel her, eine europaweite Regelung zu erlassen, definiert wurde. Schließlich ist ein Sammelsurium unterschiedlicher Vorschriften schlicht und ergreifend das Gegenteil einer einheitlichen Rechtslage. In diesem Fall hätte das Subsidiaritätsprinzip als zentralisierendes Instrument fungiert und nicht als solches, das eine Balance zwischen den Zielen und Interessen der Mitgliedstaaten auf der einen und denen des Gemeinschaftsgesetzgebers auf der anderen Seite herstellt.

266 KOM(2012) 614.
267 KOM(2011) 828, S. 7 f.
268 KOM(2011) 828, S. 8.

2. Verhältnismäßigkeit und Subsidiarität: Zwei Seiten einer Medaille

Die Schlüsse und Folgerungen, die Davies aus seiner Analyse zieht, erscheinen demnach stimmig und decken sich mit den vielfach kritischen Stimmen, die vor einer allzu euphorischen Bewertung des Subsidiaritätsgedanken und seiner Kontrolle warnen. Gleichzeitig bietet er in Form des Verhältnismäßigkeitsprinzips eine Lösung an, welches vom EuGH – in Bezugnahme auf die Rechtstradition desselbigen in Deutschland – als allgemeines Rechtsprinzip der Gemeinschaft anerkannt ist.[269] Seine Schlüsse und Folgerungen sind jedoch nicht unproblematisch. Bereits seine Grundannahme, dass das Subsidiaritätsprinzip den Vorrang eines zentralen Ziels voraussetze, wird von Craig kritisch hinterfragt:

> „This fails to take account of the way in which the EU ‚objective' is fashioned. The EU ‚objective' will be determined by the interplay of political forces that shapes particular legislative initiatives in the light of the treaty provisions. There will be discussions as to whether the EU should act and if so how it should do so. These discussion will involve issues concerning the form, content and nature of the proposed measure. Discourse on Commission proposals with the EP and the Council will therefore take cognizance of what the Member States are willing to accept in terms of impact on their national values and autonomy, and this will be embodied in the resulting EU ‚objective'."[270]

Davies Annahme beruht auf der Vorstellung, dass auf der Ebene des europäischen Gesetzgebers ein Ziel definiert wird und zwar derart, dass der Frage bereits von Anfang an eine Antwort inhärent ist, die auf die Europäische Union selbst verweist, ohne das bei der Definition des zu erreichenden Ziels Rücksicht auf andere Interessen genommen wird oder werden soll. Der Auffassung Craigs ist insoweit zu zustimmen, als dass der Gesetzgebungsprozess in der Europäischen Union vielschichtig, komplex und durch viele Akteure geprägt ist. Er verkennt dabei allerdings, welche Bedeutung in diesem Zusammenhang dem Initiativ-

269 Streinz, Europarecht, Rn. 173; Ungeklärt ist indes, ob die Überprüfung des Verhältnismäßigkeitsprinzips durch den EuGH auch die Prüfung der aus dem deutschen Recht bekannten Unterkriterien Geeignetheit, Erforderlichkeit und Angemessenheit beinhaltet, vgl. hierzu: Oppermann/Classen/Nettesheim, Europarecht, Rn. 33.

270 Craig, Subsidiarity: A political and Legal Analysis, JCMS 2012, 72, 83.

monopol der Kommission nach Art. 17 Abs. 2 EUV zukommt. Die Kommission besitzt hierdurch große Macht, „da sie das Ergebnis des legislativen Prozesses stark beeinflussen kann. Sie legt den ersten schriftlichen, genau ausformulierten Vorschlag vor und setzt damit die Parameter für anschließende Diskussionen.“[271] Darüber hinaus ist zu bedenken, dass die Subsidiaritätskontrolle gerade in den Fällen greifen soll, in denen bereits ein Kommissionsvorschlag gemacht wurde. Die Zielsetzung ist zu diesem Zeitpunkt also bereits in den umstrittenen Fällen abgeschlossen oder zumindest weit fortgeschritten.

Nach Craigs Auffassung hat der Vertrag von Lissabon eine andere wichtige Feststellung getroffen, welche aus seiner Sicht die von Davies geforderte Balance mit sich bringt: Art. 4 und Art. 5 EUV, sowie Art. 2 bis 6 AEUV, würden bereits eine Differenzierung zwischen ausschließlicher, geteilter oder unterstützender Kompetenzen vornehmen: „This very diversity is a reflection of the Treaty framers' views as to where the balance between national autonomy and EU competence should lie in relation to each such subject matter.“[272]

Die alleinige Beschränkung auf das Verhältnismäßigkeitsprinzip würde jedoch vor allem den mit der Einführung des Lissabonner Subsidiaritätskontrollsystems verbundenen Gedanken verkennen: Subsidiarität soll ein politisches Forum bieten, dass die nationalen Parlamente in einen politischen Dialog einbindet, um auf diese Weise für ein Mehr an demokratischer Legitimation innerhalb der Europäischen Union zu sorgen. Damit wird auch der Unterschied zur Herangehensweise von Davies deutlich, der letztlich einen rechtlichen Lösungsansatz sucht: „[...] proportionality offers the best hope for a legal solution to competence questions“.[273]

Gleichwohl das Subsidiaritätsprinzip und die Überwachung seiner Einhaltung gewiss nicht ohne Fehl und Tadel ist, bietet es doch eine gute Grundlage für die Diskussion der Gesetzesvorhaben, welche die Kompetenzen der Mitgliedstaaten im Sinne des Art. 5 Abs. 3 EUV berühren.

271 Haltern, Europarecht, Rn. 163.

272 Craig, Subsidiarity: A political and Legal Analysis, JCMS 2012, 72, 82.

273 Davies, Subsidiarity: The wrong idea, in the wrong place, at the wrong time, CMLR 2006, 63, 66.

Umgekehrt kann das Verhältnismäßigkeitsprinzip dies nicht leisten: Verhältnismäßigkeit erlaubt keinen Raum für eine politische Diskussion, welche Ebene handeln sollte. Diese Diskussion war jedoch das entscheidende Motiv für die Einführung des neuen Subsidiaritätskontrollregimes. So gesehen wird deutlich, dass das Verhältnismäßigkeitsprinzip nicht in der Lage ist, die Hoffnungen von Davies zu erfüllen, die dieser mit dem Verhältnismäßigkeitsprinzip verbindet. Denn es stellt nicht die (politische) Frage, wer handeln sollte, sondern ob die geplante Handlung im Lichte unterschiedlicher Interessen angemessen ist. Dabei ist die Frage, gerade bei einer supranationalen Institution wie der Europäischen Union, die ihre Macht zwangsweise aus den Kompetenzen der Mitgliedstaaten nehmen muss, eine zutiefst politische.

In welchem Umfang Kompetenzen von den Mitgliedstaaten auf die Gemeinschaft übertragen werden sollten, war, ist und wird eine kontroverse Frage bleiben. Dies zeigt sich nicht zuletzt an der aktuellen Debatte über die Rückverlagerung von Kompetenzen von der Europäischen Union zurück auf ihre Mitgliedstaaten. Man könnte sagen, dass das Verhältnismäßigkeitsprinzip sich spiegelverkehrt zum Subsidiaritätsprinzip verhält und in Anbetracht der Interessen der Mitgliedstaaten eher für einen Verbleib von Kompetenzen bei diesen hin tendiert. So gesehen schafft auch das Verhältnismäßigkeitsprinzip keine Balance der unterschiedlichen Interessen, wie dies umgekehrt von Davies am Subsidiaritätsprinzip kritisiert wird. Denn eine kompetenzbasierte Verhältnismäßigkeitsprüfung wird bei der Abwägung eines Gesetzesvorschlags nur die Interessen der Mitgliedstaaten berücksichtigen und nicht die der europäischen Gemeinschaft insgesamt. Denn jeder Gesetzesentwurf, der in den Prüfungsbereich des Art. 5 Abs. 3 EUV fällt, würde dementsprechend in der Angemessenheitsprüfung am Maßstab der Interessen der Mitgliedstaaten geprüft, während sich demgegenüber das Interesse der Gemeinschaft an dem jeweiligen Vorschlag aus dem natürlichen Wunsch heraus ergibt, für eine normative Harmonisierung zu sorgen. Dies ist jedoch genau das, wovor das Verhältnismäßigkeitsprinzip nach der Lesart von Davies schützen soll.

Verhältnismäßigkeit ist indes in diesem Zusammenhang kein nutzloses Konzept. Oft wurde darauf hingewiesen, wie eng verknüpft beide Prinzipien miteinander sind; das Verhältnismäßigkeitprinzip sei das „Schwesterprinzip" des Subsidiaritätsprinzips.[274] Auch die Überschrift des Subsidiaritätsprotokolls trägt die Überschrift „Protokoll über die Anwendung der Grundsätze der Subsidiarität und der Verhältnismäßigkeit". Während jedoch Art. 5 SP noch die detaillierte Begründung hinsichtlich der Vereinbarkeit eines Gesetzesentwurfs mit beiden Prinzipien vorschreibt, sehen die folgenden Artikel nur Maßnahmen in Bezug auf das Subsidiaritätsprinzip vor. Die argumentative Trennung beider Prinzipien fällt wie gezeigt bisweilen schwierig aus, sodass die Grenzen in der Differenzierung häufig zu verschwimmen scheinen.[275]

Begreift man jedoch beide Prinzipien als zwei Seiten derselben Medaille – die eine als politische und die andere als juristische – so wird schnell ihr Nutzen deutlich: Ein Gesetzesvorschlag mag grundsätzlich mit dem Subsidiaritätsprinzip im Einklang stehen, da er einen Bereich berührt, den die nationalen Parlament tatsächlich jeweils für sich nicht ausreichend regeln können. Das bedeutet jedoch nicht, dass alle seine Regelungsaspekte in dieser Hinsicht ebenfalls angemessen gegenüber anderen Interessen der Mitgliedstaaten sind. Die zusätzliche Prüfung des Verhältnismäßigkeitprinzips erlaubt also im Ergebnis eine viel feiner abgestufte Überprüfung von europäischen Gesetzesvorhaben. Eine Überprüfung des Verhältnismäßigkeitsprinzips sollte somit nicht ersatzlos an die Stelle des Subsidiaritätsprinzips treten, sondern dieses in angemessener Weise erweitern und ergänzen. Die nationalen Parlamente wären damit nicht nur „Wächter des Subsidiaritätsprinzips", sondern zugleich auch die „Wachhunde des Verhältnismäßigkeitsprinzips", eine Aufgabe für die sie bestens gerüstet sind.[276]

Im Übrigen dürfte dieser Ansatz auch im Interesse der Kommission selbst liegen. Denn eine Ablehnung eines Vorschlags mit der Begründung, dass dieser gegen das Subsidiaritätsprinzip verstößt, entspricht im Ergebnis in aller Regel einer kompletten Ablehnung eines

274 Cooper, The Watchdogs of Subsidiarity, National Parliaments and the Logic of Arguing in the EU, JCMS 2006, 281, 283; *kritisch* Lecheler, Das Subsidiaritätsprinzip: Strukturprinzip einer europäischen Union, S. 16.

275 Vgl. zur Übersicht über den Stand der staatsrechtlichen Diskussion hinsichtlich der Abgrenzung von Subsidiarität und Verhältnismäßigkeit: Moersch, Leistungsfähigkeit und Grenzen des Subsidiaritätsprinzips, S. 91 ff.

276 Cooper, The Watchdogs of Subsidiarity, National Parliaments and the Logic of Arguing in the EU, JCMS 2006, 281, 300.

Gesetzgebungsvorschlags insgesamt. Durch eine abgestufte Überprüfbarkeit dürfte es den nationalen Parlamenten zukünftig schwer fallen, Gesetzesvorschläge in Gänze abzulehnen, da sie nun differenzierter argumentieren müssen zwischen der grundsätzlichen Notwendigkeit einer europäischen Gesetzgebung und dem Maß des Eingriffs in ihre nationalstaatliche Souveränität. Diese Differenzierung könnte sich als wichtiger Impuls für das Frühwarnsystem herausstellen, da somit ein größerer Anreiz für die Parlamente besteht, proaktiv auf die Gesetzesvorhaben in konstruktiver Art und Weise einzuwirken und nicht reaktiv Gesetzesvorhaben abzulehnen.[277] Zusätzlich würde eine Aufwertung des Verhältnismäßigkeitsprinzips anerkennen, was bereits jetzt von den nationalen Parlamenten praktiziert wird: Immer wieder enthalten (begründete) Stellungnahmen explizite Hinweise auf das Verhältnismäßigkeitsprinzip. Die unlogische und unnatürliche Trennung der Überprüfbarkeit beider Grundsätze sollte folgerichtig aufgehoben werden. Dies schließt insbesondere die Möglichkeit einer Verhältnismäßigkeitsrüge nach Vorbild des Art. 7 Abs. 2 SP mit ein. In Kombination mit der Einführung einer grünen Karte würde somit der Anspruch der Kommission untermauert, die nationalen Parlamente stärker in den legislativen Prozess mit einzubeziehen.

Eine Einbeziehung des Verhältnismäßigkeitsprinzips hätte Folgen für die Überprüfung von Gesetzesvorhaben durch den EuGH. Dass diese Idee bereits in der Vergangenheit umgesetzt wurde, überrascht daher in diesem Zusammenhang nicht. So hatte bereits der Vertrag von Maastricht, neben dem Subsidiaritätsprinzip, das Verhältnismäßigkeitsprinzip in die Beweislast Brüssels integriert.[278] Danach lautete Art. 3 b des Vertrags von Maastricht wie folgt:

> „In den Bereichen, die nicht in ihre ausschließliche Zuständigkeit fallen, wird die Gemeinschaft nach dem Subsidiaritätsprinzip nur tätig, sofern und soweit die Ziele der in Betracht gezogenen Maßnahmen auf Ebene der Mitgliedstaaten nicht ausreichend erreicht werden können und daher wegen ihres Umfangs oder ihrer Wirkung besser auf Gemeinschaftsebene erreicht werden können. Die Maßnahmen der Gemeinschaft gehen nicht

---

277 Cooper, The Watchdogs of Subsidiarity, National Parliaments and the Logic of Arguing in the EU, JCMS 2006, 281, 301.

278 Höffe, Subsidiarität als staatsphilosophisches Prinzip, S. 66.

über das für die Erreichung der Ziele dieses Vertrages erforderliche Maß hinaus."

Damit trat neben das Erforderlichkeits- und Effizienzkriterium auch die Frage nach der Zweck-Mittel-Relation europäischer Legislativakte. Ob es sich hierbei nach der deutschen Diktion um die Prüfung der Verhältnismäßigkeit im engeren Sinne, also um die Frage der Angemessenheit, handelt oder ob hiermit nur die Verhältnismäßigkeit im weiteren Sinne gemeint ist[279], kann an dieser Stelle dahinstehen. Denn für die Abwägung der Interessen der verschiedenen Ebenen ist nur die Prüfung der Angemessenheit entscheidend.[280]

Fraglich ist dagegen, ob die Überprüfung des Verhältnismäßigkeitsprinzips, wie sie hier vorgeschlagen wird, nach der derzeitigen Gesetzeslage überhaupt möglich ist. Dafür spricht zunächst die Überschrift des Subsidiaritätsprotokolls, welches ausdrücklich die Prinzipien der Subsidiarität und der Verhältnismäßigkeit betont. Auch der Wortlaut des Art. 5 Abs. 4 EUV spricht hierfür, welcher *expressis verbis* auf das Subsidiaritätsprotokoll verweist: „Nach dem Grundsatz der Verhältnismäßigkeit gehen die Maßnahmen der Union inhaltlich wie formal nicht über das zur Erreichung der Ziele der Verträge erforderliche Maß hinaus. Die Organe der Union wenden den Grundsatz der Verhältnismäßigkeit nach dem Protokoll über die Anwendung der Grundsätze der Subsidiarität und der Verhältnismäßigkeit an." Die besseren Argumente sprechen jedoch gegen eine entsprechende Anwendung des Verhältnismäßigkeitsprinzips in Bezug auf das Frühwarnsystem und die Verfahren nach Art. 7 Abs. 2 und Abs. 3 EUV: So verweist Art. 5 Abs. 3 UAbs. 2 EUV ausdrücklich auf die im Subsidiaritätsprotokoll festgelegten Verfahren, ganz im Gegensatz zu Art. 5 Abs. 4 EUV, der keinen entsprechenden Verweis vorsieht. Darüber hinaus wird in Art. 6–8 SP nur noch das Subsidiaritätsprinzip erwähnt, anders als in den Artikeln zuvor, die beide Prinzipien benennen.[281]

279 Prümm/von Stoephasius, Grundzüge der europäischen Rechtsordnung, S. 45.

280 Davies spricht in diesem Zusammenhang von „true proportionality", womit er die Verhältnismäßigkeit im engeren Sinn meinen dürfte, vgl. hierzu: Davies, Subsidiarity: The wrong idea, in the wrong place, at the wrong time, CMLR 2006, 63, 71.

281 Vgl. hierzu: Uerpmann-Wittzack, Die Subsidiaritätskontrolle durch Bundestag und Bundesrat aus Sicht des deutschen Rechts, S. 72.

Das entscheidende Argument gegen eine Anwendung der im Subsidiaritätsprotokoll enthaltenden Verfahren auf das Verhältnismäßigkeitsprinzips findet sich jedoch in den Materialien des Europäischen Konvents: Danach wurden die Änderungsvorschläge, welche den Anwendungsbereich des Frühwarnmechanismus auf das Verhältnismäßigkeitsprinzip ausdehnen sollten, abgelehnt, da das Subsidiaritätsprinzip in erster Linie ein politisches sei und als solches der Kontrolle der nationalen Parlamente unterworfen sei. Das Verhältnismäßigkeitsprinzip sei hingegen aufgrund seiner rechtlichen Natur von der Überprüfbarkeit im Rahmen des Frühwarnmechanismus auszunehmen.[282] Im Ergebnis ist damit festzuhalten, dass eine entsprechende Anwendung der Kontrollinstrumente des Vertrags von Lissabon in Bezug auf das Verhältnismäßigkeitsprinzips derzeit nicht möglich ist. Es besteht jedenfalls keine rechtliche Voraussetzung, welche die Kommission dazu verpflichtet, etwaige Verhältnismäßigkeitsrügen der nationalen Parlamente in derselben Art und Weise wie Subsidiaritätsrügen zu behandeln.

3. Zusammenfassung

Davies Analyse ist dahingehend richtig, dass das Verhältnismäßigkeitsprinzip eine größere Rolle in der Überprüfung europäsicher Legislativakte erhalten sollte. Es steht jedoch in keinem Konkurrenzverhältnis zum Subsidiaritätsprinzip. Es ergänzt dieses vielmehr, da es als ein Korrektiv für die aufgezeigten Schwächen des Subsidiaritätsprinzips fungiert. Das „Protokoll über die Anwendung der Grundsätze der Subsidiarität und der Verhältnismäßigkeit" sollte daher auch in materieller Hinsicht seinem Namen gerecht werden und die neuen Instrumente zur Subsidiaritätskontrolle auf das Verhältnismäßigkeitsprinzip ausgedehnt werden.

Gleichwohl beide Prinzipien eng miteinander verknüpft sind und inhaltliche Überschneidungen aufweisen, gibt es einen besonders wichtigen Unterschied zwischen ihnen: Während das Subsidiaritätsprinzip eine deutliche *politische* Seite aufweist, ist das Verhältnis-

282 CONV 724/03, Anhang 2, S. 145.

mäßigkeitsprinzip *juristischer* Natur. Es sind zwei Seiten derselben Medaille. Sie sollen und dürfen daher nicht als Antagonisten verstanden werden. Die Überprüfung eines europäischen Gesetzgebungsvorschlags anhand beider Prinzipien erlaubt den nationalen Parlamenten eine präzisere Auseinandersetzung mit den Gesetzesvorschlägen der Europäischen Union. Dies ist nicht zuletzt im Interesse des Gemeinschaftsgesetzgebers selbst, da das Subsidiaritätsprinzip im Regelfall nur eine pauschale Befürwortung oder Ablehnung eines Gesetzesvorschlags erlaubt. Auf der anderen Seite ermöglicht das Verhältnismäßigkeitsprinzip eine differenziertere Auseinandersetzung mit Teilaspekten eines Vorschlags ohne ihn in Gänze befürworten oder ablehnen zu müssen. In letzter Konsequenz führt eine entsprechende Aufwertung des Subsidiaritätskontrollregimes damit zu einer größeren demokratischen Legitimation innerhalb der Europäischen Union und entspricht damit den Zielen, die mit der Einführung des Vertrags von Lissabon verbunden waren.

C. Vergleich der Subsidiaritätskontrolle des EuGH und des BVerfG

Das Subsidiaritätsprinzip war und ist nicht nur wegen seines materiellen Prüfungsmaßstabs eines der umstrittensten Prinzipien des europäischen Rechts. Lange schwelte der Streit, ob das Subsidiaritätsprinzip überhaupt justiziabel sei oder nicht.[283] Erst zu Beginn des neuen Jahrtausends stellte der EuGH fest, dass er das Subsidiaritätsprinzip als ein justiziables Prinzip betrachtet.[284]

Zuvor wurde dem EuGH vorgeworfen, eine ernsthafte Subsidiaritätsprüfung umgangen zu haben. Das Subsidiaritätsprinzip habe in der Rechtsprechungspraxis des EuGH keine *kompetenzbegrenzende* Wirkung erlangt.[285] Wenn überhaupt habe es eine *kompetenzbegründende* Funktion (zugunsten der Union) gehabt.[286] Darüber hinaus habe es noch keine Entscheidung des EuGH gegeben, in der der Prüfungsmaßstab des Subsidiaritätsprinzips wirksam zur Anwendung gekommen sei.[287] Es habe vielmehr den Anschein, als wolle der EuGH die Überprüfung der Einhaltung des Subsidiaritätsprinzips den nationalen Par-

---

283 Öberg, Subsidiarity as a Limit to the Exercise of EU Competences, YEL 2016, 1; Portuese, The Principle of Subsidiarity as a Principle of Economic Efficiency, CJEL 2010, 231, 247.

284 EuGH, Rs. C-377/98, Niederlande/Rat und EP (Biopatent-Richtlinie), Slg. 2001, I-7079.

285 Ritzer/Rutloff, Die Kontrolle des Subsidiaritätsprinzips: Geltende Rechtlage und Reformperspektiven, EuR 2006, 116, 121; Schröder, Vertikale Kompetenzverteilung und Subsidiarität im Konventsentwurf für eine europäische Verfassung, JZ 2004, 8, 11; Shirvani, Die europäische Subsidiaritätsklage und ihre Umsetzung ins deutsche Recht, JZ 2010, 753.

286 Hilf/Stein/Schweitzer/Schindler, Europäische Union: Gefahr oder Chance für den Föderalismus in Deutschland, Österreich und der Schweiz?, S. 126.

287 Grosche, Rechtsfortbildung im Unionsrecht: Eine Untersuchung zum Phänomen richterlicher Rechtsfortbildung durch den Gerichtshof der Europäischen Union, S. 214; Weber, Europäisches Parlament und nationale Parlamente im Europäischen Rechtsetzungsverbund, DÖV 2011, 497, 500; Moens/Trone, Subsidiarity as a judicial and legislative review principle in the European Union, S. 163; *kritisch*

lamenten überlassen – sind sie doch die „naturgegebenen Wächter des Subsidiaritätsprinzips.“[288] Nettesheim stellt dementsprechend eine „distanzierte“ und sogar „gleichgültige“ Haltung des Gerichtshofs gegenüber dem Subsidiaritätsprinzip fest, die selbst nach seiner Festlegung auf die Justiziabilität des Subsidiaritätsprinzips zu keinen greifbaren Folgen geführt hat. Dies kommt zum einem in dem Aufbau seiner Entscheidungen zum Ausdruck, welche stets die Überprüfung des Verhältnismäßigkeitsprinzips und erst dann die des Subsidiaritätsprinzips behandelten und zum anderen an der nur sehr oberflächlichen Beschäftigung mit der nationalstaatlichen Handlungseffektivität: „Die Ziele, die der EU-Normgeber zu verfolgen beansprucht, werden immer akzeptiert.“[289]

Die Skepsis gegenüber dem EuGH speist sich außerdem aus der Frage, ob der Gerichtshof überhaupt die richtige Institution ist, um über vermeintliche Verletzungen des Subsidiaritätsprinzips zu urteilen. Um dieser Problematik zu begegnen, gab es eine Reihe von Vorschlägen unterschiedlicher Ausprägungen, eine „Subsidiaritätkammer“ einzurichten. Zu diesen Vorschlägen gehörten etwa die Einrichtung eines eigenen Spruchkörpers, sowie die Gründung einer zweiten parlamentarischen Kammer, welche die Wahrung des Subsidiaritätsprinzips überprüfen sollte. Letztlich konnten sich diese Vorstellungen jedoch nicht durchsetzen, da sie das ohnehin schon komplizierte institutionelle Geflecht der Europäischen Union noch weiter ausgebaut hätten.[290] Davies sieht die Rolle und Funktion des EuGH in diesem Zusammenhang jedenfalls kritisch:

Horsley, Subsidiarity and the european court of justice: missing pieces in the subsidiarity jigsaw?, JCMS 2012, 267, 268.

288 Martinico, Dating Cinderella: On Subsidiarity as a Political Safeguard of Federalism in the European Union, EPL 2011, 649, 657 f.; Groh, Die Rolle der nationalen Parlamente, S. 81

289 Nettesheim, Subsidiarität durch politische Verhandlung – Art. 5 Abs. 3 EUV als Verständigungsauftrag, S. 41.

290 Vgl. hierzu: Weiler, A constitution for Europe? Some hard choices, JCMS 2002, 563, 574; Mayer, Die Europafunktion der nationalen Parlamente in der Europäischen Union, S. 554; Maurer, Mehrebenenparlamentarismus: Das Europäische Parlament und die nationalen Parlamente als Quellen demokratischer Legitimität im Vorfeld des Konvents, S. 253.

> „In fact the judges of the court of Justice no doubt do their best to take a balanced and neutral view, but they are nevertheless faced with a conflict between the constitutional imperative to be neutral between Member States and the Community, and the law which gives shape and existence to their court and their jurisdiction, which is more one-sided. The legitimacy and appropriateness of the role of the Court and of its decisions on competence questions are made questionable.“[291]

Seine kritische Sicht ist nicht unbegründet. Denn als „Motor der Integration“ weist die Rechtsprechung des EuGH eine deutliche Präferenz für mehr Zentralisierung auf.[292] Es ist unbestritten, dass das Recht und mit ihm die Rechtsprechung durch den EuGH einen entscheidenden Einfluss auf die europäische Integration gehabt hat.[293] Unter der Formel „Integration durch Recht“[294] lässt sich dies vielleicht am besten zusammenfassen. Insofern überrascht es nicht, dass der EuGH in seiner Rechtsprechung dazu neigt, einen Handlungsbedarf auf Ebene der Europäischen Union zu attestieren.[295]

Die Kritik an der Rechtsprechung des EuGH in Bezug auf das Subsidiaritätsprinzip wird jedoch nicht ausnahmlos geteilt. Richtigerweise wird darauf hingewiesen, dass eine juristische Überprüfbarkeit des Subsidiaritätsprinzips aufgrund seiner politischen Implikationen von Natur aus nicht unproblematisch ist.[296] Nettesheim selbst weist auf die prekäre Situation hin, in die sich ein oberstes Gericht begibt, wenn es eine Entscheidung über die vermeintlich richtige Verteilung von Zuständigkeiten treffen muss.[297] Es wird auch zu bedenken gegeben, dass

---

291 Davies, Subsidiarity: The wrong idea, in the wrong place, at the wrong time, CMLR 2006, 63, 65.

292 Keleman/Schmidt, Introduction – the European Court of Justice and legal integration: perpetual momentum?, JEPP 2012, 1; Horsley, Reflections on the role of the Court of Justice as the „motor" of european integration: legal limits to judicial lawmaking, CMLR 2013, 931; Bartl, The way we do europe: subsidiarity and the substantive democratic deficit, ELJ 2015, 23, 28.

293 Haltern, Europarecht, Rn. 79; Horsley, Subsidiarity and the european court of justice: missing pieces in the subsidiarity jigsaw?, JCMS 2012, 267.

294 Vgl. hierzu: Haltern, Integration durch Recht, S. 399 ff.

295 Bartl, The way we do europe: subsidiarity and the substantive democratic deficit, ELJ 2015, 23, 28.

296 Portuese, The Principle of Subsidiarity as a Principle of Economic Efficiency, CJEL 2010, 231, 247.

297 Nettesheim, Subsidiarität durch politische Verhandlung – Art. 5 Abs. 3 EUV als Verständigungsauftrag, S. 43.

die europäischen Verträge dem EuGH kaum Anhaltspunkte liefern, wie die inhaltliche Bedeutung der Begriffe „nicht ausreichend" und „besser" auszulegen seien.[298] Allerdings sind viele Urteile des EuGH Interpretationen der Verträge oder grundlegender Rechtsprinzipien gewesen, die den Verträgen aus seiner Sicht inhärent waren.[299] Nicht zuletzt der Grundsatz *effet utile* hat die Rechtsprechung des EuGH geprägt und ihn als eine rechtsfortbildende Institution etabliert.[300] Nach der Ansicht Horsleys verkennen die kritischen Stimmen, wie intensiv der Gerichtshof den Subsidiaritätsgedanken bereits in seine Urteile – oder präziser in seinen *Interpretationen* der Verträge – hat einfließen lassen: „On closer inspection, subsidiarity has in fact taken hold more forcefully as a legal principle than is frequently assumed. [...] the Court clearly integrated the logic of subsidiarity into its reasoning."[301]

Begreift man das Subsidiaritätsprinzip als ein in erster Linie politisches Prinzip, muss man die entsprechenden Konsequenzen hinsichtlich des Beurteilungsspielraums durch den EuGH ziehen: Konsequenterweise dürfe das Gericht daher nur bei der Übertretung „der äußersten Grenzen des Ermessens durch den Unionsgesetzgeber eingreifen".[302] Grimm sieht den EuGH sogar „angesichts des überschießend politischen Gehalts" des Subsidiaritätsprinzips vor die Wahl gestellt, Art. 5 Abs. 3 EUV für nicht justiziabel zu erklären und die richterliche Kontrolle auf die Einhaltung der Verfahrensvorschriften des Subsidiaritätsprotokolls zu beschränken. Schließlich sei er für eine politische Entscheidung „weder gerüstet noch legitimiert".[303] Andere verweisen hingegen auf die systematische Einordnung des Art. 5 Abs. 3 EUV und wollen hervorheben, dass es sich um eine zwingende Rechtsnorm han-

298 Grimm, Subsidiarität und Föderalismus, S. 58.

299 Davies, Legislative control of the European Court of Justice, CMLR 2014, 1579, 1582; vgl. zum methodologischen Vorgehen des EuGH: Potacs, Effet utile als Auslegungsgrundsatz, EuR 2009, 465, 471 f.

300 Hailbronner, Luxemburg oder Wie rational ist die Rechtsprechung des EuGH?, S. 921; Kielmansegg, Integrationsziel Politische Union: Überlegungen zu einem uneindeutigen Schlüsselbegriff, ZSE 2014, 18, 26; Davies, The European Union legislature as an agent of the European Court of Justice, JCMS 2016, 846, 849.

301 Horsley, Subsidiarity and the european court of justice: missing pieces in the subsidiarity jigsaw?, JCMS 2012, 267, 270.

302 Callies, in: Callies/Ruffert, EUV/AEUV, Art. 5 EUV, Rn. 72.

303 Grimm, Subsidiarität und Föderalismus, S. 58.

delt[304], also einer vollumfänglichen Überprüfung durch den Gerichtshof unterliege.

I. Rechtsprechung des EuGH

Wie ist die bisherige Rechtsprechung des EuGH vor diesem Hintergrund einzuordnen? Beide Argumentationslinien scheinen sich zu wiedersprechen. Denn vom EuGH eine umfassende Überprüfung von Verstößen gegen das Subsidiaritätsprinzip zu erwarten, auf Basis eines Prinzips, dessen Prüfungsmaßstab wiederholt als kaum operabel bezeichnet wurde und eine nicht von der Hand zuweisende politische Dimension aufweist, erscheint ungerechtfertigt. Dies gilt unabhängig davon, wo man die exakte Natur des Subsidiaritätsprinzips verorten will, sei es als ein politisches, ein juristisches oder als Mischung aus beiden. Erklärt dies die vermeintlich gleichgültige Haltung des Gerichtshofs gegenüber dem Subsidiaritätsprinzip oder lassen sich in seinen Urteilen Hinweise darauf finden, dass er sich *nolens volens* gezwungen sah, eine zurückhaltende Rechtsprechung in Bezug auf das Subsidiaritätsprinzip walten zu lassen?

1. Biopatent-Richtlinie, EuGH, Rs. C-377/98

Ein Beispiel für die Rechtsprechung des EuGH mit Bezug zum Subsidiaritätsprinzip ist sein Urteil zur Biopatent-Richtlinie[305] des Europäischen Parlaments und des Rats. Geklagt hatten die Niederlande, die unter anderem in der Richtlinie einen Verstoß gegen das Subsidiaritätsprinzip sah und hilfsweise eine mangelnde Begründung ihrer Vereinbarkeit mit demselben bemängelten.[306] Die inhaltliche Auseinandersetzung des Gerichts mit diesem Klagepunkt kann nur als ausgesprochen knapp und oberflächlich bezeichnet werden. Zunächst fasst der EuGH den materiellen Prüfungsmaßstab, wie er in Art. 3 b EGV

304 Callies, in: Callies/Ruffert, EUV/AEUV, Art. 5 EUV, Rn. 72.
305 Richtlinie 98/44/EG.
306 EuGH, Rs. C-377/98, Rn. 30.

festgelegt war, zusammen. Sodann „prüft" er, ob die materiellen Prüfungskriterien des Subsidiaritätsgprinzips erfüllt sind:

> „Das Ziel der Richtlinie, durch Vermeidung und Ausräumung der Unterschiede in den Rechtsvorschriften und Praktiken der Mitgliedstaaten im Bereich des Schutzes biotechnologischer Erfindungen das reibungslose Funktionieren des Binnenmarkts zu gewährleisten, hätte durch Maßnahmen auf der Ebene allein der Mitgliedstaaten nicht erreicht werden können. Da das Ausmaß dieses Schutzes unmittelbare Auswirkungen auf den Handel und folglich auch auf den innergemeinschaftlichen Handel hat, liegt es im Übrigen auf der Hand, dass das fragliche Ziel aufgrund des Umfangs und der Wirkungen der in Betracht gezogenen Maßnahmen besser auf Gemeinschaftsebene erreicht werden konnte."[307]

Innerhalb eines einzigen Absatzes erklärt der EuGH pauschal die Übereinstimmung der Richtlinie sowohl mit dem Erforderlichkeits- als auch dem Effizienzkriterium des Subsidiaritätsprinzips. Die Regelung sei demnach erforderlich, da nationalstaatliche Regelungen allein, eine Gefährdung des „Funktionieren des Binnenmarkts" bedeute. Mit anderen Worten glaubt der EuGH nicht daran, dass es den Mitgliedstaaten gelingt, eine ausreichende gesetzliche Regelung zu finden, da hier ein grenzüberschreitender Sachverhalt vorliegt. Diese Argumentation erinnert an die Beispielsfälle von Davies.[308]

Bemerkenswert ist jedoch vor allem seine Begründung, weshalb eine europäische Regelung besser gegenüber einer mitgliedstaatlichen sei. Das Ausmaß des Schutzes habe „unmittelbare Auswirkungen auf den Handel" und damit sei offensichtlich, dass das angestrebte Ziel der Maßnahme nur durch eine einheitlich europäische Lösung besser erreicht werden könne. Der EuGH bleibt jedoch eine Begründung schuldig, worin er den Mehrwert für die Gemeinschaft insgesamt erkennt, geschweige denn die Antwort auf die Frage, weshalb eine europaweite Regelung besser sei. Denn die Begründung, dass es eine mitgliedstaatliche Regelung „Auswirkungen auf den Handel" habe, ist zu pauschal, um den Erfordernissen des Effizienkriterium gerecht zu werden. Letztlich unterstreicht das Gericht mit dieser Aussage nur, dass ein grenzüberschreitender Sachverhalt vorliegt, eben weil der gemeinsame Bin-

---

307 EuGH, Rs. C-377/98, Rn. 32.

308 Davies, Subsidiarity: The wrong idea, in the wrong place, at the wrong time, CMLR 2006, 63, 68.

nenmarkt betroffen ist. Auch den Vorwurf der mangelhaften Begründung der Vereinbarkeit der Richtlinie mit dem Subsidiaritätsprinzip weist der EuGH zurück:

> „Zudem gehen die fünfte, die sechste und die siebte Begründungserwägung stillschweigend, aber offenkundig auf die Beachtung des Subsidiaritätsprinzips ein, wenn es dort heißt, dass die Entwicklung der nationalen Rechtsvorschriften und Praktiken das reibungslose Funktionieren des Binnenmarkts behindere, falls die Gemeinschaft nicht eingreife. Die Richtlinie ist damit in diesem Punkt hinreichend begründet.“[309]

Der EuGH setzt in seinem Urteil die – wie er selbst eingesteht „stillschweigende“ – *Begründungserwägungen* einer fundierten *Begründung* der Vereinbarkeit der Richtlinie mit Art. 3 b EGV gleich. Jedenfalls gibt er sich mit der floskelhaften Formulierung zufrieden, mit der er selbst auch die Übereinstimmung mit den materiellen Prüfungskriterien erklärt hat. So lautet die fünfte Begründungserwägung wie folgt:

> „In den Rechtsvorschriften und Praktiken der verschiedenen Mitgliedstaaten auf dem Gebiet des Schutzes biotechnologischer Erfindungen bestehen Unterschiede, die zu Handelsschranken führen und so das Funktionieren des Binnenmarkts behindern können.“[310]

Auch die Erwägungen sechs und sieben sprechen davon, dass diese Unterschiede sich noch vergrößern und der Handel beziehungsweise der Binnenmarkt beeinträchtigt werden könnten.[311] Es wird folglich mitnichten substantiiert dargelegt, weshalb eine europäische Regelung besser ist und vor allem worin ein echter Mehrwert für die europäische Gemeinschaft liegt.

Unabhängig davon, ob eine europäische Gesetzesregelung im Bereich des Patentrechts wünschenswert ist oder nicht, lässt das Urteil keinen ernsthaften Versuch erkennen, sich der inhaltlichen Überprüfung der materiellen Prüfungskriterien des Subsidiaritätsprinzips zumindest ein Stück weit anzunähern. Stattdessen wird die Vereinbarkeit der Richtlinie mit dem Subsidiaritätsprinzip in einer erstaunlichen Pauschalität festgestellt.

309 EuGH, Rs. C-377/98, Rn. 33.
310 Richtlinie 98/44/EG, S. 1.
311 Richtlinie 98/44/EG, S. 1.

Selbstverständlich ist die Förderung des innereuropäischen Handels und die Stärkung des europäischen Binnenmarktes ein legitimes Ziel gesetzgeberischen Handelns. Es genügt jedoch nicht stets die Beseitigung von Handelshemmnissen oder die Gefährdung des reibungslosen Funktionierens des Binnenmarkts als pauschales Argument für die Notwendigkeit einer europäischen Regelung anzuführen, um so die Vereinbarkeit mit dem Subsidiaritätsprinzip anzunehmen.

2. British American Tobacco, EuGH, Rs. C-491/01

Der nächste prominente Fall, den der EuGH mit Bezugnahme auf das Subsidiaritätsprinzip zu entscheiden hatte, drehte sich um eine Richtlinie[312], welche nicht nur die Höchstgrenze für bestimmte Zusatzstoffe in Zigaretten festlegte, sondern auch, dass Tabakwaren in spezifischer Art und Weise mit Warnhinweisen etikettiert werden müssen. Die Kläger machten unter anderem einen Verstoß gegen das Subsidiaritätsprinzip geltend, da der Gemeinschaftsgesetzgeber nicht berücksichtigt habe, dass durch den Erlass zweier anderer Richtlinien[313] bereits eine weitgehende Harmonisierung hergestellt worden sei. Weitere Hemmnisse würden für den Tabakwarenhandel demnach nicht vorliegen und es sei auch keine Begründung gegeben worden, weshalb eine Regelung durch die Mitgliedstaaten selbst nicht ausreichend ist, um das angestrebte Ziel zu erreichen.[314] Interessant ist die erste Bemerkung, die der EuGH im Rahmen seiner Subsidiaritätsprüfung äußert:

> „Um entscheiden zu können, ob die Richtlinie im Einklang mit dem Subsidiaritätsgrundsatz erlassen worden ist, ist zunächst zu prüfen, ob das Ziel der in Betracht gezogenen Maßnahme auf Gemeinschaftsebene besser erreicht werden konnte.“[315]

Der EuGH überspringt zunächst die Prüfung des Erforderlichkeitskriteriums und prüft direkt, ob das mit der Maßnahme verfolgte Ziel auf europäischer Ebene besser zu erreichen ist. Zwar ergibt sich aus der

312 Richtlinie 2001/37/EG.
313 Gmeint sind die Richtlinien 89/622/EWG und 90/239/EWG.
314 EuGH, Rs. C-491/01, Rn. 174.
315 EuGH, Rs. C-491/01, Rn. 180.

Formulierung des Subsidiaritätsprinzips in Art. 5 Abs. 3 EUV beziehungsweise Art. 5 EGV nicht, dass das Erforderlichkeitskriterium zwingend vor dem Effizienzkriterium zu prüfen ist. Allerdings erscheint dies sinnvoll, da es den Kriterien des Subsidiaritätsprinzips zufolge nach irrelevant ist, ob ein Ziel durch Gemeinschaftsgesetzgebung besser erreicht werden kann, wenn es bereits durch nationalstaatliche Regelung ausreichend erfüllt wird.[316] Seine eigentliche Prüfung des Erforderlichkeitskriteriums erfolgt wie schon im Falle der Biopatent-Richtlinie in knapper Form:

> „Ein solches Ziel ließe sich durch eine Maßnahme allein auf der Ebene der Mitgliedstaaten nicht ausreichend erreichen; es verlangt eine Maßnahme auf Gemeinschaftsebene, wie die heterogene Entwicklung der nationalen Rechtsvorschriften im vorliegenden Fall zeigt [...]. Daraus folgt, dass im Fall der Richtlinie das Ziel der in Betracht gezogenen Maßnahme auf der Ebene der Gemeinschaft besser erreicht werden konnte."[317]

Zunächst stellt sich die Frage, welches Ziel die Richtlinie verfolgt. Die Richtlinie selbst soll „die Angleichung der Rechts- und Verwaltungsvorschriften der Mitgliedstaaten" bezwecken.[318] Mit anderen Worten soll eine Harmonisierung (des Binnenmarkts[319]) erreicht werden. Dies ist für sich genommen noch keine unlautere Argumentation, sie macht jedoch eine abgewogene Subsidiaritätsprüfung kaum möglich. Vom Standpunkt der Harmonisierung aus betrachtet, lässt sich nur schwerlich argumentieren, wie durch die nationalstaatliche Regelungen eine europaweite Harmonisierung der Rechtslage erreicht werden soll. Dies erinnert an die Argumentation Davies, der bemängelt, dass die Zielsetzung von einem Ziel her definiert wird und zwar dem Bestreben von Harmonisierung der Rechtslage innerhalb der Union.[320] Damit entspricht die Begründung des EuGH seiner Rechtsprechung im Fall der Biopatent-Richtlinie, die ebenfalls argumentiert, dass durch unterschiedliche nationale Rechtsvorschriften Handelshemmnisse für den

316 Insofern war die Formulierung des Art. 5 EGV missverständlich, der mit der Wortwahl „und daher" suggerierte, dass entweder das Erfoderlichkeits- oder das Effizienzkriterium zu prüfen sei.

317 EuGH, Rs. C-491/01, Rn. 182 f.

318 Richtlinie 2001/37/EG, S. 3.

319 Vgl. hierzu: EuGH, Rs. C-491/01, Rn. 60 f.

320 Davies, Subsidiarity: The wrong idea, in the wrong place, at the wrong time, CMLR 2006, 63, 72 f.

gemeinsamen Binnenmarkt entstehen könnten.[321] Gleichzeitig leitet der EuGH aus dem Vorliegen des Erforderlichkeitskriteriums ab, dass automatisch das Effizienzkriterium erfüllt sei („daraus folgt"). Eine Antwort darauf, worin ein Mehrwert für die Gemeinschaft als solche besteht, bleibt der Gerichtshof jedoch schuldig. Bemerkenswert ist vor allem seine anschließende Bemerkung:

> „Sodann ist festzustellen, dass bei der Regelungsdichte der von der Kommission im vorliegenden Fall getroffenen Maßnahme ebenfalls die Erfordernisse des Subsidiaritätsgrundsatzes eingehalten worden sind, da die Maßnahme, wie sich aus den Randnummern 122 bis 141 dieses Urteils ergibt, nur soweit reicht, wie zur Verwirklichung des von ihr angestrebten Zieles erforderlich ist."[322]

Die Konturen einzelner Prüfungskriterien und auch die verschiedener Rechtsprinzipien selbst verschwimmen im Urteil des EuGH. Er begnügt sich mit der Feststellung, dass die Maßnahme den Erfordernissen des Subsidiaritätsprinzips entspräche, da sie „nur soweit reicht" wie sie „erforderlich" sei. Eine Prüfung des Erforderlichkeitskriteriums erfolgt nicht. Vielmehr führt der EuGH in den Randnummern 122 bis 141 eine Verhältnismäßigkeits- und keine Subsidiaritätsprüfung durch. Dies wird an der Einleitung des Absatzes deutlich:

> „Nach dem Grundsatz der Verhältnismäßigkeit [...] müssen die von einer gemeinschaftsrechtlichen Bestimmung eingesetzten Mittel zur Erreichung des angestrebten Zieles geeignet sein und dürfen nicht über das dazu Erforderliche hinausgehen."[323]

Es erschließt sich nicht, weshalb der EuGH ohne Not eine Vermengung beider Prüfungskriterien und der Rechtsprinzipien vornimmt. Vor allem lässt sich hieraus jedoch nicht der Schluss ziehen, der EuGH hätte eine ernsthafte Überprüfung des Subsidiaritätsprinzips vorgenommen. Wieder handelt es sich um pauschale Ausführungen, die sich wie ein Lippenbekenntnis lesen. Diese erinnern an die bemerkenswerten Ausführungen des Generalanwalts Geelhoed in Bezug auf das Subsidiaritätsprinzip und seine Überprüfung durch den EuGH:

---

321 EuGH, Rs. C-377/98, Rn. 33.

322 EuGH, Rs. C-491/01, Rn. 184.

323 EuGH, Rs. C-491/01, Rn. 122.

> „Ebenso wie im Urteil Biotechnologie kann der Gerichtshof ohne eine zu ausführliche Begründung entscheiden, dass der Subsidiaritätsgrundsatz nicht verletzt wurde. Zunächst ist der Subsidiaritätsgrundsatz ein dynamisches Konzept, das der Beurteilung durch den Gemeinschaftsgesetzgeber den notwendigen Raum lässt; [...]. Da ich in dieser Rechtssache zu dem Ergebnis gelangt bin, dass das Tätigwerden des Gemeinschaftsgesetzgebers aufgrund von Artikel 95 erforderlich war, kommt der Subsidiaritätsprüfung keine Bedeutung mehr zu."[324]

Die Ausführungen Geelhoeds sind ebenfalls von einer erstaunlichen Gleichgültigkeit gegenüber dem Subsidiaritätsprinzip geprägt. Schon die Annahme, dass eine ausführliche Begründung der Vereinbarkeit mit dem Subsidiaritätsprinzip durch den EuGH keine Notwendigkeit sei, da es sich hierbei um ein „dynamisches Konzept" handle, wird der Intention nicht gerecht, die mit dem Subsidiaritätsprinzip verbunden ist. Denn es ist nicht Ziel des Subsidiaritätsprinzips, den Gemeinschaftsgesetzgeber einen Beurteilungsspielraum zur Entscheidung zu überlassen, ob bestimmte Bereiche durch die Union geregelt werden sollten. Auch die lapidare Feststellung, dass eine Subsidiaritätsprüfung nicht notwendig sei, da das Tätigwerden der Union erforderlich gewesen wäre, genügt den Anforderungen des Subsidiaritätsprinzips nicht.

3. Vodafone, EuGH, Rs. C-58/08

Als drittes Beispiel dient der Fall der Roamingverordnung.[325] Der Gerichtshof hatte in einer Vorabentscheidung zu beurteilen, ob die Gemeinschaft nach Art. 95 EGV[326] berechtigt war, die Verordnung zu erlassen und ob die Festsetzung von Obergrenzen für Endkundenentgelte im Übereinstimmung mit dem Subsidiaritätsprinzip stand.[327]

Wie bereits im Fall zuvor ist die Prüfungsreihenfolge des EuGH interessant. Denn ebenso wie im Fall *British American Tobacco* prüft der EuGH zunächst die Vereinbarkeit der Verordnung mit dem Verhältnismäßigkeitsprinzip und erst dann mit dem Subsidiaritätsprinzip. Be-

324 Generalanwalt Geelhoed, Schlussanträge Rs. C-491/01, Slg. 2002, I-11461, Rn. 285.

325 Verordnung 717/2007/EG.

326 Heute Art. 114 EUV.

327 EuGH, Rs. C-58/08.

greift man beide Prinzipien als zwei Seiten derselben Medaille, so ist eine umgekehrte Prüfungsreihenfolge logischer. Mit anderen Worten sollte zuerst das *ob* (Subsidiarität) und erst dann das *wie* (Verhältnismäßigkeit) geprüft werden, denn wenn man schon zu dem Ergebnis gelangt, dass eine gesetzliche Regelung gegen das Subsidiaritätsprinzip verstößt, erübrigt sich logischerweise schon die Frage, ob die gewählte Maßnahme mit dem Verhältnismäßigkeitsprinzip vereinbar ist.[328]

Die Überprüfung des vermeintlichen Verstoßes gegen das Subsidiaritätsprinzip erfolgt abermals in knapper Form. Und wiederum ist keine klare Differenzierung zwischen den beiden Prüfungskriterien zu erkennen, obwohl der EuGH sich selbst unmittelbar vor seinen fallbezogenen Äußerungen den Prüfungsmaßstab des Subsidiaritätsprinzips in Erinnerung ruft.[329] Wie schon in den beiden Urteilen zuvor, stellt er wieder das Funktionieren des gemeinsamen Binnenmarkts in den Vordergrund seiner Überlegungen:

> „Insoweit ist darauf hinzuweisen, dass der Gemeinschaftsgesetzgeber [...] mit dem Erlass der Verordnung Nr. 717/2007 einen gemeinsamen Ansatz eingeführt hat, um insbesondere das reibungslose Funktionieren des Binnenmarkts zu fördern [...]."[330]

Anders als in den Urteilen zuvor jedoch, belässt es der Gerichtshof nicht bei einer Wiederholung der vorgebrachten Gründe, sondern setzt sich inhaltlich mit der Begründung auseinander, weshalb die Vereinbarkeit mit dem Subsidiaritätsprinzip gegeben sei:

> „Wie sich aus dem 14. Erwägungsgrund der Verordnung ergibt, bestehen erhebliche Wechselwirkungen zwischen den Endkunden- und den Großkundenentgelten für Roamingdienste, so dass jede Maßnahme, die nur auf die Senkung der Endkundenentgelte zielt, ohne gleichzeitig die mit der Erbringung gemeinschaftsweiter Roamingdienste verbundenen Großkundenentgelte zu regeln, das ordnungsgemäße Funktionieren des Markts für gemeinschaftsweites Roaming empfindlich hätte stören können. Der Gemeinschaftsgesetzgeber hat daraus gefolgert, dass sein Handeln einen gemeinsamen Ansatz auf der Ebene sowohl der Großkunden- als auch der Endkundenentgelte verlangte, um das reibungslose Funktio-

328 Cooper, The Watchdogs of Subsidiarity, National Parliaments and the Logic of Arguing in the EU, JCMS 2006, 281, 300; Pechstein, Entscheidungen des EuGH, S. 44.

329 EuGH, Rs. C-58/08, Rn. 72.

330 EuGH, Rs. C-58/08, Rn. 76.

> nieren des Binnenmarkts für solche Dienste zu fördern. Infolge dieser Wechselwirkungen durfte der Gemeinschaftsgesetzgeber berechtigterweise annehmen, dass sein Handeln auch einen Eingriff auf der Ebene der Endkundenentgelte umfassen müsste."[331]

Zuvor hatte der Gerichtshof pauschal angenommen, dass eine Harmonisierung der Rechtslage nicht möglich sei, da auf nationaler Ebene unterschiedliche Regelungen bestehen.[332] Dies sagt aber nichts darüber aus, ob das Ziel der Maßnahme an sich nicht ausreichend durch die Mitgliedstaaten umgesetzt werden kann. Für Pechstein zeigt dies, dass der EuGH offenbar bereit ist, „sich zumindest im Ansatz mit den vom Unionsgesetzgeber unterstellten Tatsachen auseinanderzusetzen".[333] Man mag in diesen Ausführungen des Gerichtshofs erste Anzeichen einer vertieften Auseinandersetzung erkennen. Doch auch wenn dieser Ansatz mehr als ein pauschales Durchwinken ist, so bleibt die Auseinandersetzung oberflächlich.

Im letzten Teil seiner Prüfung verfällt der EuGH wieder in seine pauschalierende Begründung. So kommt er hinsichtlich des Effizienzkriteriums zu folgendem Schluss:

> „Aufgrund der Wirkungen des mit der Verordnung [...] eingeführten gemeinsamen Ansatzes konnte das mit ihr verfolgte Ziel demnach besser auf Gemeinschaftsebene erreicht werden."[334]

Wie schon im Fall *British American Tobacco* zieht der EuGH damit aus der Erfüllung des Erforderlichkeitsprinzips automatisch den Schluss, dass das verfolgte Ziel besser auf gemeinschaftlicher Ebene zu erreichen sei. Wiederum bleibt er eine Erklärung schuldig, worin er den Mehrwert für die Gemeinschaft zu erkennen glaubt.

4. Bewertung

Die Analyse der bisherigen Rechtsprechung des EuGH gibt keinen Hinweis darauf, dass der EuGH sich aus politischen Überlegungen heraus gezwungen sah, eine zurückhaltende Rechtsprechung in Bezug

331 EuGH, Rs. C-58/08, Rn. 77 f.
332 EuGH, Rs. C-377/98, Rn. 32; EuGH, Rs. C-491/01, Rn. 182 f.
333 Pechstein, Entscheidungen des EuGH, S. 44.
334 EuGH, Rs. C-58/08, Rn. 78.

auf das Subsidiaritätsprinzip vorzunehmen. Im Gegenteil lässt er die Frage, ob eine Maßnahme durch die Mitgliedstaaten in ausreichender Form umgesetzt werden kann, vollkommen offen. Seine Rechtsprechung lässt kaum den Versuch erkennen, eine fundierte Prüfung des Subsidiaritätsprinzips anhand der – zugebenermaßen überschaubaren Anzahl – von materiellen Prüfungskriterien vorzunehmen. Man könnte darin nicht nur eine Gleichgültigkeit des EuGH gegenüber dem Subsidiaritätsprinzip erkennen, sondern in erster Linie eine erstaunliche Mutlosigkeit.

Dies ist jedoch ein Zirkelschluss. Denn dem EuGH Mutlosigkeit vorzuwerfen, ohne zugleich eine Antwort parat zu haben, an welchem exakten Prüfungsmaßstab die gerichtliche Überprüfung erfolgen soll, stellt einen ernstzunehmenden Widerspruch dar. Die Situation lässt sich auch alternativ deuten: Aus der Sicht des EuGH kann er, der Gerichtshof, letzten Endes nur verlieren. Wenn er sich an einer – wie auch immer gearteten – tiefergehenden Subsidiaritätsprüfung versucht, wird er sich schnell der Kritik ausgesetzt sehen, anhand eines falschen Prüfungsmaßstabs zu prüfen oder ein zutiefst politisches Urteil zu fällen. Tut er dies nicht, wird ihm Gleichgültigkeit und Mutlosigkeit vorgeworfen. Damit geht die Kritik teilweise fehl in der Annahme, dass die Haltung des EuGH gegenüber dem Subsidiaritätsprinzip durch Gleichgültigkeit geprägt sei.

Dennoch: Zwischen beiden Extremen gibt es einen Mittelweg, den der EuGH hätte einschlagen können. Denn es kann nicht Anspruch des EuGH sein, das Subsidiaritätsprinzip für justiziabel zu erklären, nur um sich anschließend in floskelhaften Begründungen zu ergehen, die in weiten Teilen schlicht den Begründungen des Gemeinschaftsgesetzgebers folgt. Ein Vergleich mit der Rechtsprechung des BVerfG zeigt, dass eine differenziertere Überprüfung des Subsidiaritätsgedankens möglich ist. Seine Rechtsprechung zeigte insbesondere in der Vergangenheit einige interessante Parallelen zu der Haltung des EuGH auf.

II. Rechtsprechung des BVerfG

Die dem Subsidiaritätsprinzip nach Art. 5 Abs. 3 EUV entsprechende gesetzliche Ausprägung im deutschen Recht ist Art. 72 Abs. 2 GG.[335] Wobei die ursprüngliche „Bedürfnisklausel" nach Art. 72 Abs. 2 GG a.F. später durch die „Erforderlichkeitsklausel" gemäß Art. 72 Abs. 2 GG n.F. ersetzt wurde. Das Ziel: Eine weitere Aushöhlung der Länderkompetenzen verhindern.[336] Diese Änderung geschah nicht zuletzt wegen der Auslegung des Art. 72 Abs. 2 GG a.F. durch das BVerfG, die überwiegend als eine „Triebfeder einer weiteren Zentralisierung der Gesetzgebung" kritisiert wurde.[337] Damit verfehlte die Bedürfnisklausel das intendierte Ziel der Alliierten, welche entgegen den Vorstellungen des Parlamentarischen Rats, die Entstehung eines möglichst dezentralen Bundesstaats anstrebten.[338]

1. Rechtsprechung zu Art. 72 Abs. 2 GG a.F.

Hanschel weist darauf hin, dass es sich bei der ursprünglichen Fassung des Art. 72 Abs. 2 GG um einen Formelkompromiss handelte, der die Forderungen der Alliierten erfüllen sollte, „während in Wahrheit eine Justiziabilität der Klausel verhindert werden sollte."[339] Dieser Linie schloss sich auch das BVerfG in seinen ersten Urteilen an. In seinem Urteil zum Straffreiheitsgesetz gelangte es zu folgender Feststellung:

> „Die Frage, ob ein Bedürfnis nach bundesgesetzlicher Regelung besteht, ist eine Frage pflichtmäßigen Ermessens des Bundesgesetzgebers, die

---

335 Oeter, Integration und Subsidiarität im deutschen Bundesstaatsrecht, S. 407; Pfefkoven/Kirchoff, Deutscher und europäischer Finanzausgleich im Lichte des Subsidiaritätsprinzips, S. 114; Seiler, Der souveräne Verfassungsstaat zwischen demokratischer Rückbindung und überstaatlicher Einbindung, S. 158; *kritisch* Grimm, Subsidiarität und Föderalismus, S. 51; *so auch* Herbst, Gesetzgebungskompetenzen im Bundesstaat, S. 95.

336 Umbach/Clemens, in: Umbach/Clemens, Grundgesetz Mitarbeiterkommentar Bd. II Art. 38–146 GG, Art. 72, Rn. 20.

337 Lutz, Vielfalt im Bundesstaat, S. 107.

338 Hanschel, Konfliktlösung im Bundesstaat, S. 196; Lutz, Vielfalt im Bundesstaat, S. 106.

339 Hanschel, Konfliktlösung im Bundesstaat, S. 196 f.

> ihrer Natur nach nicht justitiabel und daher der Nachprüfung durch das Bundesverfassungsgericht grundsätzlich entzogen ist."[340]

Das BVerfG hat mit dieser Entscheidung also nicht nur dem Subsidiaritätsprinzip seine Justiziabilität abgesprochen, es räumte zugleich dem Bundesgesetzgeber einen großen Spielraum ein, entscheiden zu können, bis zu welchem Punkt er die Grenzen seiner Kompetenzen ausdehnen will. Mit der Feststellung, dass eine Nachprüfung dem BVerfG grundsätzlich entzogen sei, gab es dem Bundesgesetzgeber de facto eine *carte blanche*, seine eigenen Gesetzgebungskompetenzen zulasten der Bundesländer auszudehnen. In nachfolgenden Urteilen bestätigte das BVerfG seine Rechtsprechung, wobei es die „Rechts- und Wirtschaftseinheit" und die „Einheitlichkeit der Lebensverhältnisse" als unbestimmte Rechtsbegriffe definierte.[341] Erst in späteren Urteilen versuchte das BVerfG, einen eigenen Überprüfungsmaßstab zu entwickeln. Dabei rückte es zunächst nur zaghaft von seiner ursprünglich verfolgten Linie ab. So sei seine Überprüfung auf die Frage beschränkt,

> „[...] ob der Bundesgesetzgeber die in Art. 72 Abs. 2 GG verwendeten Begriffe im Prinzip zutreffend ausgelegt und sich in dem dadurch bezeichneten Rahmen gehalten hat."[342]

Es ist deutlich zu erkennen, dass die Rechtsprechung des BVerfG zu Art. 72 Abs. 2 GG a.F. nicht dazu angetan war, die Kompetenzen der Länder gegenüber dem Bund zu schützen. Der Bundesgesetzgeber war praktisch keinerlei Restriktion unterworfen.[343] Dennoch: In seinem Urteil sagt das BVerfG ausdrücklich, dass es die Auslegung des Bundesgesetzgebers im Lichte der verwendeten Begriffe überprüfen wird.

2. Rechtsprechung zu Art. 72 Abs. 2 GG n.F.

Noch deutlicher wird der Kontrast zu seiner früheren Judikatur, wenn man die Rechtsprechung des BVerfG seit der Neufassung des Art. 72

340 BVerfGE 2, 213 (224).
341 Hanschel, Konfliktlösung im Bundesstaat, S. 197.
342 BVerfGE 26, 338 (382).
343 Schlüter, Das Bundesverfassungsgericht und sein Einfluss auf die föderale Kompetenzverteilung, S. 153.

Abs. 2 GG n.F. im Jahr 1994 betrachtet. Gleich zu Beginn rückt es in seiner Entscheidung zum Altenpflegegesetz von seiner früheren Linie ab und erklärt zur Frage der Justiziabilität des Subsidiaritätsprinzips:

> „Ein von verfassungsgerichtlicher Kontrolle freier gesetzgeberischer Beurteilungsspielraum hinsichtlich der Voraussetzungen des Art. 72 Abs. 2 GG besteht nicht."[344]

Dies ist eine erstaunliche Evolution in der Rechtsprechung des BVerfG. War die Frage der Nachprüfung einer gesetzlichen Regelung mit Blick auf das Subsidiaritätsprinzip dem BVerfG nach eigener Anschauung zunächst entzogen und später zunächst nur auf die richtige Auslegung der Begriffe durch den Bundesgesetzgeber beschränkt, stellt es nunmehr ausdrücklich fest, dass der Subsidiaritätsgedanke justiziabel sei. Es bestehe nun kein Raum mehr, der nicht der höchstrichterlichen Überprüfung mit Blick auf Art. 72 Abs. 2 GG n.F. unterliegt. Das BVerfG belässt es also nicht nur – anders als der EuGH – bei der Erklärung der Justiziabilität des Subsidiaritätsprinzips. Es nutzt vielmehr den Spielraum aus, den ihm die Gesetzänderung eingeräumt hat und von ihr intendiert war.[345] Denn um einer zunehmend zentralisierenden Gesetzgebung entgegen zu wirken, wurde der Art. 72 Abs. 2 GG neu gefasst. Anstelle der „Bedürfnisklausel" steht nun die „Erforderlichkeitsklausel", außerdem wurde die Begrifflichkeit „Einheitlichkeit der Lebensverhältnisse" durch den Begriff „gleichwertige Lebensverhältnisse" ersetzt.[346] Infolge dieser Neufassung macht das BVerfG in seiner Rechtsprechung deutlich, dass es von nun an einfache Begründungen wie Rechtseinheitlichkeit oder schlicht Verbesserungen durch eine bundesweite Gesetzgebung für nicht mehr ausreichend erachtet:

> „Das Erfordernis der ‚Herstellung gleichwertiger Lebensverhältnisse' ist nicht schon dann erfüllt, wenn es nur um das Inkraftsetzen bundeseinheitlicher Regelungen geht. Dem Bundesgesetzgeber ist ein Eingreifen auch dann nicht erlaubt, wenn lediglich eine Verbesserung der Lebensverhältnisse in Rede steht."[347]

344 BVerfGE 106, 62.

345 Häde, Zur Föderalismusreform in Deutschland, JZ 2006, 930, 932.

346 Schlüter, Das Bundesverfassungsgericht und sein Einfluss auf die föderale Kompetenzverteilung, S. 153; vgl. zur Entwicklung und Abgrenzung beider Begriffe: Lutz, Vielfalt im Bundesstaat, S. 106 ff.

347 BVerfGE 106, 62 (320).

Ein Vergleich dieser Bemerkung mit der dargestellten Rechtsprechung des EuGH macht deutlich, wie weitreichend die Prüfung des BVerfG seit der Novellierung des Art. 72 Abs. 2 GG ist. Während der EuGH jede lapidare Bemerkung hinnimmt, eine europaweite Regelung sei für die Harmonisierung notwendig und damit in letzter Konsequenz *besser* für die Gemeinschaft als solche, gibt sich das BVerfG mit einer solchen oberflächlichen Begründung nicht (mehr) zufrieden. Mehr noch: Es lässt eine einfache und unqualifizierte *Verbesserung* nicht genügen:

> „Der Zweck des Art. 72 Abs. 2 GG, die Bundeskompetenzen einzuschränken, würde zudem an Kraft verlieren, wäre es dem Bund erlaubt, irgendwelche Verbesserungen, die immer möglich und wünschenswert sind, ohne Weiteres zum Anlass für einen Eingriff in das grundsätzlich bestehende Gesetzgebungsrecht der Länder zu nehmen."[348]

Dieser Satz lässt sich auch auf Art. 5 Abs. 3 EUV anwenden. Denn wie Davies aufgezeigt hat, ist es ohne weiteres möglich, nahezu jedes Regelungsvorhaben so zu begründen, dass es als *besser* für die europäische Gemeinschaft insgesamt erscheint. Einer solchen Auslegung des Art. 72 Abs. 2 GG schiebt das BVerfG einen deutlichen Riegel vor. Schlüter attestiert der Judikatur des BVerfG gar, dass es „der Erforderlichkeitsklausel des Art. 72 Abs. 2 GG zu einer *rechtlich durchsetzbaren Subsidiarität* des Bundesgesetzgebers gegenüber dem Landesgesetzgeber" verholfen habe.[349] Eine rechtlich durchsetzbare Subsidiarität, vermittelt durch die Entscheidung eines obersten Gerichts? Ganz gleich ob man diese Einschätzung teilt oder nicht, wird man kaum zu der Feststellung gelangen können, dass die Rechtsprechung des EuGH zu Art. 5 Abs. 3 EUV einen vergleichbaren Stand erreicht hat.

Ein Grund hierfür ist, dass es dem BVerfG in Ansätzen gelungen ist, seiner Rechtsprechung einen Prüfungsmaßstab vorzugeben, anhand dessen er eine Subsidiaritätsüberprüfung vornehmen kann. Danach sei das Rechtsgut gleichwertiger Lebensverhältnisse erst dann gefährdet,

> „[...] wenn sich die Lebensverhältnisse in den Ländern der Bundesrepublik in erheblicher, das bundesstaatliche Sozialgefüge beeinträchtigender

348 BVerfGE 106, 62 (320).

349 Schlüter, Das Bundesverfassungsgericht und sein Einfluss auf die föderale Kompetenzverteilung, S. 153 f.

> Weise auseinander entwickelt haben oder sich eine derartige Entwicklung konkret abzeichnet.“[350]

Darüber hinaus präzisiert es in seiner Rechtsprechung die Voraussetzungen des Erforderlichkeitskriteriums. Voraussetzung sei, dass die „Wahrung der Rechtseinheit“ durch die „Gesetzesvielfalt auf Länderebene“ bedroht sei, die im Ergebnis eine „Rechtszersplitterung“ zur Folge habe, die „im Interesse sowohl des Bundes als auch der Länder nicht hingenommen werden“ könne.[351] Außerdem stellt das BVerfG fest, dass im Sinne der „Wahrung der Wirtschaftseinheit“ eine „bundeseinheitliche Rechtssetzung“ nur dann „im gemeinstaatlichen Interesse“ liege, „[...] wenn Landesregelungen oder das Untätigbleiben der Länder erhebliche Nachteile für die Gesamtwirtschaft mit sich bringen.“[352]

Seit seiner Entscheidung zum Altenpflegegesetz hat das BVerfG an seiner neuen Rechtsprechung nicht nur festgehalten, sondern diese kontinuierlich weiterentwickelt. In seiner Entscheidung zum Hochschulrahmengesetz hebt es hervor, dass sich die Erforderlichkeit einer Bundesgesetzgebung nach Art. 72 Abs. 2 GG n.F. nicht schon aufgrund unterschiedlichen Landesrecht ergibt, sondern nur dann,

> „wenn gerade durch unterschiedliches Recht in den Ländern eine Gefahrenlage entsteht. Das wäre etwa der Fall, wenn die Lebensverhältnisse sich zwischen Ländern in einer unerträglichen Weise auseinander entwickeln [...].“[353]

Unter welchen Umständen eine solche Gefahrenlage vorliegt, also ab wann eine Gefährdung der gleichwertigen Lebensverhältnisse konkret anzunehmen sei, behandelt das BVerfG in seinem Studiengebühren-Urteil. Danach reiche es für die Annahme einer konkreten Gefährdung nicht schon aus, „dass eine Entwicklung dieser Art [...] nicht ausgeschlossen werden kann.“[354] Insoweit sei es dem Bundesgesetzgeber jedenfalls nicht gelungen, die Notwendigkeit einer bundeseinheitlichen Regelung ausreichend nachzuweisen:

350 BVerfGE 106, 62 (321).
351 BVerfGE 106, 62.
352 BVerfGE 106, 62.
353 BVerfGE 111, 226.
354 BVerfGE 112, 226.

> „Was die weiter prognostizierten Folgen [...] angeht, lässt sich dem Vorbringen der Bundesregierung nicht entnehmen, warum die Gestaltungsmöglichkeiten der einzelnen Länder nicht ausreichen sollten, die Gleichwertigkeit der Lebensverhältnisse im gebotenen Umfang sicherzustellen. Die Erwägung, dass durch die Entscheidung einzelner Länder, allgemeine Studiengebühren zu erheben, die anderen Länder [...] politisch gezwungen sein könnten, ebenfalls Studiengebühren einzuführen, zeigt keine Gefahr für die Gleichwertigkeit der Lebensverhältnisse auf [...].“[355]

Die Rechtsprechung des BVerfG zu Art. 72 Abs. 2 n.F. GG lässt generell eine Schwerpunktsetzung des Gerichts erkennen, nicht nur die Gesetzvorschläge als solche, sondern insbesondere auch die Erforderlichkeitserwägungen des Bundesgesetzgebers umfassender zu überprüfen. Zwar stehe dem Bundesgesetzgeber eine Einschätzungsprärogative hinsichtlich der Rechtfertigungsgründe des Art. 72 Abs. 2 GG n.F. zu, allerdings könne „dieser Entscheidungsraum des Gesetzgebers, der sachbereichsbezogen im Wege einer Gesamtbetrachtung zu ermitteln ist, [...] verfassungsgerichtlich auf seine methodischen Grundlagen und seine Schlüssigkeit hin überprüft werden.“[356] Dieser Satz zeigt sehr deutlich die Abkehr des BVerfG von seiner früheren Rechtsprechung, wonach sich seine Überprüfung auf die zutreffende Auslegung der in Art. 72 Abs. 2 GG a.F. enthaltenen Prinzipien durch den Bundesgesetzgeber beschränke.[357] Zugleich ist diese Abkehr ein wichtiges Differenzierungsmerkmal zu der Rechtsprechung des EuGH. Denn anders als der EuGH prüft das BVerfG nicht nur Gesetzesvorschläge anhand des Erforderlichkeitskriteriums, sondern schließt bereits den Entstehungsprozess eines Gesetzesvorschlags mit in seine Prüfung ein. Mit anderen Worten fordert er vom Bundesgesetzgeber eine umfangreiche und schlüssige Begründung eines Gesetzesvorhabens mit Blick auf den Subsidiaritätsgedanken:

> „Eine Bundeskompetenz besteht nicht, wenn landesrechtliche Regelungen zum Schutz der in Art. 72 Abs. 2 GG genannten gesamtstaatlichen Rechtsgüter ausreichen; dabei genügt allerdings nicht jede theoretische Handlungsmöglichkeit der Länder. [...] Das Verdikt der Verfassungswidrigkeit hängt [...] davon ab, dass das Gesetz auf einer fehlerhaften Tatsachenfeststellung des Gesetzgebers beruht, dass also nicht etwa andere, zu-

355 BVerfGE 112, 226.
356 BVerfGE 111, 226.
357 BVerfGE 26, 338 (382).

> treffende Erwägungen zu seiner Begründung herangezogen werden können."[358]

Wie umfassend das BVerfG die Erforderlichkeitsbegründung anhand dieses Maßstabs überprüft, wird in seinem Urteil zum Betreuungsgeld deutlich:

> „Gründe, welche die Annahme tragen könnten, die Regelungen seien zur Herstellung gleichwertiger Lebensverhältnisse im Bundesgebiet [...] erforderlich, sind nicht erkennbar. Insbesondere bilden die in der Begründung des Gesetzentwurfs niedergelegten Erwägungen hierfür keine tragfähige Grundlage [...]. Im Ergebnis lässt sich die Erforderlichkeit [...] auf diese Weise nicht begründen. Ob eine Reduktion der Geltendmachung eines Betreuungsbedarfs [...] überhaupt als Behebung einer etwaigen länderspezifischen Schlechterstellung beim Zugang zu Betreuungsplätzen angesehen werden könnte, kann dahinstehen. Denn wenn das Gesetz dieses Lenkungsziel verfolgte, müsste der Lenkungszweck von einer erkennbaren gesetzgeberischen Entscheidung getragen sein [...]. Weder im Gesetzgebungsverfahren noch im Normenkontrollverfahren wurde erkennbar, dass der Gesetzgeber diesen Lenkungszweck verfolgen wollte."[359]

Mit seiner Rechtsprechung stellt das BVerfG hohe Hürden für bundeseinheitliche Regelungen auf, die seinem Maßstab des Art. 72 Abs. 2 GG n.F. genügen; damit erhöht es den Druck auf den Bundesgesetzgeber, umfänglich die Erforderlichkeit eines Gesetzesvorschlages nachzuweisen. Im Gegensatz hierzu baut die Rechtsprechung des EuGH keinen Druck auf den Unionsgesetzgeber auf, Gesetzesvorschläge in angemessener Form schlüssig zu begründen. Die Rechtsprechung des EuGH lässt jedenfalls keine vergleichbare Ambition erkennen, die Begründung eines Gesetzesvorschlags in Bezug auf das Subsidiaritätsprinzip umfassend auf seine Schlüssigkeit hin zu überprüfen. An dieser Stelle sei an die vielen unzureichenden Begründungen der Kommission hinsichtlich des Subsidiaritätsprinzips erinnert. Gerade im Vergleich hierzu zeigt sich wie intensiv und umfassend das BVerfG die Prüfung anhand des Art. 72 Abs. 2 GG n.F. vornimmt.

Gleichwohl der Prüfungsmaßstab des BVerfG in Bezug auf die Erforderlichkeitsklausel intensiv ist und damit hohe Hürden für die Annahme einer bundeseinheitlichen Gesetzgebung aufgebaut werden, sind diese nicht unüberwindbar. Insoweit ist dem BVerfG eine diffe-

358 BVerfGE 111, 226.

359 BVerfGE 140, 65.

renzierte und vor allem konsistente Rechtsprechung zu attestieren. Dies zeigt sich an seinem Beschluss zum Hufbeschlagsgesetz:

> „Unterschiedliche Ausbildungs- und Zulassungsvoraussetzungen können im deutschen Wirtschaftsgebiet störende Grenzen aufrichten, sie können eine Ballung oder Ausdünnung des Nachwuchses in bestimmten Regionen bewirken, sie können das Niveau der Ausbildung beeinträchtigen und damit erhebliche Nachteile für die Chancen des Nachwuchses sowie für die Berufssituation im Gesamtstaat begründen. [...] Vor diesem Hintergrund sind die Voraussetzungen für eine bundesgesetzliche Regelung erfüllt. Das vom Gesetzgeber verfolgte legitime Ziel einer Vereinheitlichung der unterschiedlichen Berufsbilder der hufversorgenden Berufe wäre ohne bundeseinheitliche Regelung auch nicht hinlänglich zu erreichen. Unter Berücksichtigung der dem Gesetzgeber verbleibenden Prärogative für Konzept und Ausgestaltung des Gesetzes [...] kann mithin die Gesetzgebungskompetenz des Bundes nicht verneint werden."[360]

Das BVerfG stellt also nicht nur die Erforderlichkeit einer bundeseinheitlichen Regelung fest, sondern auch, dass die vom Gesetzgeber angeführten Gründe hierfür ausreichend schlüssig vorgetragen sind.

3. Bewertung

Die Rechtsprechung des BVerfG zu Art. 72 Abs. 2 GG n.F. hat zur Folge, dass die richterliche Überprüfung der Auslegung der Gesetzesbegriffe nicht nur umfassend ist, sondern auch, dass es keinen Beurteilungsspielraum des Bundesgesetzgebers gibt, welcher der Überprüfung durch ein Gericht entzogen wäre: „Dieser hat nur einen begrenzten Prognosespielraum im Hinblick auf künftige Entwicklungen, von denen die ‚Erforderlichkeit' i. S. d. Art. 72 II GG abhängt."[361]

Der vom BVerfG entwickelte Maßstab zur Überprüfung des Subsidiaritätsgedankens ist freilich nicht ohne „Fehl und Tadel". Wann genau die Grenze überschritten ist, wonach eine Rechtszersplitterung oder erhebliche Nachteile für die Gesamtwirtschaft als Kriterien erfüllt sind, sind ihrerseits wieder auslegebedürftig. Entscheidend ist jedoch, dass es dem BVerfG ganz offentsichtlich gelungen ist, einen differenzierten und vor allem operablen Prüfungsmaßstab für die Rechtferti-

---

360 BVerfG, Beschluss vom 03. Juli 2007 – 1 BvR 2186/06 –.

361 Sodan/Ziekow, Grundkurs Öffentliches Recht, S. 140 f.

gungsgründe des Art. 72 Abs 2 GG n.F. zu entwickeln und damit im Kern in der Lage ist, eine abgewogene Subsidiaritätsprüfung zu gewährleisten, die keine kompetenzbegründende Tendenz zugunsten des Bundesgesetzgebers aufweist. Damit gibt die Rechtsprechung des BVerfG einen deutlich umrissenen Rahmen für eine Subsidiaritätsprüfung vor. Mit anderen Worten: Seine Judikatur hat einen rechtlich operablen Überprüfungsmaßstab des Subsidiaritätsprinzips hervorgebracht.

III. Zusammenfassung

Die Voraussetzungen des Art. 72 Abs. 2 GG sind sicherlich nicht ohne weiteres auf Art. 5 Abs. 3 EUV übertragbar. Dies hat nicht zuletzt mit der Frage nach der staatlichen Verfasstheit der Europäischen Union zu tun. Eine befürchtete „Rechtszerplitterung", wie sie das BVerfG im Rahmen des Erforderlichkeitskriteriums prüft, eignet sich nicht als Prüfungsmaßstab in einem Gebilde *sui generis* wie es die Europäische Union ist.[362] Auch die „Gleichwertigkeit der Lebensverhältnisse" lässt sich als Maßstab auf eine Gemeinschaft mit fast 500 Millionen Einwohnern, sowie unterschiedlicher Rechts- und Wirtschaftslagen kaum greifbar anwenden. Dennoch zeigt die Rechtsprechung des BVerfG einen Weg auf, dem Subsidiaritätsgedanken einen operablen Prüfungsmaßstab zu geben, welcher eine richterliche Überprüfung zulässt. Zumindest sollte es jedoch gelingen, eine verbindlichere Begründung der Vereinbarkeit von Gesetzesvorhaben mit dem Subsidiaritätsprinzip einzufordern und nicht nur eine floskelhafte Bestätigung des Erforderlichkeits- und Effizienzkriteriums anzunehmen. Denn wenn sich die Subsidiaritätsklage als ein effektives Instrument beweisen soll, ist es notwendig, dass der EuGH seine Rechtsprechung dahingehend anpasst, dass er eine echte Überprüfung der Subsidiaritätskriterien vornimmt. Dies gilt auch dann, wenn die Kriterien die äußerste Grenzen dessen bilden, was als eine ernstzunehmende juristische Kontrolle gelten kann,

362 Vgl. zur Entwicklung des *sui generis*-Gedanken: Tömmel, The European Union – a federation sui generis?, S. 41 ff.; De Baere, Constitutional principles of EU external relations S. 1 ff.; *kritisch* Schütze, Foreign affairs and the EU Constitution, S. 34.

sprich eine evident ausufernde Gesetzgebung durch die Europäische Union. Dies ist notwendig, um den nationalen Parlamenten eine Perspektive aufzuzeigen, dass die Rechtsprechung des EuGH nicht notwendigerweise *kompetenzbegründend* im Sinne der Europäischen Union, sondern ebenso *kompetenzbegrenzend* im Sinne der Mitgliedstaaten und ihrer Zuständigkeiten sein kann. Bleibt der EuGH bei seiner floskelhaften Rezitation der Vereinbarkeitsbegründung von Gesetzesvorhaben des Gemeinschaftsgesetzgebers und nimmt er stets pauschal die Vereinbarkeit mit dem Subsidiaritätsprinzip an, so wird die Subsidiaritätskontrolle – nachhaltig und nicht zuletzt in justiziabler Hinsicht – für die nationalen Parlamente wirkungs- und damit letztlich bedeutungslos bleiben. Und dies widerspricht der Intention des Vertrags von Lissabon, der einer ausufernden Kompetenzausübung durch den Gemeinschaftsgesetzgeber mithilfe des Subsidiaritätsprinzips entgegen treten wollte.

Angesichts dessen, dass der EuGH in der Vergangenheit durchaus in der Lage gewesen ist, kreative Lösungen zu finden, wenn es darum ging, die europäischen Verträge zu interpretieren, sollte er in der Lage sein, zumindest ein Mindestmaß zu finden, um eine ernsthafte gerichtliche Kontrolle des Subsidiaritätsprinzips zu gewährleisten. Eine gerichtliche Überprüfung dieser Art und Weise würde es insbesondere zu einem wirkungsvollen politischen Mittel der Subsidiaritätskontrolle im Sinne des Vertrags von Lissabon machen, da es als solches ein echtes politisches Druckmittel wäre, Verstöße gegen das Subsidiaritätsprinzip öffentlichkeitswirksam zu kritisieren.

D. Rückverlagerung von Kompetenzen und Intergouvernementalismus als Antwort auf das europäische Legitimationsdefizit – ein Ausblick

Die Geschichte der Europäischen Union war und ist eine Geschichte des Zusammenwachsens, der immer weiter voranschreitenden Integration souveräner Nationalstaaten. Ein wesentliches Merkmal dieser Geschichte ist die freiwillige Abgabe von Kompetenzen an eine supranationale Einrichtung–sie ist in dieser Form einzigartig.

Gegenwärtig sieht sich das europäische Projekt einer Vielzahl von Herausforderungen gegenüber. Hatte bereits die Euro- und Schuldenkrise die Debatte um die Legitimierung der Europäischen Union neu entfacht[363], versetzte das Brexit-Votum Großbritanniens im Jahr 2016 der Jahrzehnte währenden Entwicklung einer immer weiter zunehmenden Integration einen herben Rückschlag. Das Scheitern der Europäischen Verteidigungsgemeinschaft, die „Politik des leeren Stuhles“, die Post-Maastricht-Krise und der gescheiterte Verfassungsvertrag sind Beispiele für vergangene, aber auch überwundene Krisen der Gemeinschaft.[364] Bisher folgte auf jede dieser Krisen oder Phasen der Stagnation ein neuer Integrationsschub in der Entwicklungsgeschichte der europäischen Gemeinschaft.[365] Der drohende Austritt eines aus wirtschaftlicher, militärischer und politischer Sicht bedeutsamen Mitgliedstaates ist jedoch eine noch nicht da gewesene Zäsur. Der Austritt Großbritanniens wäre ein Novum – „ein Akt europäischer Desintegra-

363 Hüttmann/Knodt, in: Das Ende der Demokratie in Europa? Intergouvernementalismus, Euro-Krisenpolitik und »Mehrebenenparlamentarismus« in der EU, S. 133.

364 Axt, Das Mantra von „mehr Europa“ als Antwort auf die Krisen, ZPol 2016, 455.

365 Hillgruber, Weniger ist mehr – Plädoyer für eine Begrenzung der Kompetenzen der EU zwecks Wiederherstellung einer föderalen Balance, S. 2 f.

tion“ – der „sich nicht wiederholen sollte.“[366] Mit anderen Worten: Europa leidet an einem Legitimationsdefizit.[367]

Die vorliegende Arbeit hat gezeigt, dass die Subsidiaritätskontrolle durch die nationalen Parlamente das Potential besitzt, die Legitimation europäischer Legislativakte nachhaltig zu fördern. Um dieses Potential zukünftig vollständig ausnutzen zu können, wird es jedoch notwendig sein, die Instrumente der Subsidiaritätskontrolle effektiver und effizienter zu gestalten. Eine Weiterentwicklung der Subsidiaritätskontrolle in diesem Sinne kann einen Beitrag dazu leisten, den nationalen Parlamenten im Rahmen des europäischen Legislativprozess eine größere Bedeutung zukommen zu lassen und das Legitimationsdefizit der Europäischen Union insgesamt zu mindern.

Es wäre allerdings eine Übertreibung festzustellen, dass die strikte Wahrung des Subsidiaritätsprinzips den Austritt Großbritanniens verhindert hätte oder gar das Legitimationsdefizit der Europäischen Union insgesamt beseitigen würde. Die Gründe und Ursachen für dieses Legitimationsdefizit sind komplex und vielfältig. Die fehlende Wahrung des Subsidiaritätsprinzips ist jedoch ein Teilaspekt dieses Defizits.

Mit Blick auf die Zukunft der Europäischen Union und ihres Integrationsprozesses ergibt sich, an die dargestellten Überlegungen anknüpfend, die Fragestellung, ob das Subsidiaritätsprinzip Argumente dafür liefert, Kompetenzen – zumindest partiell – zurück auf die nationalen Parlamente zu übertragen und verstärkt auf eine intergouvernementale Zusammenarbeit der nationalen Mitgliedstaaten zu setzen, um dem Legitimationsdefizit der Europäischen Union zu begegnen. Mit anderen Worten: Bietet das Subsidiaritätsprinzip eine argumentative Grundlage dafür, den zukünftigen Integrationsprozess Europas im Sinne einer Europäischen Union der verschiedenen Geschwindigkeiten zu gestalten?[368]

---

366 Sturm, Der Brexit dominiert die Agenda der EU-Politik, ZfP 2016, 398; Schorkopf in: Europas politische Verfasstheit im Lichte des Fiskalvertrages, S. 20.

367 Landeck, Der Diskurs über die demokratische Legitimation der EU, S. 238.

368 Patzelt, Zur Lage der Parlamente in der Europäischen Union, ZSE 2014, 68, 91.

I. Legitimation und Finalität und Grenzen der europäischen Integration

Die Debatte um das Legitimationsdefizit trifft die Europäische Union in einer Zeit, in der die nationalistischen Stimmen so laut wie schon lange nicht mehr zu vernehmen sind. „Nicht nur die Weiterentwicklung, sondern der Bestand der Integration ist in Frage gestellt.“[369] Kannte die europäische Integration bisher nur einen Weg hin zu mehr Integration, hat das Legitimationsdefizit diese Perzeption der Integrationsdynamik grundlegend verändert.[370] Eppler konstatiert, „dass der Erfolg rechtspopulistischer und EU-skeptischer Parteien in nationalen Wahlen [...] auch zu einem Rückschritt der europäischen Integration im Bereich des Rechts führt.“[371] Ihr Erfolg schwäche das ohnehin schon schwache „Wir-Gefühl“ der Europäer.[372] Ob es einer entwickelten *europäischen Identität* für eine dauerhaft funktionierende Gemeinschaft bedarf, ist umstritten.[373] Haltern gelangt jedenfalls zu folgender Schlussfolgerung:

> „Das Politische in der Union ist bis heute keine Angelegenheit kollektiver Identität. Man kann daher vermuten, daß die Willensdimension in Europa diffus, unterentwickelt oder nicht vorhanden ist. [...] Da die Willensdimension die Imagination als gemeinschaftliches Projekt ermöglicht, wird erklärbar, warum die Union an einem sozialen Legitimationsdefizit leidet.“[374]

369 Axt, Das Mantra von „mehr Europa“ als Antwort auf die Krisen, ZPol 2016, 455.

370 Vgl. hierzu: Eppler, Die Dynamik des EU-Mehrebenensystems infolge der Finanzkrise und ihre Perzeption durch die politikwissenschaftliche Literatur, S. 192 ff.

371 Eppler, Die »Rechtsstaatskrise« der EU: Verderben zu viele Köche den Brei?, ZfP 2016, 406, 424.

372 Heins, Krisenbewältigung durch Kooperation? Die Grenzen des EU-Modells, ZPol 2016, 445, 449 f.

373 *Sowohl* Meyer, der einen ausreichend ausgebildeten Sinn gemeinsamer Bürgeridentität als notwendige Voraussetzung für ein Gemeinwesen der EU ansieht, Europäische Identität, S. 15; *kritisch* von Bogdandy, der als Voraussetzung für ein gesundes Gemeinwesen genügen lässt, dass es keine unversöhnlichen religösen, ethnischen oder sozialen Gruppierungen gibt, Europäische Verfassung und europäische Identität, JZ 2004, 53; *so auch* Janning, Europas Politik und europäisches Bewusstsein, S. 87.

374 Haltern, Europarecht und das Politische, S. 3.

Die diffuse Willensdimension Europas manifestiert sich nicht nur in einer mangelhaft ausgebildeten, kollektiven europäischen Identität. Sie bildet vielmehr den Nukleus der bereits seit einer Legislaturperiode andauernden Krise, deren Ursachen der Ansicht Schorkopfs zufolge, viel weiter in die europäische Integrationsgeschichte zurückreichen: „Eine wesentliche Krisenursache ist der politische Dissens über Intensität und Richtung der europäischen Integration. Das Unionsrecht ist [...] nur begrenzt geeignet, den Konflikt zu lösen. [...] Die Europapolitik und die sie tragenden gesellschaftlichen Kräfte sollten ihr romantisches Integrationsverständnis endgültig aufgeben [...].“[375]

Ähnlich argumentiert Patzelt, der davor warnt, dass es „nicht nur ein ‚zu wenig', sondern auch ein ‚zu viel' an Integrationspolitik“ geben könne, die „zum Risiko des Auseinanderbrechens“ der EU führe.[376] Ein Umdenken in der europäischen Integrationspolitik würde damit eine deutliche Abkehr vom bisherigen *modus procedendi* bedeuten. Galt es bis dato doch als wünschenswert, zunehmend Kompetenzen von den Mitgliedstaaten weg auf den Gemeinschaftsgesetzgeber zu übertragen. Dies kommt jedenfalls in der Präambel zum EUV zum Ausdruck, die von „der Schaffung einer immer engeren Union der Völker Europas“ spricht. Vereinzelte Rückverlagerungen von Kompetenzen wurden demgegenüber „als unerwünschte Renationalisierung“ gebrandmarkt.[377] Unbeantwortet bleibt damit jedoch die Frage nach der „Zielperspektive der Integration“. Gleichzeitig beinhaltet die Uneinigkeit der Mitgliedstaaten über ihre Antwort auf diese Frage ein enormes Konfliktpotential.[378]

Als Konsequenz aus dieser Krise stellt sich damit die Frage nach der Legitimation, der Finalität und nach den Grenzen der Integration

---

375 Schorkopf, Krisensymptome supranationaler Leitbilder – zur Notwendigkeit intergouvernementaler Integration, ZSE 2013, 189.

376 Patzelt, Wie weiter mit Deutschland in der EU? Thesen zu den Gestaltungsaufgaben des Bundestages, ZSE 2012, 241, 247.

377 Priebe, Rückverlagerung von Aufgaben – ein Beitrag zu besserer Akzeptanz der Europäischen Union?, EuZW 2015, 697; *so auch* Nettesheim, Die Kompetenzordnung im Vertrag über eine Verfassung für Europa, EUR 2004, 511, 517.

378 Varwick, The bigger the better? Konzeptionelle Konsequenzen der Erweiterung für die EU als internationaler Akteur, S+F 2004, 62, 65.

des europäischen Projekts dringender als je zuvor.[379] Diese Dringlichkeit scheint spätestens zu Beginn des Jahres 2017 den beteiligten Akteuren bewusst geworden zu sein: Die Kommission hat ein Weißbuch[380] vorgestellt, dass verschiedene Szenarien beschreibt, wie die Europäische Union in Zukunft aussehen könnte. Die dargestellten Szenarien decken eine erhebliche Spannweite ab, die von einer Fortsetzung des status quo, einem Europa der verschiedenen Geschwindigkeiten, über die Konzentration auf den gemeinsamen Binnenmarkt bis hin zu einem echten, qualitativen *Mehr* an Europa reichen.[381]

Für welchen Weg sich Europa letztlich entscheidet, wird davon abhängen, was die Regierungen, aber vor allem die Bürger der Mitgliedstaaten selbst bereit sind zu akzeptieren. Dies mutet zunächst als eine Binsenweisheit an, doch angesichts der Versuche europäischer Institutionen, mit „ästhetischen, historiographischen und ikonographischen Maßnahmen", die allesamt „dem Arsenal des Nationalstaates" entstammen, eine kollektive Identität zu prägen[382], erscheint ihre Vergegenwärtigung dringend geboten. Seit Jahren schon nimmt der Euroskeptizismus stetig zu.[383] Aktuell scheint sich eine Mehrheit der Bevölkerung in den Mitgliedstaaten gegen einen weiteren Kompetenzzuwachs der Europäischen Union zu wehren. Nach Auffassung Axts liegt die Ursache für die reservierte Haltung der Bürger gegenüber der Europäischen Union in den aktuellen Krisen. Man könne daher nicht schlussfolgern, dass weitere Kompetenzen auf die Europäische Union übertragen werden müssten.[384] Gleichzeitig befürwortet eine Mehrheit in bestimmten Bereichen eine enge europäische Zusammenarbeit: „Mit dem Verlan-

379 Voglrieder, Europäische Identität und Europäische Union: Das Selbst- und Europaverständnis der EU im Kontext der Vertiefungs-/Erweiterungsdebatte, S. 176; *so auch* Di Fabio, Eine europäische Charta: Auf dem Weg zur Unionsverfassung, JZ 2000, 737.

380 KOM(2017) 2025.

381 Vgl. hierzu: KOM(2017) 2025, S. 7 ff.

382 Haltern, Europarecht und das Politische, S. 3 f.; *so auch* Di Fabio, Zur Lage der Europäischen Integration, ZSE 2015, 457, 458.

383 Vgl. hierzu: Weßels, Spielarten des Euroskeptizismus, S. 50 ff.

384 Vgl. hierzu: Axt, Das Mantra von „mehr Europa" als Antwort auf die Krisen, ZPol 2016, 455, 458 f.; *so auch* Oppelland, Institutionelle Neuordnung und Demokratisierung, S. 82; *kritisch* Cerutti, der zu bedenken gibt, dass eine Mehrheit der Bevölkerung kaum in der Lage sei, die EU-Institutionen von Europa „als zusammengesetzte Folge des Handelns der EU und der Mitgliedstaaten" zu differenzie-

gen nach europäischer Gemeinsamkeit ist nicht in gleichem Maße die Bereitschaft zum Souveränitätsverzicht, zur Abtretung nationaler Kompetenzen an die EU verbunden."[385] Dies spricht dafür, dass die Bürger Europas eine deutliche Differenzierung vornehmen, zwischen einer einfachen, unreflektierten Skepsis gegenüber dem supranationalen Gebilde der Europäischen Union und der Notwendigkeit, eine Vielzahl von Problemen auf internationaler Ebene lösen zu müssen.

Der wachsende Euroskeptizismus lässt sich folglich nicht in ein Schwarz-Weiß-Schema zwängen. Vielmehr beinhaltet er feine Abstufungen, die nicht nur auf die grundsätzliche Ablehnung europäischer Integration beschränkt sind. Für Grande setzt sich das Legitimationsdefizit der Europäischen Union letztlich aus zwei Komponenten zusammen: „Zum einen aus der Übertragung von Hoheitsrechten von den Mitgliedstaaten auf die Europäische Union, wodurch politische Entscheidungen dem Kompetenzbereich der nationalen Parlamente entzogen werden; und zum anderen in der Ausübung dieser Hoheitsrechte durch Organe, denen die demokratische Legitimation entweder völlig fehlt (wie im Fall der Europäischen Kommission) oder sie nur mittelbar besitzen (wie im Falle des Europäischen Rates) [...]."[386]

II. Identität und demokratische Legitimation

Der Diskurs, welche Kompetenzen der Gemeinschaftsgesetzgeber erhalten sollte, ist bereits so alt wie der Integrationsprozess Europas selbst und berührt unmittelbar die Frage der demokratischen Legitimation des europäischen Projekts.[387] Einige fordern als Antwort auf die Krise(n) eine zunehmend tiefere Integration der Mitgliedstaaten. Andererseits gibt es Stimmen, die vor einer zu tiefgreifenden Integrati-

ren, Warum sind in der Europäischen Union politische Identität und Legitimität wichtig?, S. 257.

385 Axt, Das Mantra von „mehr Europa" als Antwort auf die Krisen, ZPol 2016, 455, 463.

386 Grande, Demokratische Legitimation und europäische Integration, Leviathan 1996 339, 342; Frenz, Handbuch Europarecht: Band 6: Institutionen und Politiken, S. 56.

387 Fuest, Plädoyer für eine Stärkung der Kompetenzen der Europäischen Union, S. 49.

on warnen. Während unter dem Gesichtspunkt einer auf den wirtschaftlichen Wettbewerb konzentrierten Gemeinschaft eine Konzentrierung auf den gemeinsamen Binnenmarkt und damit eine Rückverlagerung von Kompetenzen auf die Mitgliedstaaten gefordert wird, verweisen andere darauf, dass angesichts der globalen Herausforderung einzelne europäische Nationalstaaten für sich genommen überfordert wären. Für die Vertreter dieser Strömung ist das Ziel des europäischen Integrationsprozesses ein weiterer Ausbau der Kompetenzen des supranationalen Gebildes der Europäischen Union zulasten ihrer Mitgliedstaaten.[388] Eine zusätzliche Verkomplizierung erfährt der Diskurs angesichts der höchst eigenwillig Konstruktion des föderalen Gebildes der Gemeinschaft: „Es ist offenkundig, dass die EU eine höchst atypische (Kon-)Föderation ist. Normalerweise wird die föderale Zentrale mit Kompetenzen auf den Gebieten Verteidigung, Justiz, Kultur, Wirtschaft und Soziales betraut, während sich die zusammengefassten Einzelstaaten um eine Vielzahl von regulatorischen und distributiven Aufgaben kümmern. In der EU dagegen wird diese Anordnung zu einem guten Teil auf den Kopf gestellt."[389]

Wenn es Europa an einer solchen gemeinsamen politischen Identität mangelt – die Willensrichtung der Europäer also diffus ist – und die Kompetenzverteilung atypisch erfolgt ist, stellt sich die Frage, ob die Entscheidungen auf einer anderen Ebene zu treffen sind. Vor diesem Hintergrund schlug der damalige britische Premierminister Cameron zu Beginn des Jahrs 2013 vor, dass eine Rückverlagerung im Bereich der Kompetenzordnung vorgenommen werden sollte; ein Vorschlag, der seiner Idee nach zugleich in manchen Hauptstädten diskutiert wurde und wird.[390] Aus der Sicht Hillgrubers kann eine Kompetenzverlagerung, die nicht ausschließlich in eine Richtung, von den Mitgliedstaaten weg, geschieht, eine „vertrauensbildende Maßnahme

388 Vgl. hierzu: Fuest, Plädoyer für eine Stärkung der Kompetenzen der Europäischen Union, S. 49 ff.; Hillgruber, Weniger ist mehr – Plädoyer für eine Begrenzung der Kompetenzen der EU zwecks Wiederherstellung einer föderalen Balance, S. 29 ff.; Guérot, Res Publica Europaea: Europa anders, S. 217 ff.

389 Heins, Krisenbewältigung durch Kooperation? Die Grenzen des EU-Modells, ZPol 2016, 445, 452.

390 Eppler, Die Dynamik des EU-Mehrebenensystems infolge der Finanzkrise und ihre Perzeption durch die politikwissenschaftliche Literatur, S. 192 f.

gegenüber dem Bürger" sein.[391] Noch deutlicher wird Di Fabio, der von der Notwendigkeit des Verbleibs von (spezifischen) Kompetenzen bei den Mitgliedstaaten der Union ausgeht:

> „Die den Mitgliedstaaten reservierten Kernkompetenzen müssen effektiv ausgeübt werden können und für die Bürger in Ursache und Wirkungsverantwortung sichtbar sein, so dass eine lebendige demokratische Öffentlichkeit innerstaatlich möglich bleibt, schon damit die mitgliedstaatlich vermittelten Legitimationsquellen nicht in verwobenen Machtgeflechten zu versickern drohen. Das Subsidiaritätsprinzip des Unionsvertrages [...] ist deshalb weniger ein föderales Zugeständnis, vielmehr vom Demokratieprinzip der Union wie von dem der mitgliedstaatlichen Verfassungsordnungen gleichermaßen gefordert."[392]

Nicht nur die Legitimationsquellen der Mitgliedstaaten sind betroffen. Betrachtet man die Verfahrenslegitimät der Europäischen Union, so muss man schnell feststellen, dass sich die Mehrzahl der Unionsorgane keinem besonders großem Legitimationszwang ausgesetzt sehen: „In der Verselbständigung der exekutiven und judikativen Organe von den politischen Organen der EU und von dem Willen der Mitgliedstaaten liegt das eigentliche Demokratieproblem der EU."[393]

Kielmansegg weist darauf hin, dass das Europäische Parlament zwar durch Wahlen und die Kommission immerhin unter seiner Mitwirkung von demokratisch gewählten nationalen Regierungen bestimmt wird, allerdings sei die Kommission „weit weg von jedem Wählervotum plaziert", da die Parlamentswahlen für den Wähler „keinen erkennbaren [...] Bezug zur Kommission" habe. Gleichzeitig ist es für den Wähler de facto unmöglich, in Ermangelung eines Systems europäischer Parteien, die europäische Politik in eine bestimmte Richtung zu lenken. Zwar trägt der Ministerrat als „Schlüsselgremium für den Legitimitätstransfer" zu einem gewissen Grad demokratischer Legitimation von Entscheidungen der Europäischen Union bei, jedoch darf nicht vergessen werden, dass die Regierungen der Mitgliedstaaten, die im Ministerrat handeln, durch *nationale* Wahlen bestellt werden, es also keine Entscheidung über konkurrierende politische Programme

391 Steinbeis, »Cameron hat völlig Recht. Wir müssen über Rückbau reden« – Interview mit Josef Isensee und Christian Hillgruber, S. 219.

392 Di Fabio, Eine europäische Charta: Auf dem Weg zur Unionsverfassung, JZ 2000, 737, 742.

393 Grimm, Europa ja – aber welches?, S. 21.

gibt. Die Konsequenz lautet: „Eine Mehrheit von Staaten verfügt über eine Minderheit von Staaten – Staaten können aber nicht für andere Staaten deren demokratische Legitimität übertragen."[394] Zu einer ähnlichen Schlussfolgerung gelangt auch Grimm:

> „Entscheidungen von hohem politischen Gewicht werden in einem unpolitischen Modus getroffen. Dazu konnte es kommen, weil die exekutiven und judikativen Institutionen der EU sich von den demokratischen Prozessen in den Mitgliedstaaten wie in der EU selbst weitgehend entkoppelt haben."[395]

Die Schere zwischen Ursache und Wirkungsverantwortung spreizt sich zunehmend weiter auf. Für den europäischen Bürger ist dies kaum nachzuvollziehen. Dabei ist die Differenzierung von Ursache und Wirkungsverantwortung für den Bürger als ein wichtiges Element demokratischer Legitimation unmittelbar mit seiner selbst empfundenen politischen Identität verknüpft. Fehlt sie, stellt dies die Legitimität politischer Entscheidungen nachhaltig in Frage:

„Nur wenn alle Entscheidungsbetroffenen sich als an einer gemeinsamen, übergreifenden politischen Identität teilhabend begreifen, wird die Unterscheidung zwischen dem zustimmungsfähigen Entscheidungsrecht der Mehrheit und der nicht zustimmungsfähigen Fremdherrschaft möglich."[396]

Mit anderen Worten sind politische Identität und demokratische Legitimation untrennbar miteinander verbunden. Ein Auseinanderdividieren beider Aspekte muss unweigerlich zu einem Abfall des demokratischen Legitimationsniveaus führen.

Ein gänzlich anderer Ansatz wird von Habermas vertreten. Seiner Ansicht nach ist eine Ursache der aktuellen Krisen in der fehlenden Kompetenz der Europäischen Union begründet, die „notwendige Harmonisierung der in ihrer Wettbewerbsfähigkeit drastisch auseinanderdriftenden nationalen Ökonomien" herbeizuführen. Die Währungsunion leide an einem politischen Konstruktionsfehler, da Vereinbarungen auf Ebene der Regierungschefs entweder wirkungslos oder undemokratisch seien und daher durch „eine demokratisch unbedenkliche

394 Kielmansegg, Lässt sich die Europäische Union demokratisch verfassen?, S. 225.
395 Grimm, Europa ja – aber welches?, S. 7.
396 Kielmansegg, Lässt sich die Europäische Union demokratisch verfassen?, S. 227.

Institutionalisierung gemeinsamer Entscheidungen ersetzt werden" müsse.[397] Es bedürfe zumindest auf der Ebene der Währungsunion einer „erweiterten Legitimationsgrundlage".[398] Denn letztlich könne sich die EU nur dann behaupten,

> „[...] wenn sie die politischen Steuerungskompetenzen erhält, die erforderlich sind, um wenigstens in Kerneuropa, also zwischen den Mitgliedern der Europäischen Währungsgemeinschaft, mittelfristig für eine Konvergenz der wirtschaftlichen und sozialen Entwicklungen in den Mitgliedsländern zu sorgen. [...] Daher ist die überfällige Reform, sofern das geltende Recht nicht flagrant gebrochen werden soll, nur auf dem Weg einer Übertragung weiterer Kompetenzen von den Mitgliedstaaten auf die Union möglich."[399]

Während einige annehmen, dass das Demokratiedefizit der Europäischen Union struktureller Natur und eine „*echte* demokratische Mitwirkung" nur in der Logik eines nationalstaatlichen Rahmens möglich sei[400], geht Habermas davon aus, „dass die Europäische Union des Lissabonner Vertrages nicht so weit von der Gestalt einer transnationalen Demokratie entfernt" sei.[401] Auch gehe „der politische Defätismus der Europaskeptiker" fehl in der Annahme, dass „eine Transnationalisierung der Volkssouveränität [...] ohne Ermäßigung des Legitimationsniveaus nicht möglich" sei. Eine solche „entstaatlichte Föderation" bedeute kein Legitimationsdefizit, da die Bürger annehmen könnten,

> „[...] dass der jeweils eigene Nationalstaat in der Rolle eines Mitgliedstaates weiterhin die konstitutionelle Rolle eines Garanten von Recht und Freiheit spielt. Allerdings müsste die ‚Teilung der Souveränität' zwischen den Bürgern der Europäischen Union und den Völkern Europas dann auch in eine konsequent durchgeführte Mitgesetzgebung und in die symmetrische Verantwortlichkeit der Kommission gegenüber Rat und Parlament umgesetzt werden." [402]

397 Habermas, Zur Verfassung Europas: Ein Essay, S. 42.

398 Habermas, Zur Verfassung Europas: Ein Essay, S. 8.

399 Habermas, Zur Verfassung Europas: Ein Essay, S. 80; *so auch* Fuest, Plädoyer für eine Stärkung der Kompetenzen der Europäischen Union, S. 60 f.

400 Vgl. hierzu: Bieling/Hüttmann, Zur Einführung: Staatlichkeit der Europäischen Union in Zeiten der Finanzkrise, S. 17.

401 Habermas, Zur Verfassung Europas: Ein Essay, S. 8 f.

402 Habermas, Zur Verfassung Europas: Ein Essay, S. 49; *so auch* Kampen, Demokratie und parlamentarische Kontrolle der Entscheidungen im Europäischen Stabilitäts-Mechanismus und Fiskalpakt, ZParl 2016, 645, 647.

Damit gelangt auch Habermas zu dem Ergebnis, dass die fehlende Akzeptanz der Europäischen Union auf einem Mangel demokratischer Legitimation ihre wesentlichen Organe zurückzuführen sei. Seine Schlussfolgerung ist jedoch, dass die Antwort auf das Legitimationsdefizit im „Ausbau der Europäischen Union zu einer supranationalen Demokratie" bestehe, „denn ohne die Übertragung weiterer Souveränitätsrechte ist eine demokratisch legitimierte Vergemeinschaftung [...] nicht zu haben."[403] Seiner Vorstellung nach sollten mehr Kompetenzen auf die Europäische Union verlagert werden, sprich eine tiefergehende Integration vorangetrieben werden, solange diese Verlagerungen durch eine Steigerung der unmittelbaren demokratischen Legitimität ihrer Organe begleitet wird, insbesondere der des Europäischen Parlaments.[404] Er folgert konsequenterweise, dass eine „bundesstaatliche Verfassung" ein ungeeignetes Modell für Europa sei. Betrachte man Europa als ein „von zwei gleichberechtigten verfassungsgebenden Subjekten" geschaffene Union, „den Bürgern [...] und den Staatsvölkern", so lasse sich ein überstaatliches wie auch demokratisches Gemeinwesen erkennen.[405] Mit anderen Worten sei das Ziel einer immer tiefergehenden Integration eine europäische Regierung gleich derer, wie sie die klassischen Nationalstaaten hervorgebracht haben.

Den Mangel einer länderübergreifenden, politischen und spezifisch europäischen Identität als Hindernis für dieses Ziel lässt Habermas nicht gelten. Das Vertrauensdefizit erklärt sich nicht „aus der xenophoben Abschottung" gegenüber anderen Nationen, sondern mit dem Beharren auf den jeweiligen nationalen normativen Errungenschaften. Ein fehlender *demos* tritt hinter die Überzeugung zurück, dass die „normativen Errungenschaften des demokratischen Rechtsstaates erhaltenswert" sind, was jedoch für den jeweiligen kleinen europäischen Staat für sich allein kaum darstellbar sei.[406]

403 Habermas, Warum der Ausbau der Europäischen Union zu einer supranationalen Demokratie nötig und wie er möglich ist, Leviathan 2014, 524.

404 Vgl. hierzu: Habermas, Warum der Ausbau der Europäischen Union zu einer supranationalen Demokratie nötig und wie er möglich ist, Leviathan 2014, 524, 533; Habermas, Zur Verfassung Europas: Ein Essay, S. 73.

405 Habermas, Zur Verfassung Europas: Ein Essay, S. 9.

406 Habermas, Warum der Ausbau der Europäischen union zu einer supranationalen Demokratie nötig und wie er möglich ist, Leviathan 2014, 524, 531 f.

Habermas Ansicht geht jedoch Fehl in der Annahme, dass durch die Sicherung normativer Errungenschaften eine fehlende Identifikation der Bürger Europas als *europäische* und eben nicht (nur) *nationale* Bürger überwunden werden kann. Europa ist im Vergleich zu seinen nationalen Mitgliedstaaten weder eine Kommunikationsgemeinschaft, noch eine Erinnerungsgemeinschaft oder gar eine Erfahrungsgemeinschaft. Dies gilt auch für das engere Westeuropa.[407] Habermas Vorstellungen nehmen zudem zum Teil utopische Züge an wenn er davon spricht, dass sich die Europäische Union als ein „Schritt auf dem Weg zu einer politisch verfassten Weltgesellschaft" begreifen lasse.[408] Angesichts der sich abzeichnenden Erosion durch den Brexit und die Euro- und Staatsschuldenkrise scheint dies eher ein frommer Wunsch zu bleiben. Selbst eine umfängliche Aufwertung des Europäischen Parlaments wird dies nicht ändern können:

> „Solange sich Unionsbürger primär als Bürger eines politischen Teilraumes sehen, [...] wird das Europäische Parlament die Rechtfertigungslast nicht tragen können."[409]

Zu dieser Schlussfolgerung gelangt auch Heins, der anmerkt, dass die von Habermas skizzierte „Ermächtigung des Europäischen Parlaments" als „Kernstück der Demokratisierung" eine Sackgasse ist. Der Übergang zur Direktwahl des Europäischen Parlaments „[...] hat nämlich die Verbindung gekappt zwischen dem europäischen Projekt und den nationalen Parlamenten, die vor 1979 Abgeordnete nach Straßburg entsandten. [...] Die Straßburger Versammlung wird von Europäer/innen nicht als Repräsentationsorgan wahrgenommen."[410] Schüttemeyer merkte hierzu bereits im Jahr 1978 an: „Seit Gründung der Europäischen Wirtschaftsgemeinschaft wird deren ‚demokratisches Defizit' beklagt. Sollen nicht weitere Demokratie- und Legitimationsmängel entstehen, dürfen die nationalen Parlamente solange nicht

407 Kielmansegg, Lässt sich die Europäische Union demokratisch verfassen?, S. 228.

408 Habermas, Zur Verfassung Europas: Ein Essay, S. 40; vgl. hierzu: Heins, Krisenbewältigung durch Kooperation? Die Grenzen des EU-Modells, ZPol 2016, 445, 451.

409 Schorkopf, supranationaler Leitbilder – zur Notwendigkeit intergouvernementaler Integration, ZSE 2013, 189, 209.

410 Heins, Krisenbewältigung durch Kooperation? Die Grenzen des EU-Modells, ZPol 2016, 445, 451; Kielmansegg, Integration und Demokratie, S. 49 f.

aus ihren bisherigen Funktionen verdrängt werden, wie die Hoffnung und Erwartungen, die sich an die Direktwahlen zum EP knüpfen, noch unerfüllt sind."[411]

Dieser Logik folgend überrascht es nicht, dass auch die wachsenden Kompetenzen des Europarlaments nichts an seiner Repräsentationsfähigkeit ändern konnten: „Je wichtiger das Europaparlament wurde, desto niedriger war die Wahlbeteiligung. Eine weitere Parlamentarisierung der EU garantiert vor diesem Hintergrund keine Lösung für das Demokratiedefizit."[412] Eine weitere Ermächtigung des Europäischen Parlaments dient damit nach der Auffassung Böttgers „lediglich der parlamentarischen Legitimierung der Zentralisierung der Macht" und nicht einer größeren Bürgernähe.[413]

Dies ist ein wichtiges Argument für die Stärkung des Subsidiaritätsgedanken. Denn wenn das erklärte Ziel, für mehr demokratische Legitimation innerhalb der Europäischen Union zu sorgen, durch eine umfassende Ermächtigung des Europarlaments weder *ausreichend* noch *besser* erreicht werden kann, ist es nur logisch, die Rolle der nationalen Parlamente im europäischen Gesetzgebungsprozess zu stärken. Mit anderen Worten ist es notwendig, dass eine weitere Erosion der nationalstaatlichen Kompetenzen unterbunden wird.

Unter der Prämisse, dass die Bürger die Notwendigkeit von Lösungen auf internationaler und insbesondere auf europäischer Ebene erkannt haben, aber gleichzeitig keinen weiteren Abfluss von Kompetenzen auf supranationaler Ebene wollen, ist jeder Versuch, von oben herab den Superstaat Europa zu erzwingen, zum Scheitern verurteilt. Die Haltung Habermas erinnert an den Versuch „Integration durch Verfassung"[414] herbeizuführen. Erinnert sei daran, dass sowohl die Franzosen, als auch die Niederländer den Verfassungsentwurf 2005 in Volks-

411 Schüttemeyer, Funktionsverluste des Bundestages durch die europäische Integration?, ZParl 1978, 261.

412 Schäfer, Nach dem permissiven Konsens. Das Demokratiedefizit der Europäischen Union, Leviathan 2006, 350, 364; seit 1979 nimmt die Wahlbeteiligung kontinuierlich ab, vgl. hierzu: Kom(2015) 206, S. 9.

413 Böttger, Ansätze für eine ökonomische Analyse des Subsidiaritätsprinzips des EG Art. 5 Abs. 2, S. 269.

414 Grimm, Europa ja – aber welches?, S. 20.

entscheiden ablehnten, ebenso wie die Iren, die als einzige über den Vertrag als solchen abstimmen durften.[415]

Die Ablehnung eines weiteren Kompetenzzuwachses der Union ist nicht gleichbedeutend mit einer Ignoranz gegenüber den normativen Errungenschaften der Gemeinschaft. Es wird sich kaum eine Mehrheit finden lassen, die von sich heraus auf den unkomplizierten Grenzüberschritt bei Reisen oder das Bezahlen im Ausland mit einer Einheitswährung verzichten möchte. Zwar ist festzustellen, dass „sich die Begeisterung für Euro und Europa häufig in Grenzen" hält, „aber eine breite, grundsätzliche Ablehnung der europäischen Integration" ist nicht zu beobachten.[416]

Die Vorstellung eines geeinten Europäischen Staats, dessen Bevölkerung sich als Europäer betrachtet und sich dem normativen Projekt der Vollendung der Gemeinschaft verpflichtet fühlen, ist eine schöne und wünschenswerte Vorstellung. Der Übergang in ein postnationales Zeitalter, in dem die Bürger sich in erster Linie nicht anhand ihrer ethnonationalen Herkunft definieren, sondern aufgrund ihrer Identifikation mit normativen Errungenschaften, bleibt jedoch – vorerst – eine Utopie, deren Umsetzung für ein Zerbrechen der europäischen Gemeinschaft selbst sorgen könnte. *Ein* Europa muss in erster Linie aus sich selbst heraus entstehen, die Bürger Europas müssen selbst eine übergreifende politische Identität entwickeln. Um der Realisierung dieses Ziels eine Chance zu geben, ist es jedoch von großer Bedeutung die Union nicht scheitern zu lassen, sondern ihre Akzeptanz zu steigern.

Das europäische Projekt hat bereits sein wichtigstes Ziel erreicht: Die Sicherung des Friedens durch primär wirtschaftliche und sekundär politische Integration seiner Mitgliedsstaaten. Ganz offenbar hat die Union in ihrer jetzigen Form einen Punkt erreicht, an dem ein weiter so weder von den nationalen Regierungen, noch den Bürgern der Mitgliedstaaten getragen wird. Dies hat die aktuelle Krise deutlich auf-

415 Kielmansegg, Lässt sich die Europäische Union demokratisch verfassen?, S. 219.

416 Bruttel, Europäische Integration und Krise in der Eurozone: Akzeptanz und Ablehnung der EU in Deutschland, Frankreich, Spanien und Großbritannien, integration 2014, 275, 278; interessanterweise entspricht das Niveau der Akzeptanz der europäischen Gemeinschaft dem Niveau von vor ca. 20 Jahren, vgl. hierzu: Kielmansegg, Integration und Demokratie, S. 49.

gezeigt. Doch jeder Krise wohnt auch eine Chance inne. Ziehen die Mitgliedstaaten Europas die richtigen Schlüsse aus den Ursachen der aktuellen Situation, werden sie in der Lage sein, die nunmehr 60 Jahre alte Erfolgsgeschichte fortzusetzen. Die Integration der Mitgliedstaaten unter dem gemeinsamen Dach der Europäischen Union ist kein Selbstzweck. Mehr Europa um Europas willen ist ein gefährlicher Trugschluss. Umgekehrt bedeutet weniger Europa nicht zwingend *weniger* Europa. Dabei ist schon die dialektische Frage, ob es mehr oder weniger Europa bedarf[417], falsch. Die richtige Frage muss lauten, wie ein besseres Europa gestaltet werden kann.

Vor diesem Hintergrund erhalten zwei Aspekte besondere Bedeutung, die als mögliche Antworten auf das Legitimationsdefizit der europäischen Gemeinschaft diskutiert werden: Ist die Rückverlagerung von Kompetenzen von den europäischen Institutionen zurück auf die nationalen Parlamente eine mögliche Antwort auf das Legitimationsdefizit? Sollten gleichzeitig wieder mehr Entscheidungen europäischer Tragweite auf intergouvernementaler Ebene zwischen den Regierungen der Mitgliedstaaten getroffen werden oder sollten sie zunehmend auf supranationaler Ebene erfolgen? An dieser Stelle knüpft ein Grundgedanke des Subsidiaritätsprinzips an. Die Antwort auf die Frage „wer soll handeln?" hat unmittelbare Folgen für den europäischen Integrationsprozess. Denn ein solches Vorgehen würde nicht nur die Bedeutung der nationalen Parlamente im europäischen Legislativprozess wieder stärker betonen, sondern auch dazu führen, dass sich der europäische Integrationsprozess im Sinne einer Europäische Union der verschiedenen Geschwindigkeiten fortsetzt.[418]

1. Rückverlagerung von Kompetenzen

Wenn ein weiterer Kompetenzausbau der Europäischen Union nicht geeignet ist, ihr Demokratiedefizit zu bekämpfen und bereits jetzt eine Entkoppelung europäischer Institutionen vom demokratischen Prozess in seinen Mitgliedstaaten festzustellen ist[419], dann ist die Rückverlagerung von Kompetenzen auf die Mitgliedstaaten die notwendigerweise

417 Vgl. hierzu: Kadelbach, Von der Krise zur Reform?, S. 11 ff.
418 Patzelt, Zur Lage der Parlamente in der Europäischen Union, ZSE 2014, 68, 91.
419 Grimm, Europa ja – aber welches?, S. 7.

zu ziehende Konsequenz für mehr demokratische Legitimation innerhalb der Europäischen Union insgesamt.

Zwar hat es bereits einige Bereiche gegeben, in denen es zu ausdrücklichen oder impliziten Rückverlagerungen von Kompetenzen gekommen ist[420], allerdings hat der Vertrag von Lissabon eher zu einer Verschärfung dieser Problematik geführt: Durch ihn wurden die Kompetenzen der Europäischen Union nicht reduziert, sondern vielmehr erweitert.[421] Immerhin hat die Kommission im Rahmen ihres Arbeitsprogramms 2015 angekündigt, sich auf zehn Prioritäten zu konzentrieren und die vorhandene Rechtsetzung zu überprüfen.[422] Bemerkenswert ist dabei vor allem ihre Feststellung, dass die Bürger „von der EU weniger Einmischung“ erwarten und zwar „bei Themen, bei denen die Mitgliedstaaten besser in der Lage sind, auf der nationalen oder regionalen Ebene die richtigen Antworten zu finden.“[423] Mit anderen Worten soll das Subsidiaritätsprinzip im Rahmen eines Kompetenzverzichts beziehungsweise einer Rückverlagerung zur Anwendung gebracht werden. Im Kern geht es damit um nichts anderes, als dass die Europäische Union effizienter und konzentrierter wird. Eine solche Verschlankung entspräche der Forderung Di Fabios, die Wirkungsverantwortung gesetzgeberischen Handelns wieder deutlicher hervortreten zu lassen.

Die Rückverlagerung von Kompetenzen wäre jedenfalls bereits heute ohne eine Änderung der Verträge möglich. Die rechtlichen Vorgaben für eine Rückverlagerung von Kompetenzen zurück auf die Mitgliedstaaten sind eindeutig im Vertrag von Lissabon geregelt.[424] Nach Art. 48 Abs. 2 S. 2 EUV kann die Kompetenzordnung neu geregelt werden. Darüber hinaus nehmen die Mitgliedstaaten gemäß Art. 2

---

420 Vgl. hierzu: Priebe, Rückverlagerung von Aufgaben – ein Beitrag zu besserer Akzeptanz der Europäischen Union?, EuZW 2015, 697, 698 ff.

421 Papier, Bevormundung oder Bürgerfreiheit? Die Belebung des Subsidiaritätsprinzips, S. 32; *kritisch* Ladenburger, Anmerkungen zu Kompetenzordnung und Subsidiarität nach dem Vertrag von Lissabon, ZEuS 2011, 390 ff.

422 Vgl. hierzu: KOM(2014) 910.

423 KOM(2014) 910, S. 2; *so auch* Bruttel, Europäische Integration und Krise in der Eurozone: Akzeptanz und Ablehnung der EU in Deutschland, Frankreich, Spanien und Großbritannien, integration 2014, 275, 285.

424 Vgl. hierzu: Priebe, Rückverlagerung von Aufgaben – ein Beitrag zu besserer Akzeptanz der Europäischen Union?, EuZW 2015, 697 ff.

Abs. 2 S. 3 AEUV „ihre Zuständigkeit erneut wahr, sofern und soweit die Union entschieden hat, ihre Zuständigkeit nicht mehr auszuüben." Mit anderen Worten kann sich die Union selbst dazu entschließen, auf Kompetenzen zugunsten ihrer Mitgliedstaaten zu verzichten.

Das Subsidiaritätsprinzip liefert in diesem Kontext einen wichtigen Beitrag, da es nicht nur auf die Kontrolle von bevorstehenden Gesetzesentwürfen beschränkt ist: „Das Subsidiaritätsprinzip kann [...] die Rückverlagerung von Kompetenzen, die schon von der Gemeinschaft wahrgenommen wurden, verlangen, wenn die Voraussetzungen der Inanspruchnahme inzwischen nicht mehr bestehen."[425] Die Subsidiaritätskontrolle erhält so eine retrospektive Funktion. Ergibt eine Subsidiaritätsprüfung, dass es Bereiche gibt, in denen die Gesetzgebung inzwischen in einem ausreichendem Maß von den Mitgliedstaaten selbst getroffen werden kann, besteht die Möglichkeit nach Art. 2 Abs. 2 S. 3 AEUV Kompetenzen an die Mitgliedstaaten zurückzugeben. Diese Möglichkeit ist ein wichtiges Argument für die Einführung einer grünen Karte, da die potentielle Rückverlagerung von Gesetzgebungszuständigkeiten ein Anreiz für die nationalen Parlamente ist, sich verstärkt mit der Gemeinschaftsgesetzgebung auseinanderzusetzen.

Es gibt jedoch auch Stimmen, die einer Rückverlagerung von Kompetenzen auf die Mitgliedstaaten kritisch gegenüber steht. Schmidt bemerkt dazu, dass für eine Vielzahl der Fälle ein „Rückzug auf nationalstaatliche Regelungen nicht tragfähig" sei; man könne „dann demokratisch entscheiden, im Alleingang nichts oder nur wenig zu bewegen."[426] Fuest sieht insbesondere Effizienzvorteile darin, Kompetenzen zugunsten von den Mitgliedstaaten auf die Union zu verschieben. Dies gilt seiner Auffassung nach besonders für den Bereich der Wirtschafts- und Finanzpolitik, aber auch für die Außen- und Sicherheitspolitik, die Flüchtlingspolitik und Themen der inneren Sicherheit: „Der Kern dieser Union wird die Währungsunion sein, und

425 Hackel, Subnationale Strukturen im supranationalen Europa, S. 74; *so auch* Pernice, Diskussionsbeitrag zu: Abgrenzung der Funktionen und Zuständigkeiten zwischen den nationalen Kartellämtern und der Wettbewerbsbehörde der Europäischen Union, S. 244.

426 Schmidt, Demokratietheorien: Eine Einführung, S. 409.

ihre wirtschaftliche Stabilität hängt davon ab, dass Kompetenzen der europäischen Ebene gezielt gestärkt werden.“[427]

Für Hillgruber hingegen ist die Rückverlagerung von Kompetenzen auf die Mitgliedstaaten – die Wiederherstellung der föderalen Balance – unumgänglich. Er spricht indes nicht von einer *Rückverlagerung* von Kompetenzen, sondern von der *Neujustierung* der Kompetenzverteilung, um deutlich zu machen, dass eine Neuordnung der Kompetenzen im Interesse einer vitalen und leistungsfähigen Europäischen Union selbst liegt. Dies kommt in seiner sprachlichen Differenzierung deutlich zum Tragen: Wurde die Rückverlagerung von Kompetenzen bisher als unerwünschte Renationalisierung gebrandmarkt, soll sie nunmehr als eine Neujustierung pro Europa verstanden werden. Seiner Ansicht nach bedeutet die Rückverlagerung von Kompetenzen daher nicht das Ende des Integrationsprozesses. Vielmehr entspräche sie dem Grundgedanken des Subsidiaritätsprinzips, wonach Entscheidungen möglichst bürgernah getroffen werden sollten: „Nicht eine mit immer mehr Kompetenzen ausgestattete Union lässt die Völker Europas zusammenwachsen, sondern eine die Balance zwischen Einheit und Vielfalt wahrende Kompetenzordnung. Im Übrigen dürften weitere substanzielle Kompetenzverlagerungen auf die Union aus verfassungsrechtlicher Sicht, nimmt man die Maßstäbe des Lissabon-Urteils des BVerfG ernst, ohnehin nur mehr Zug um Zug gegen Rückverlagerungen bereits auf die Union vormals übertragener Zuständigkeiten auf die Mitgliedstaaten zulässig sein.“[428] Die Rückverlagerung von Kompetenzen sollte daher als eine Chance für die Gemeinschaft gesehen werden:

> „Die [...] Debatte über die kommende Ausgestaltung der Europäischen Union und eine mögliche Rückübertragung von Kompetenzen auf die nationale Ebene, sollte daher weniger als Bedrohung der europäischen Integration, sondern vielmehr als Chance gesehen werden, beide Herrschaftssysteme im Sinne der Bürgerinnen und Bürger zu organisieren. Es geht nicht um einen Integrationsrückschritt, wenn man sich darüber im Klaren ist, dass die Übertragung sämtlicher Kompetenzen auf die europäische Ebene und damit die Abschaffung des Nationalstaates schon auf-

427 Fuest, Plädoyer für eine Stärkung der Kompetenzen der Europäischen Union, S. 59 ff.

428 Hillgruber, Weniger ist mehr – Plädoyer für eine Begrenzung der Kompetenzen der EU zwecks Wiederherstellung einer föderalen Balance, S. 32 ff.

> grund des Subsidiaritätsgedankens kein mittelfristiges Ziel der europäischen Integration sein kann."[429]

Eppler weist in diesem Zusammenhang darauf hin, dass Integrations- und Desintegrationsprozesse gleichzeitig stattfinden können, „wobei Desintegration keinesfalls den kompletten Zusammenbruch des Systems bedeuten muss."[430] Genauso wenig wie der Souveränitätsverzicht der nationalen Parlamente der Europäischen Union zu ihrer Bedeutungslosigkeit beigetragen haben, bedeutet eine Rückverlagerung – eine Neujustierung – der Kompetenzordnung der Gemeinschaft das Ende des Integrationsprozesses oder gar ihr Scheitern.

Inwieweit die konkrete Verteilung von Kompetenzen zukünftig ausgestaltet wird und dem Subsidiaritätsprinzip Rechnung trägt, ist ein dynamischer Prozess, der jedoch nicht nur in eine Richtung führen kann und darf.[431] Mit anderen Worten bedeutet die Rückverlagerung von Kompetenzen nicht, dass sämtliche Kompetenzen unumkehrbar auf allen Gebieten zurück auf die Mitgliedstaaten übergehen müssen. Entscheidend ist, dass im Rahmen der Neujustierungen die richtigen Kompetenzen auf die richtige Ebene übertragen werden:

> „Eine differenzierte Abfrage, was europäisch und was national geregelt werden sollte, zeigt jedoch, dass es auf bestimmten Feldern eine breite Mehrheit für einheitliche europäische Regelungen gibt, auf anderen dagegen eine klare Präferenz für nationale Lösungen. So spricht sich die überwältigende Mehrheit der deutschen Bevölkerung dafür aus, auf europäischer Ebene festzulegen, wie viele Schulden ein EU-Mitgliedsland machen darf [...]. Auch die Außen- und Sicherheitspolitik siedelt die überwältigende Mehrheit der deutschen Bürger auf europäischer Ebene an. [...] Anders ist dies bei der Festlegung von Steuern und Abgaben und der Gestaltung von Sozialleistungen. [...] Damit steht die große Mehrheit der Bürger europäischen Regelungen vor allem dort kritisch gegenüber, wo sie [...] befürchtet, durch eine Verlagerung auf die europäische Ebene als Bürger und Wähler weniger Einfluss ausüben zu können als auf nationaler Ebene."[432]

429 Thiele, Verlustdemokratie, S. 18.

430 Eppler, Die »Rechtsstaatskrise« der EU: Verderben zu viele Köche den Brei?, ZfP 2016, 406, 424.

431 Vgl. hierzu: Thiele, Verlustdemokratie, S. 17 f.

432 Bruttel, Europäische Integration und Krise in der Eurozone: Akzeptanz und Ablehnung der EU in Deutschland, Frankreich, Spanien und Großbritannien, inte-

Eine Neujustierung der Kompetenzen würde für eine Normalisierung der „atypischen (Kon-)Föderation" sorgen, wie sie von Heins kritisiert wird.[433] Ein Vergleich mit den Vereinigten Staaten von Amerika zeigt,

> „[...] wo der Schwerpunkt der Gesetzgebung namentlich im Zivilrecht bei den Bundesstaaten liegt [...], dass selbst in einem hochintegrierten, im Außenverhältnis als geschlossene Einheit agierenden Bundesstaat ein höheres Maß an innerer Gesetzesvielfalt möglich ist, als dies dem bisweilen übersteigerten Vereinheitlichungsanspruch der Union entspricht."[434]

Im Ergebnis spricht daher vieles dafür, Kompetenzen von der Europäischen Union zurück auf die Mitgliedstaaten zu übertragen. Denn das Defizit demokratischer Legitimation der Europäischen Union wird sich nicht durch eine weitere Ermächtigung von europäischen Institutionen, allen voran der des Europäischen Parlaments, lösen lassen. Diese würde lediglich zu einer weiteren Entfremdung der Bürger Europas vom europäischen Projekt führen. Ihm wird auf Dauer eher Schaden zu gefügt, wenn entgegen der Auffassung eines Großteils der Bevölkerung Kompetenzen durch eine Ebene ausgeführt werden, die von ihr als kaum demokratisch legitimiert wahrgenommen wird. Hierbei hilft es auch nicht, wenn Effizienzgesichtspunkte für eine Verlagerung von Kompetenzen auf die Europäische Union sprechen. „Demokratie ist eben manchmal – oder sogar oft – nicht effizient."[435]

Solange die Bürger Europas nicht bereit sind, einen weiteren Kompetenzverlust ihrer Nationalstaaten zu akzeptieren, wird sich durch eine weitere Verlagerung von Kompetenzen das Legitimationsdefizit der Europäischen Union verschärfen. Dabei sind die Bürger Europas nicht generell gegen eine Übertragung von Kompetenzen. Es kommt entschieden auf den zu übertragenden Regelungsbereich an. Die Rückverlagerung von Kompetenzen steht folglich keineswegs im Widerspruch zu Europa. Sie ist vielmehr eine Chance, die Identifikation der Bürger Europas mit dem europäischen Projekt neu zu beleben. Es ist

---

gration 2014, 275, 286; *so auch* Schäfer, Nach dem permissiven Konsens. Das Demokratiedefizit der Europäischen Union, Leviathan 2006, 350, 366.

433 Heins, Krisenbewältigung durch Kooperation? Die Grenzen des EU-Modells, ZPol 2016, 445, 452.

434 Hillgruber, Weniger ist mehr – Plädoyer für eine Begrenzung der Kompetenzen der EU zwecks Wiederherstellung einer föderalen Balance, S. 37.

435 Guérot, Res Publica Europaea: Europa anders, S. 225.

daher notwendig, dass Entscheidungen künftig wieder bürgernah getroffen werden. Das Subsidiaritätsprinzip bietet eine gute argumentative Ausgangslage für die Neujustierung der Kompetenzen innerhalb Europas für mehr demokratische Legitimation des europäischen Projekts.

2. Mehr Intergouvernementalismus wagen

Der Prozess der europäischen Integration wurde von zwei institutionellen Leitideen geprägt: Aufbau und Entwicklung der Europäischen Union pendelten zwischen Supranationalismus und Intergouvernementalität hin und her.[436] Für Schorkopf liegt im politischen „Dissens über Intensität und Richtung der europäischen Integration" eine der wesentlichen Ursachen der aktuellen Krise.[437] Patzelt sieht den Fortgang der europäischen Integration an einem Scheideweg angekommen, „zwischen (mehr) Supranationalität und (mehr) Intergouvernementalität. Auf beiden Wegen kann der Parlamentarismus [...] stark sein; doch es werden jeweils andere Parlamente sein, die über das ausschlaggebende Machtpotential verfügen."[438]

Der grundsätzliche Unterschied beider Modelle liegt darin, auf welcher Ebene „[...] demokratische Legitimität entstehen soll. Im Intergouvernementalismus ist die Quelle der souveräne Nationalstaat. Die Macht der europäischen Ebene ist abgeleitet von der Zusammenführung nationaler Machtmonopole. Im parlamentarischen Modell [...] liegt die Macht auf der europäischen Ebene und die Quelle der Legitimität ist das EP."[439] Die zukünftige Integrationsmethode betrifft

436 Wessels, Das politische System der Europäischen Union, S. 106; Wachendorfer-Schmidt, Politikverflechtung im vereinigten Deutschland, S. 128; *so auch* Schimmelfennig, Die Eurokrise: Testfall für Integration und Integrationstheorie, ZPol 2015, 249; vgl. zur Entwicklung der Integrationstheorien: Faber, Europäische Integration und politikwissenschaftliche Theoriebildung: Neofunktionalismus und Intergouvernementalismus in der Analyse, S. 37 ff.; Schimmelfennig, Zwischen Neo- und Postfunktionalismus: Die Integrationstheorien und die Eurokrise, PVS 2014, 394 ff.

437 Schorkopf, Krisensymptome supranationaler Leitbilder – zur Notwendigkeit intergouvernementaler Integration, ZSE 2013, 189.

438 Patzelt, Zur Lage der Parlamente in der Europäischen Union, ZSE 2014, 68, 87.

439 Weßels, Politische Repräsentation und politische Integration in der EU: Ist die Quadratur des Kreises möglich?, S. 358.

damit nicht nur die abstrakte Frage nach der demokratischen Legitimation innerhalb Europas. Sie tangiert unmittelbar die Frage nach der Position der nationalen Parlamente im Europa der verschiedenen Geschwindigkeiten. Wer auch in Zukunft starke nationale Parlamente behalten will, muss sich für den Weg des Intergouvernementalismus entscheiden.[440] Mit anderen Worten liefert das Subsidiaritätsprinzip in diesem Kontext ein Argument für mehr Intergouvernementalität und damit auch für einen europäischen Integrationsprozess im Sinne einer Europäischen Union der verschiedenen Geschwindigkeiten. Denn aufgrund der in dieser Arbeit dargestellten Überlegungen könnte eine Antwort auf die Frage „wer soll handeln?“ sein, dass es die nationalen Parlamente sind, die europäischen Legislativakten Legitimität vermitteln sollten. Jedenfalls wäre dies nur konsequent, sofern man auch in Zukunft starke nationale Parlamente behalten möchte.

Doch für welchen Weg sollte Europa sich in Zukunft entscheiden? Die Befürworter des supranationalen Ansatzes argumentieren, dass dieser gegenüber dem Intergouvernementalismus mehr Effizienz und Legitimität erreiche.[441] Der Supranationalismus ist daher ihrer Ansicht nach „die Antwort auf die abnehmende Gestaltungsfähigkeiten der Nationalstaaten.“[442] Die intergouvernementale Methode sei hingegen – wenn überhaupt – nur die zweitbeste Lösung.[443] Es verwundert nicht, dass einer der vehementesten Kritiker der intergouvernementalen Methode Habermas ist. Aus seiner Sicht drängt sich die „Transnationalisierung der Demokratie“ heute mehr denn je auf, da die Nationalstaaten sich einer Vielzahl von Problemen ausgesetzt sehen, „die aus dem Missverhältnis zwischen einer systemisch zusammengewachsenen Weltgesellschaft und der nach wie vor unveränderten Fragmentierung

440 Patzelt, Zur Lage der Parlamente in der Europäischen Union, ZSE 2014, 68, 88.

441 Axt, Das Mantra von „mehr Europa“ als Antwort auf die Krisen, ZPol 2016, 455, 463.

442 Habermas, Warum der Ausbau der Europäischen Union zu einer supranationalen Demokratie nötig und wie er möglich ist, Leviathan 2014, 524, 526; *sowohl auch Fuest*, Plädoyer für eine Stärkung der Kompetenzen der Europäischen Union, S. 49; *kritisch* Schorkopf, Methodenpluralismus in der europäischen Integration, S. 95.

443 Schorkopf, Methodenpluralismus in der europäischen Integration, S. 93; Axt, Das Mantra von „mehr Europa“ als Antwort auf die Krisen, ZPol 2016, 455, 463.

der Staatenwelt erwächst."[444] Für ihn erwächst aus dem Ausweichen in die Intergouvernementalität keine legitimationsspendende Wirkung. Vielmehr trägt es aus seiner Sicht zu einer weiteren Erosion der Legitimität der Europäischen Union bei.

Ähnlich argumentiert Hölscheidt, der nicht die intergouvernementale Zusammenarbeit kritisiert, sondern ihr Ergebnis: Durch das Ausweichen auf die intergouvernementale Ebene sei ein Komplementärrecht geschaffen worden. Da dieses nicht für alle Mitgliedstaaten gilt, bestehe eine Gefahr für die Einheit der Europäischen Union, da die intergouvernementale Methode im Ergebnis zu einer dauerhaften Rechtszersplitterung der Europäischen Union führe: „Intransperenz und Bürgerferne sind die Folgen."[445]

Nach der Auffassung Habermas hat man zwar versucht, den Mangel an Problemlösungsfähigkeit durch internationale Organisationen auszugleichen, doch würden „die beteiligten Staaten, sofern sie demokratisch verfasst sind, ein auf Intergouvernementalität begründetes Regieren mit sinkenden Legitimationsniveaus" bezahlen.[446] Damit sei die Stärkung der intergouvernementalen Methode vor allem auf das Betreiben der deutschen und der französischen Regierung zurückzuführen, mit negativen Folgen für das europäische Projekt:

> „Angela Merkel und Nicolas Sarkozy haben [...] einen vagen und gewiss auslegungsbedürftigen Kompromiss [...] geschlossen [...]. Alle Zeichen deuten darauf hin, dass beide den im Lissabon-Vertrag angelegten Exekutivföderalismus zu einer – dem Geist des Vertrages zuwiderlaufenden – intergouvernementalen Herrschaft des Europäischen Rates ausbauen möchten. [...] Dabei müssten intransparent getroffene und rechtlich formlose Vereinbarungen mithilfe von Sanktionsandrohungen und Pressionen gegenüber den entmachteten nationalen Parlamenten durchgesetzt werden. Die Regierungschefs würden auf diese Weise das Europäische Projekt in sein Gegenteil verkehren. Aus dem ersten demokratisch verrechtlichten supranationalen Gemeinwesen würde ein Arrangement zur Ausübung postdemokratisch-bürokratischer Herrschaft."[447]

444 Habermas, Warum der Ausbau der Europäischen Union zu einer supranationalen Demokratie nötig und wie er möglich ist, Leviathan 2014, 524.

445 Hölscheidt, Intergouvernementale Zusammenarbeit in der Krise – Garant oder Gefahr für die Einheit der Union – aus der Sicht des Bundestages, S. 61.

446 Habermas, Zur Verfassung Europas: Ein Essay, S. 50.

447 Habermas, Zur Verfassung Europas: Ein Essay, S. 81.

Auch Schorkopf erkennt in der intergouvernementalen Bewältigung der Euro- und Staatsschuldenkrise eine Ursache der politischen Desintegration der Europäischen Union:

> „Die bilaterale Rettung Griechenlands setzte die politischen Integrationsmechanismen außer Kraft, sodass statt der Kommission mit ihrem technokratischen, aber überstaatlichen Habitus nun etwa der Bundesfinanzminister gegenüber dem griechischem Parlament, der Regierung oder direkt von den hellenischen Unionsbürgern ein bestimmtes Verhalten einfordert.“[448]

Schorkopf gelangt jedoch zu einer gänzlich anderen Schlussfolgerung wie Habermas. Richtigerweise konstatiert er, dass das Ziel der Integration nicht die Verwirklichung eines europäischen Staates, eines Vereinigten Staaten von Europa, war und ist, sondern den Nationalstaaten „den Weg zu Frieden, Freiheit und Wohlergehen im gemeinsamen politischen Raum Europa zu ebnen“. Dies erklärt, weshalb die Nationalstaaten bereit gewesen sind, den europäischen Integrationsprozess voranzutreiben.[449] Mit seinem Erfolg sei die Gemeinschaftsmethode jedoch mittlerweile an seine Leistungsgrenzen gestoßen und die Europäischen Union keine supranationale Demokratie: „Die Europäische Union ist weiterhin kein politischer Primärraum wie die Mitgliedstaaten es waren und weiterhin sind.“[450]

Habermas Argumentation, dass die angestrebte Intergouvernementalität ein demokratisches Defizit bedeute, greift zu kurz. Die bloße Existenz der Kontroverse über die demokratische Legitimation der Gemeinschaft – oder vielmehr ihr Fehlen – ist schon Beleg dafür, dass es um ihre Legitimation nicht gut bestellt ist. Außerdem unterstellt er, dass im Zuge eines „Exekutivföderalismus“ das Projekt Europa „in sein Gegenteil“ verkehrt würde. Dabei war und ist der Intergouvernementalismus ein wesentlicher Teil des *modus operandi* der europäischen Gemeinschaft und damit des europäischen Projekts selbst. Darüber hinaus führt ein intergouvernementaler Ansatz auch nicht zu einer Ab-

448 Schorkopf, Europas politische Verfasstheit im Lichte des Fiskalvertrages, ZSE 2012, 1, 20 f.

449 Schorkopf, Krisensymptome supranationaler Leitbilder – zur Notwendigkeit intergouvernementaler Integration, ZSE 2013, 189, 210.

450 Schorkopf, Methodenpluralismus in der europäischen Integration, S. 114.

senkung des demokratischen Legitimationsniveaus in Europa. Auf diesen Umstand hat Bundeskanzlerin Merkel deutlich hingewiesen:

> „Manchmal erscheint es mir so, als ob sich die Vertreter im Europäischen Parlament und in der Europäischen Kommission als die einzig wahren Verteidiger der Gemeinschaftsmethode verstehen. Sie sehen sich manchmal im Widerspruch zu den Anhängern der sogenannten intergouvernementalen Methode, also der rein zwischenstaatlichen Methode der Zusammenarbeit [...] Der Rat ist Teil der europäischen Gesetzgebung und besteht aus den Vertretern der Mitgliedstaaten [...] Die Mitgliedstaaten sind konstitutive Teile der Europäischen Union und nicht ihre Kontrahenten. [...] Eine Lösung ist ja nicht automatisch und allein dadurch besser, dass sie durch EU-Organe herbeigeführt oder ausgeführt wird."[451]

Lakonisch formuliert könnte man sagen, dass es egal ist, ob eine Katze rot oder schwarz ist – solange sie Mäuse fängt. Ob Entscheidungen durch das Europäische Parlament oder durch den Rat getroffen werden, ist letztlich irrelevant, solange der Entscheidungsprozess effektiv und die Legislative demokratisch legitimiert ist. Intergouvernementalismus steht folglich keineswegs im Widerspruch zur demokratischen Legitimität des europäischen Projekts.

Entscheidender ist jedoch, dass das Europäische Parlament nicht geeignet ist, als Repräsentationsorgan zu fungieren.[452] Zu diesem Schluss gelangt auch das BVerfG: „Gemessen an verfassungsstaatlichen Erfordernissen fehlt es der Europäischen Union [...] an einem [...] politischen Entscheidungsorgan mit der Fähigkeit zur einheitlichen Repräsentation des Volkswillens. [...] Das Europäische Parlament ist [...] kein Repräsentationsorgan eines souveränen europäischen Volkes."[453] Aus der Sicht des BVerfG bildet nicht das Europäische Parlament, sondern der Rat das wichtigste Element der europäischen Demokratie. Seine Kontrolle wiederum erfolgt durch die nationalen Parlamente der Mitgliedstaaten, die im Rat verteten sind.[454] Wendel konstatiert folgerichtig, dass es keiner staatsanalogen Ausgestaltung des

451 Axt, Das Mantra von „mehr Europa" als Antwort auf die Krisen, ZPol 2016, 455, 463.

452 Schorkopf, supranationaler Leitbilder – zur Notwendigkeit intergouvernementaler Integration, ZSE 2013, 189, 209.

453 BVerfGE 123, 267 (280).

454 Groß, Die Legitimation der polyzentralen EU-Verwaltung, S. 86.

europäischen Institutionensystems bedürfe.[455] Die Legitimationskette europäischer Entscheidungen verläuft über die Mitgliedstaaten und damit über die nationalen Parlamente.[456] Es sind die Mitgliedstaaten, die den volldemokratischen und originären Ausgangspunkt demokratischer Legitimation bilden:

> „Dieser Logik zufolge ist eine supranationale Union – jedenfalls solange ihre Mitgliedstaaten noch Staaten sind – umso demokratischer, je stärker der Zugriff der Mitgliedstaaten auf die Entscheidungsergebnisse auf supranationaler Ebene ist. Folgerichtig lesen sich eine Passagen des deutschen Lissabon-Urteils auch gleichsam wie ein Plädoyer für den Intergouvernementalismus [...].“[457]

Daher geht auch die Auffassung Hölscheidts fehl in der Annahme, dass der Intergouvernementalismus zu Intransperenz und Bürgerferne führe. Im Gegenteil: Durch die Rückanbindung von Entscheidungen, die auf europäischer Ebene von den Staats- und Regierungschefs getroffen werden, fallen die Entscheidungen bürgernäher aus als dies im supranationalen Modus möglich ist, da die Wirkungsverantwortung für den Bürger wieder deutlich erkennbar hervortritt.

Der Intergouvernementalismus ist also nicht die zweitbeste Lösung. Er ist die einzige, dauerhaft tragfähige Lösung, die defizitäre demokratische Verfasstheit Europas zu beseitigen. Dies gilt zumindest solange, wie das Europäische Parlament nicht als Repräsentationsorgan von den Bürgern Europas akzeptiert wird. Es gibt eine Reihe von Anzeichen dafür, dass dies auf absehbare Zeit auch nicht geschehen wird. Die Europäische Union wird ein föderales Gebilde bleiben, ein „Europa der Vaterländer“ und nicht eine „Nation Europa“.[458] Jeder Versuch ein zunehmend zentralisiertes, supranationales Europa auf Kosten seiner Mitgliedstaaten und ihrer nationalen Parlamente zu verwirklichen, wird der Europäischen Union auf Dauer mehr Schaden als Nutzen bringen. Einer solchen Lösung bedarf es nicht. Europa wäre ohne intergouvernementale Prozesse heute nicht dort, wo es steht. Im Zuge

455 Wendel, Permeabilität im europäischen Verfassungsrecht, S. 349.

456 Kielmansegg, Integrationsziel Politische Union: Überlegungen zu einem uneindeutigen Schlüsselbegriff, ZSE 2014, 18, 37.

457 Wendel, Permeabilität im europäischen Verfassungsrecht, S. 349.

458 Kielmansegg, Integrationsziel Politische Union: Überlegungen zu einem uneindeutigen Schlüsselbegriff, ZSE 2014, 18, 35; Grimm, Europa ja – aber welches?, S. 23; Rovan, Europa der Vaterländer oder Nation Europa?, S. 55;

der Euro- und Staatsschuldenkrise hat sich die intergouvernementale Methode zudem als wirksamer *modus operandi* bewiesen. Durch diese Krise hat die europäische Politik eine verstärkte Intergouvernementalisierung erfahren, in der die nationalen Parlamente „in der Euro-Krisenpolitik nolens volens eine große politische Verantwortung für die gesamte EU und den Euro" übernommen haben.[459]

Bedenkt man wie weit Europa seit dem Ende des zweiten Weltkriegs gekommen ist, besteht kein Grund für Zweifel, dass sich der intergouvernementale Weg bewährt hat. Intergouvernementalismus bedeutet nicht weniger Europa, sondern ein demokratisch legitimierteres Europa. Europa sollte daher in dieser Krisenzeit mehr Zuversicht zu sich selbst haben und wieder bewusst mehr Intergouvernementalismus wagen.

III. Zusammenfassung

Über die demokratische Legitimation Europas und die Frage nach seiner Finalität wurde bereits in letzten Jahrzehnten viel geschrieben, aber der Grad der europäischen Integration hat nun einen Punkt erreicht, an dem diese Frage nicht weiter aufgeschoben werden kann. Spätestens die Verwerfungen an den Finanzmärkten und die drohenden Staatsbankrotte mehrerer Euroländer haben offenbart, wie weitgehend die Integration Europas vorangeschritten ist. Gleichzeitig erleben europakritische und nationalistische Parteien großen Zuspruch. Hinzu kommt, dass mit Großbritannien einer der bedeutensten Mitgliedstaaten die Union verlassen wird. Es lässt sich nicht leugnen: Europa ist bei den Menschen nicht *en vogue*. Brüssel ist für die meisten Bürger Europas viel weiter entfernt, als dies Berlin, Paris oder London sind; die Entscheidungsfindungen in Brüssel fallen nicht bürgernah aus. Dieses Problem wird sich auch nicht durch eine weitreichende Ermächtigung des Europäischen Parlaments beheben lassen.

459 Hüttmann/Knodt, in: Das Ende der Demokratie in Europa? Intergouvernementalismus, Euro-Krisenpolitik und »Mehrebenenparlamentarismus« in der EU, S. 144; vgl. hierzu: Schorkopf, Methodenpluralismus in der europäischen Integration, S. 111.

Ein Europa, im Sinne einer europäischen Föderation, wird auf absehbare Zeit eine Illusion bleiben. Sich dies einzugestehen und auf dieser Überzeugung aufzubauen, wäre ein erster wichtiger Schritt, das Legitimationsdefizit Europas zu überwinden. Dies ist jedoch kein Grund am europäischen Projekt selbst zu zweifeln. *Ein* Europa, im Sinne eines europäischen Staatenbundes, wie er bereits heute Realität ist, entspricht dem Willen der Mehrheit der europäischen Bevölkerung.

Die Rückverlagerung beziehungsweise Neujustierung von Kompetenzen und ein verstärkt intergouvernementaler Ansatz führen dazu, dass Entscheidungen in Zukunft wieder bürgernaher ausfallen. Mit anderen Worten erlauben sie eine deutlich größere demokratische Rückanbindung von Entscheidungen auf europäischer Ebene. Dies bedeutet jedoch keinen Kahlschlag oder gar eine Rückabwicklung Europas. Es geht um eine sinnvolle Verteilung der Kompetenzen. Eine solche Verteilung entspricht eindeutig dem Gedanken des Subsidiaritätsprinzips, wie er in den Vertägen festgehalten ist.

Aufgrund der hier dargestellten Überlegungen könnte die Rückverlagerung von Kompetenzen und mehr Intergouvernementalität dazu führen, dass sich die Integration Europas zukünftig in verschiedenen Geschwindigkeiten vollziehen wird. Dies wäre jedoch kein Novum in der europäischen Integrationsgeschichte, sondern bereits seit vielen Jahren gelebte Praxis.[460]

Für die nationalen Parlamente würde die Rückverlagerung von Kompetenzen und ein stärker intergouvernementales Vorgehen wieder mehr Einfluss, aber auch Verantwortung bedeuten. Eine klare Abgrenzung der Zuständigkeiten und der Entscheidungsverfahren nimmt ihnen die Möglichkeit „über die europäische Bande"[461] zu spielen. Auf dieser Weise tritt für den Bürger die Wirkungsverantwortung gesetzgeberischen Handelns wieder deutlicher hervor und daraus resultiert ein Mehr an demokratischer Legitimation in Europa selbst.

460 Patzelt, Zur Lage der Parlamente in der Europäischen Union, ZSE 2014, 68, 91.

461 Papier, Bevormundung oder Bürgerfreiheit? Die Belebung des Subsidiaritätsprinzips, S. 24.

E. Conclusio

Die europäische Gemeinschaft befindet sich in einer schweren Phase. Im Zuge der Euro- und Staatsschuldenkrise, des Brexits und der wachsenden Gefahr durch europafeindliche Parteien ist die Erosion des europäischen Projekts deutlich zu erkennen. Vor allem leidet Europa jedoch an einem demokratischen Legitimationsdefizit. Mit der Einführung der neuen Subsidiaritätskontrolle im Rahmen des Vertrags von Lissabon hat die Gemeinschaft versucht, das Legitimationsniveau durch eine umfassendere Einbindung der nationalen Parlamente anzuheben.

Auf den ersten Blick erscheint das Subsidiaritätsprinzip als eine elegante Lösung, die Legitimierung europäischer Legislativakte zu verbessern. Seine beiden Prüfungskriterien bieten eine scheinbar einfache Differenzierung, in welchen Fällen die nationalen Parlamente und nicht die Europäischen Union selbst gesetzgeberisch tätig werden sollte. Ebenso lassen die neuen Instrumente zur Subsisidaritätskontrolle auf den ersten Blick vermuten, dass die nationalen Parlamente diese umfangreich anwenden können und damit besser als zuvor in den europäischen Gesetzgebungsprozess eingebunden werden.

In der Praxis zeigen sich jedoch große Probleme bei der Verwirklichung der Ziele, die mit der Einführung des neuen Subsidiaritätsprotokolls verbunden waren. Acht Jahre nach Inkrafttreten des Vertrags von Lissabon und der Einführung des neuen Subsidiaritätsprotokolls muss man konstatieren, dass sich die hiermit verbundenen Erwartungen nicht erfüllt haben. Kurzum: Die Bilanz fällt enttäuschend aus. Es sind keine Hinweise auf eine qualitative Steigerung der demokratischen Legitimation der Gemeinschaftsgesetzgebung durch das neue Subsidiaritätskontrollregime zu erkennen. Weder haben die neuen Kontrollinstrumente dazu beigetragen, die nationalen Parlamente zu *spezifisch europäischen* Parlamenten zu transformieren, noch haben nationale Wahlen einen Impuls für eine „gemeineuropäische Legitimationsleistung" gegeben.[462] Vielmehr haben nationale Wahlen und Volksabstimmungen einen Impuls gegen eine weitere Integration der europäischen Gemeinschaft gesendet.

Gleichwohl es einige Beispiele gibt, in denen die neuen Instrumente der Subsidiaritätskontrolle zur Anwendung kamen, kann dies nicht darüber hinwegtäuschen, wie verhalten die bisherige Nutzung der neuen Kontrollinstrumente durch die nationalen Parlamente ausgefallen ist. Nicht nur ist die Anzahl der begründeten Stellungnahmen vergleichsweise gering; zu häufig sind es dieselben nationalen Parlamente, die sich der neuen Instrumente bedienen, während andere nur ein geringes Interesse bekunden oder aber schlichtweg nicht über die Kapazitäten verfügen, eine nachhaltige Subsidiaritätskontrolle zu gewährleisten. Dass es den nationalen Parlamenten erst dreimal gelungen ist, das Verfahren nach Art. 7 Abs. 2 SP zu initiieren, ist ein deutlicher Beleg für die sparsame Anwendung der neuen Instrumente.

Sicherlich ist dabei zu berücksichtigen, dass das neue Subsidiaritätskontrollregime zu einer Zeit eingeführt wurde, in der es ohnehin nicht gut um die Legitimität des europäischen Projekts bestellt war und ist: Die Euro- und Staatsschuldenkrise, der Brexit und das Erstarken europafeindlicher Parteien sind nicht geeignet, das Vertrauen in die Europäischen Union zu stärken. Dies hat es nicht leichter gemacht, dass sich die in das Subsidiaritätsprinzip gesetzten Erwartungen erfüllen.

Doch nicht nur äußere Umstände tragen Verantwortung an diesem Ergebnis. Es sind die neuen Instrumente der Subsidiaritätskontrolle, wie sie der Vertrag von Lissabon vorsieht, selbst, die in ihrer jetzigen Form nicht geeignet sind, die in sie gesetzten Erwartungen zu erfüllen. Es fehlt ihnen an Durchschlagskraft und Effizienz. Entweder haben die Instrumente keine spürbaren Auswirkungen, wie etwa im Fall einer einfachen begründeten Stellungnahme, oder die zu erfüllen Voraussetzung liegen außerhalb dessen, was für die nationalen Parlamente mit einem vertretbaren Arbeitsaufwand zu erreichen ist, wie beispielweise das Einleiten des Verfahrens nach Art. 7 Abs. 2 SP. Hinzu kommt, dass diese Verfahrensschritte keine zwingenden Konsequen-

462 Kotzur, Wir haben die Wahl: Überlegungen zu einem demokratischen „Europa der Bürger", Wirtschaftsdienst 2014, 239, 243.

zen nach sich ziehen. Die einzige Hoffnung, die den nationalen Parlamenten bleibt, ist im Einzelfall genug politischen Druck aufbauen zu können, Gesetzesvorhaben wegen eines Verstoßes gegen das Subsidiaritätsprinzip zu Fall zu bringen. Ihre Chancen hierfür stehen denkbar ungünstig, zumal sie dies in keiner Konstellation aus eigener Kraft erreichen können. Erinnert sei daran, dass selbst im Falle einer Ablehnung eines Gesetzvorschlags durch *alle* Stimmen der nationalen Parlamente, ein Vorschlag nicht zu Fall zu bringen ist. Diese Form der Subsidiaritätskontrolle ist jedenfalls nicht dazu angetan, die nationalen Parlamente zu *spezifisch europäischen* Parlamenten zu transformieren und eine gemeineuropäische Legitimationsleistung zu erbringen.

Dagegen spricht ebenfalls, dass die Logik der Subsidiaritätskontrolle in ihrer aktuellen Gestalt keinen Raum für eine intensive parlamentsinterne Debatte auf mitgliedstaatlicher Ebene lässt. Denn im Regelfall sind die Parlamentsminderheiten von der Möglichkeit abgeschnitten, gegen Subsidiaritätsverletzungen vorzugehen. Doch selbst wenn sich eine Mehrheit in den nationalen Parlamenten finden lässt, so ist der zusätzliche Aufwand letzten Endes groß und ohne konkrete Aussichten auf Erfolg. Dies liegt nicht zuletzt an der schwierig zu erbringenden Koordinationsleistung zwischen den nationalen Parlamenten selbst, die noch dazu innerhalb einer sehr kurzen Zeitspanne erfolgen muss. Es muss daher konstatiert werden, dass es bisher dem Zufall geschuldet gewesen ist, dass es den Parlamenten in Vergangenheit gelungen ist, ein koordiniertes Vorgehen zustande zu bringen, um das Verfahren nach Art. 7 Abs. 2 SP auszulösen und der Kommission die gelbe Karte zu zeigen.

Auch der Einsatz der vermeintlich schärfsten Waffe im Arsenal des Subsidiaritätsprotokolls stellt sich bisher als ein rein theoretischer Anwendungsfall da. Hierfür gibt es zwei Gründe: Einerseits sind die Hürden des Subsidiaritätsprotokolls für die Erhebung einer Subsidiaritätsklage nach Art. 7 Abs. 3 SP hoch. Ein Vergleich mit den bisher erreichten Quoren für das Verfahren nach Art. 7 Abs. 2 SP zeigt, dass das Erreichen des notwendigen Quorums für die Erhebung einer roten Karte nahezu utopisch ist. Entscheidend ist jedoch, dass die nationalen Parlamente kaum Hoffnung haben dürften, eine umfassende richterliche Überprüfung von Gesetzesvorschlägen auf Verstöße gegen das Subsidiaritätsprinzip vor dem EuGH zu erlangen. Einen anderen Schluss lässt die bisherige Rechtsprechung des EuGH kaum zu: In seinen Urteilen hat sich der Gerichtshof in aller Regel nur oberflächlich mit einer Subsidiaritätsüberprüfung befasst und kaum Schritte unternommen, einen eigenen *modus operandi* hierfür zu entwickeln. Vor dem Hintergrund, dass der EuGH als Motor der Integration gilt, überrascht seine bisherige Rechtsprechung nicht. Ein Vergleich mit der Judikatur des BVerfG belegt, dass es möglich ist, einen operationalen Maßstab für die Überprüfung des Subsidiaritätsprinzips zu entwicklen. Eine umfassendere Auseinandersetzung mit dem Subsidiaritätsprinzip mag zwar in manchem Fall im Widerspruch zu seiner integrationsorientierten Rechtsprechung zu stehen, sie könnte jedoch langfristig helfen, der Subsidiaritätskontrolle zu mehr Durchschlagskraft und in letzter Konsequenz zu mehr demokratischer Legitimation der Europäischen Union selbst zu verhelfen. Ansonsten droht die Subsidiaritätsklage ein rein theoretischer Anwendungsfall zu bleiben, der für die nationalen Parlamente de facto bedeutungslos ist. Angesichts der Tendenzen einer Union, die ernsthafte Zerfallssymptome zeigt, wäre es sicherlich kein Zeichen der Schwäche, wenn der oberste Spruchkörper der Europäischen Union, dem Unionsgesetzgeber Grenzen für weitere (mutmaßliche) Kompetenzausdehnungen aufzeigt. Dies setzt nicht einmal notwendigerweise voraus, dass es einen konkreten Verstoß gegen das Subsidiaritätsprinzip feststellt. Bereits die Forderung nach einer substantiieren Begründung von Gesetzesvorhaben mit dem Subsidiaritätsprinzip würde hier einen wichtigen Beitrag leisten.

Ist damit im Ergebnis eines der wesentlichen Ziele des Vertrags von Lissabon, die stärkere Einbindung der nationalen Parlamente in den europäischen Gesetzgebungsprozess und damit die Hoffnung auf ein Mehr an demokratischer Legitimation innerhalb der Union, verfehlt worden? Auf den ersten Blick lässt die bisherige Bilanz der Subsidiaritätskontrolle seit dem Inkrafttreten des Vertrags von Lissabon keinen anderen Schluss zu. Die vorausgesetzten Verfahren sind ineffektiv und zeitaufwändig, sodass sie den hohen Erwartungen nicht gerecht werden können.

Dennoch ist das neue Subsidiaritätskontrollregime nicht als gänzlich gescheitert anzusehen. Denn obwohl die neuen Kontrollinstrumente bisher kaum zur Anwendung gekommen sind, gibt es ein großes, messbares Interesse einer Vielzahl nationalstaatlicher Parlamente für das Subsidiaritätsprinzip und seine Kontrolle. In bemerkenswerter Regelmäßigkeit wird das Subsidiaritätsprinzip in den Mittelpunkt der Diskussionen der COSAC gestellt. Darüber hinaus belegt die gesteigerte Sensibilität der Kommission für dieses Thema, wie ernst das Thema Subsidiarität mittlerweile auf der europäischen Ebene genommen wird. Außerdem haben sowohl Monti II als auch EPPO bewiesen, dass grundsätzlich ein koordiniertes Vorgehen der nationalen Parlamente im Rahmen des Subsidiaritätsprotokolls wirksam sein kann. Das Subsidiaritätsprinzip und seine Kontrolle besitzen das Potential, einen wichtigen Beitrag für die demokratische Legitimation europäischer Gesetzgebung zu leisten.

Um dieses Potential abzurufen, bedarf es jedoch der dargestellten Reformen der Subsidiaritätskontrolle. Anderenfalls können die nationalen Parlamente ihrer Aufgabe als „Wächter der Subsidiarität“ nicht gerecht werden. Es muss daher dafür gesorgt werden, dass die Anwendung der Kontrollinstrumente einen größeren Anreiz als bisher bietet. Entscheidend hierfür wird sein, dass die nationalen Parlamente eine verbesserte Vernetzung erfahren und dass die Verfahren, die das Subsidiaritätsprotokoll vorsieht, größere Durchschlagskraft erhalten. Die nationalen Parlamente müssen zukünftig in der Lage sein, Gesetzvorhaben der Europäischen UnionEU aus eigener Kraft zu Fall zu bringen. Denn noch binden die Kontrollinstrumente und -mechanismen in ihrer jetzigen Form zu viele Ressourcen und verheißen wenig Erfolg. Daher müssen einerseits die Operabilität der Subsidiaritätskontrolle verbessert und andererseits ihre möglichen Auswirkungen umfassender werden. Mit anderen Worten: Es wird Zeit, das ganze Potential des Subsidiaritätsprinzips abzurufen. Gelingt dies, so kann das Subsidiaritätsprinzip einen nachhaltigen Beitrag für ein Mehr an demokratischer Legitimation in Europa leisten.

Neben der Novellierung der Kontrollinstrumente als solche ist es notwendig, dass diese sich zukünftig nicht ausschließlich auf das Subsidiaritätsprinzip, sondern ebenso auf das Verhältnismäßigkeitsprinzip beziehen. Während das Subsidiaritätsprinzip deutlich politischer Natur ist, besitzt das Verhältnismäßigkeitsprinzip einen juristischen Charakter. Die Ausdehnung der Kontrollinstrumente auf das Verhältnismäßigkeitsprinzip ist wichtig, da den nationalen Parlamenten so zukünftig eine differenzierte Überprüfung von Gesetzesvorhaben möglich ist.

Eine solche Differenzierung kommt nicht nur den nationalen Parlamenten selbst, sondern auch der Kommission entgegen: Sie ermöglicht den nationalstaatlichen Parlamenten auf zweierlei argumentativer Ebene gegen Kompetenzüberschreitungen durch die EU vorzugehen. Sie können politisch argumentieren, dass bestimmte Maßnahmen ausreichend durch sie selbst oder zumindest nicht besser durch die Union insgesamt erreicht werden können. Scheitern sie mit dieser Argumentation, können sie auf der Ebene der Verhältnismäßigkeit juristisch feststellen lassen, ob eine Maßnahme auch unter Berücksichtigung anderer nationaler Interessen angemessen ist. Es stünde den nationalen Parlamenten damit die Möglichkeit zu, sich differenziert zu Vorschlägen der Kommission zu äußern und gegebenenfalls nicht einen ganzen Vorschlag wegen eines Verstoßes gegen das Subsidiaritätsprinzip zu verurteilen, sondern nur Teilaspekte, die das Verhältnismäßigkeitsprinzip berühren.

Wie der Ausblick auf das zukünftige Procedere zeigt, wird das Legitimationsdefizit der Europäischen Union jedoch nicht nur durch eine Anpassung der Subsidiaritätskontrolle zu überwinden sein. Die Europäischen Union ist an einem Punkt angelagt, an dem der Fortgang der Integration nicht mehr ohne eine Antwort auf das Ziel und die Finalität des europäischen Projekts auskommt: Soll Europa mehr Kompetenzen erhalten oder bedarf es einer Neujustierung der Kompetenzen zugunsten der Mitgliedstaaten? Soll Europa verstärkt auf die supranationale Integrationsmethode setzen und *einen* europäischen Superstaat anstreben mit dem Europäischen Parlament als Dreh- und Angelpunkt parlamentarischer Auseinandersetzung oder liegt in der intergouvernementalen Methode die Antwort auf das Legitimationsdefizit?

Im Kontext der Euro- und Staatsschuldenkrise liefert das Subsidiaritätsprinzip ein wichtiges Argument für die Neujustierung der Kompetenzverteilung in Europa. Politische Identität und demokratische Legitimation lassen sich nicht trennen. Ein Kerngedanke des Subsidiaritätsprinzips besteht darin, Entscheidungen stärker zu legitimieren, indem diese näher am Bürger getroffen werden. Eine weitere Verlagerung von Kompetenzen auf die Europäische Union widerspricht dieser

Idee und wird von einer Mehrheit der europäischen Bürger abgelehnt. Dies gilt auch für eine umfassende Ermächtigung des Europäischen Parlaments. Dieses wird als Repräsentationsorgan nicht anerkannt und akzeptiert. Eine Neujustierung der Kompetenzen kann daher einen wichtigen Beitrag für mehr Demokratie innerhalb Europas leisten.

Das Versprechen Europas liegt in der Gewährleistung einer dauerhaften europäischen Friedensordnung und der Sicherung des wirtschaftlichen Wohlstands seiner Bürger begründet. Die Geschichte hat gezeigt, dass die politische und wirtschaftliche Integration seiner Mitgliedstaaten hierfür notwendig und richtig gewesen ist. Eine Staatswerdung Europas, vergleichbar der der Vereinigten Staaten von Amerika, gehört jedoch nicht zu diesem Versprechen. Diese ist auch nicht notwendig für den Erfolg der Europäischen Union. Gleichwohl ist es wichtig, dass Europa sich dieser Tatsache endlich bewusst wird und eine entsprechende Antwort auf die Frage nach seiner Finalität gibt. Eine weitere Verlagerung von Kompetenzen auf die Europäische Union wird nicht dazu beitragen, das Legitimationsdefizit zu beseitigen.

Die Ablehnung weiterer Kompetenzverlagerungen auf die Europäische Union darf jedoch nicht mit einer grundsätzlichen Ablehnung des europäischen Projekts verwechselt werden. Genauso wenig wie die Neujustierung von Kompetenzen ausschließlich die Rückverlagerung sämtlicher Kompetenzen einschließt, bedeutet mehr Europa nicht unbedingt *mehr* Europa. Die Integration um der Integration willen ist eine Sackgasse und letztlich die falsche Antwort auf das europäische Legitimationsdefizit.

Dies gilt ebenfalls für den *modus operandi* in dem Entscheidungen auf europäischer Ebene getroffen werden. Angesichts dessen, dass die Bürger Europas die Notwendigkeit eines gemeinsamen Vorgehens erkannt haben, aber eine Staatswerdung Europas im Sinne einer supranationalen Föderation ablehnen, ist die Konzentration auf die intergouvernementale Methode ein weiteres wichtiges Puzzlestück der Antwort auf das Legitimationsdefizit Europas. Europa sollte angesichts seiner Geschichte Vertrauen in diese Methode haben, denn sie hat die Integration der europäischen Gemeinschaft von Anfang geprägt. Durch die demokratische Rückanbindung der Mitglieder des Rats in den nationalstaatlichen Parlamenten ist sie geeigneter als der supranationale Ansatz, das Legitimationsniveau Europas anzuheben. Für die Position der nationalen Parlamente bedeutet dies einen größeren Einfluss auf die Gestaltung und den Ausbau der europäischen Gemeinschaft. Außerdem werden die nationalen Parlamente zukünftig mehr Verantwortung für das Schicksal des europäischen Projekts tragen müssen.

Diese Arbeit hat gezeigt, dass die verstärkte Einbindung der nationalen Parlamente in den europäischen Gesetzgebungsprozess der richtige Weg ist, um die demokratische Legitimierung des europäischen Projekts nachhaltig zu verbessern und somit eines der zentralen Anliegen des Vertrags von Lissabon zu erfüllen.

Literaturverzeichnis

Altmaier, Peter, Die Subsidiaritätskontrolle der nationalen Parlamente nach dem Subsidiaritätsprotokoll zum EU-Verfassungsvertrag, in: Freiheit, Sicherheit und Recht: Festschrift für Jürgen Meyer zum 70. Geburtstag, Derra, Hans-Jörg (Hrsg.), Baden-Baden 2006, S. 301–323.

Auel, Katrin/Rozenberg, Olivier/Tacea, Angela, Fighting Back? And, If So, How? Measuring Parliamentary Strength and Activity in EU Affairs, in: The Palgrave Handbook of National Parliaments and the European Union, Hefftler, Claudia/ Neuhold, Christine/Rozenberg, Olivier/Smith, Julie (Hrsg.), Basingstoke 2015, S. 60–93.

Axt, Heinz-Jürgen, Das Mantra von „mehr Europa" als Antwort auf die Krisen, ZPol 2016, S. 455–467.

Bartl, Marija, The way we do europe: subsidiarity and the substantive democratic deficit, ELJ 2015, S. 23–43.

Becker, Peter, Die Subsidiaritätsprüfung in Bundestag und Bundesrat – ein rechtliches oder ein politisches Instrument?, ZPol 2013, S. 5–37.

Becker, Beschäftigungs- und Sozialpolitik, in: Jahrbuch der Europäischen Integration 2016, Weidenfeld, Werner/Wessels, Wolfgang (Hrsg.), Baden-Baden 2016, S. 213–218.

Bickenbach, Christian, Das Subsidiaritätsprinzip in Art. 5 EUV und seine Kontrolle, EuR 2013, S. 523–548.

Bieling, Hans-Jürgen/Hüttmann, Martin, Zur Einführung: Staatlichkeit der Europäischen Union in Zeiten der Finanzkrise, in: Europäische Staatlichkeit: Zwischen Krise und Integration, Bieling, Hans-Jürgen/Hüttmann, Martin (Hrsg.), Wiesbaden 2016, S. 11–30.

Borchardt, Klaus-Dieter, Die rechtlichen Grundlagen der Europäischen Union, 4. Aufl., Wien 2010.

Böttger, Ulrich, Ansätze für eine ökonomische Analyse des Subsidiaritätsprinzips des EG Art. 5 Abs. 2, Berlin 2004.

Bruttel, Oliver, Europäische Integration und Krise in der Eurozone: Akzeptanz und Ablehnung der EU in Deutschland, Frankreich, Spanien und Großbritannien, integration 2014, S. 275–290.

Buschmann, Marco/Daiber, Birgit, Subsidiaritätsrüge und Grundsatz der begrenzten Einzelermächtigung, DÖV 2011, S. 504–509.

Buzogány, Aron/Stuchlik, Andrej, Subsidiarität und Mitsprache. Nationale Parlamente nach Lissabon, ZParl 2012, S. 340–361.

Bußjäger, Peter, Frühlingserwachen? Über die aufkeimende Liebe der Regionalen und nationalen Parlamente an der Mitwirkung in der Europäischen Union, in: Jahrbuch des Föderalismus 2009, Förster, Horst/Hüttmann, Martin/Harvie, Christopher/Hrbek, Rudolf/Nettesheim, Martin/Remmert, Barbara/Schmid, Josef/Vitzthum, Wolfgang/Walz, Uwe/Wehling, Hans-Georg (Hrsg.), Baden-Baden 2009, S. 503–513.

Callies, Christian, Die neue Europäische Union nach dem Vertrag von Lissabon, Tübingen 2010.

Callies, Christian, Subsidiaritäts- und Solidaritätsprinzip in der Europäischen Union, 2. Aufl., Baden-Baden 2002.

Callies, Christian, Subsidiaritätskontrolle durch Bundestag, Bundesrat und Landesparlamente, in: Parlamente und Verwaltung sowie ihre gerichtliche Kontrolle, Kluth, Winfried/Krings, Günter (Hrsg.), Heidelberg 2014, S. 563–586.

Callies, Christian/Ruffert, Matthias (Hrsg.), EUV/AEUV Kommentar, 4. Aufl., München 2011 [zitiert: *Bearbeiter*, in: Callies/Ruffert, EUV/AEUV].

Carozza, Paolo, Subsidiarity as a Structural Principle of International Human Rights Law, AJIL 2003, S. 38–79.

Cerutti, Furio, Warum sind in der Europäischen Union politische Identität und Legitimität wichtig?, in: Europäische Identität als Projekt, Meyer, Thomas/Eisenberg, Johanna (Hrsg.), Wiesbaden 2009, S. 249–265.

Cooper, Ian, A yellow card for the striker: national parliaments and the defeat of EU legislation on the right to strike, JEPP 2015, S. 1406–1425.

Cooper, Ian, The Watchdogs of Subsidiarity: National Parliaments and the Logic of Arguing in the EU, JCMS 2006, S. 281–304.

Cornell, Anna, Similar but different – Comparing the Scrutiny of the Principle of Subsidiarity within the EWM in Denmark, Finland and Sweden, in: National and Regional Parliaments in the EU-Legislative Procedure Post-Lisbon, Cornell, Anna/Goldoni, Marco (Hrsg.), Oxford 2017, S. 201–224.

Craig, Paul, Subsidiarity: A political and Legal Analysis, JCMS 2012, S. 72–87.

Cygan, Adam, COSAC: Birth, Evolution, Failures and Perspective, in: Interparliamentary cooperation in the composite european constitution, Lupo, Nicola/Fasone, Christina (Hrsg.), Oxford 2016, S. 207–226.

D'Atena, Antonio, Die Subsidiarität: Werte und Regeln, in: Verfassung im Diskurs der Welt: Liber Amicorum für Peter Häberle, Blankenagel, Alexaner/Pernice, Ingolf/Schulze-Fielitz, Helmut (Hrsg.), Tübingen 2004, S. 327–336.

Davies, Gareth Legislative control of the European Court of Justice, CMLR 2014, S. 63–84.

Davies, Gareth, The European Union legislature as an agent of the European Court of Justice, JCMS 2016, S. 846–861.

Davies, Gareth, Subsidiarity: The wrong idea, in the wrong place, at the wrong time, CMLR 2006, S. 63–84.

De Baere, Geert, Constitutional principles of EU external relations, Oxford 2008.

Di Fabio, Udo, Eine europäische Charta: Auf dem Weg zur Unionsverfassung, JZ 2000, S. 737–743.

Di Fabio, Udo, Europa am Wendepunkt: Wirtschaftsregierung oder Subsidiarität?, in: Welche Chancen hat Subsidiarität in Europa?, Handwerkskammer Düsseldorf (Hrsg.), Düsseldorf 2014, S. 24–36.

Di Fabio, Udo, Zur Lage der Europäischen Integration, ZSE 2015, S. 457–467.

Douglas-Scott, Sionaidh, Constitutional Law of the European Union, Harlow 2002.

Eppler, Annegret, Die Dynamik des EU-Mehrebenensystems infolge der Finanzkrise und ihre Perzeption durch die politikwissenschaftliche Literatur, in: Jahrbuch des Föderalismus 2014, Abels, Gabriele/von Bernstorff, Jochen/Förster, Horst/Hüttmann, Martin/Hrbek, Rudolf/Kinder, Sebastian/Nettesheim, Martin/Remmert, Barbara/Schlumberger, Oliver/Schmid, Josef/Schubert, Gunter/Seiler, Christian/Wehling, Hans-Georg (Hrsg.), Baden-Baden 2014, S. 192–206.

Eppler, Annegret, Die »Rechtsstaatskrise« der EU: Verderben zu viele Köche den Brei?, ZfP 2016, S. 406–425.

Faber, Anne, Europäische Integration und politikwissenschaftliche Theoriebildung : Neofunktionalismus und Intergouvernementalismus in der Analyse, Wiesbaden 2005.

Frenz, Walter, Handbuch Europarecht: Band 6: Institutionen und Politiken, Berlin 2011.

Fuest, Clemens, Plädoyer für eine Stärkung der Kompetenzen der Europäischen Union, in: Die Europäische Union am Scheideweg: mehr oder weniger Europa?, Hofman, Rainer/Kadelbach, Stefan/Rainer, Klump (Hrsg.), Baden-Baden 2015, S. 49–62.

Gattermann, Katjana/Hefftler, Claudia, Beyound Institutional Capacity: Political Motivation and Parliamentary Behaviour in the Early Warning System, WEP 2015, S. 305–334.

Grabitz, Eberhard/Hilf, Meinhard/Nettesheim, Martin (Hrsg.), Das Recht der Europäischen Union, Loseblattsammlung, München 2011 [zitiert: Bearbeiter, in: Grabitz/Hilf/Nettesheim, Das Recht der Europäischen Union].

Grande, Edgar, Demokratische Legitimation und europäische Integration, Leviathan 1996, S. 339–360.

Grimm, Dieter, Europa ja – aber welches?, München 2016.

Grimm, Dieter, Subsidiarität und Föderalismus, in: Freiheit und Sicherheit in Deutschland und Europa: Festschrift für Hans-Jürgen Papier zum 70. Geburtstag, Durner, Wolfgang/Peine, Franz-Joseph/Shirvani, Foroud (Hrsg.), Berlin 2013, S. 49–58.

Groh, Thomas, in: Die Rolle der nationalen Parlamente, in: Der Lissabonner Reformvertrag, Fastenrath, Ulrich/Nowak, Carsten (Hrsg.), Berlin 2009, S. 77–111.

Grosche, Nils, Rechtsfortbildung im Unionsrecht: Eine Untersuchung zum Phänomen richterlicher Rechtsfortbildung durch den Gerichtshof der Europäischen Union, Tübingen 2011.

Groß, Die Legitimation der polyzentralen EU-Verwaltung, Tübingen 2015.

Guérot, Ulrike, Res Publica Europaea: Europa anders, in: Die Europäische Union am Scheideweg: Mehr oder weniger Europa?, Hofman, Rainer/Kadelbach, Stefan/Rainer, Klump (Hrsg.), Baden-Baden 2015, S. 217–246.

Habermas, Warum der Ausbau der Europäischen Union zu einer supranationalen Demokratie nötig und wie er möglich ist, Leviathan 2014, S. 524–538.

Habermas, Jürgen, Zur Verfassung Europas: Ein Essay, Berlin 2011.

Hackel, Volker, Subnationale Strukturen im supranationalen Europa, in: Vitzthum, Wolfgang (Hrsg.), Europäischer Föderalismus, Berlin 2000, S. 57–80.

Haltern, Ulrich, Europarecht, 2. Aufl., Tübingen 2007.

Haltern, Ulrich, Europarecht und das Politische, Tübingen 2005.

Haltern, Ulrich, Integration durch Recht, in: Theorien der europäischen Integration, Bieling, Hans-Jürgen/Lerch, Marika (Hrsg.), 2. Aufl., Wiesbaden 2006, S. 399–423.

Haltern, Ulrich, Was bedeutet Souveränität?, Tübingen 2007.

Hailbronner, Luxemburg oder Wie rational ist die Rechtsprechung des EuGH?, in: Festschrift für Wolfgang Heinz, Hilgendorf, Eric/ Rengier, Rudolf (Hrsg.), Baden-Baden 2012, S. 921–932.

Hanschel, Dirk, Konfliktlösung im Bundesstaat, Tübingen 2012.

Häde, Ulrich, Zur Föderalismusreform in Deutschland, JZ 2006, S. 930–940.

Heintzen, Markus, Subsidiaritätsprinzip und Europäische Gemeinschaft, JZ 1991, S. 317–372.

Heins, Volker, Krisenbewältigung durch Kooperation? Die Grenzen des EU-Modells, ZPol 2016, S. 445–453.

Heise, Daniel, Neue Macht den Parlamenten! Die nationalen Parlamente in der Europäischen Union als Wächter der Subsidiarität?, Köln 2011.

Herbst, Tobias, Gesetzgebungskompetenzen im Bundesstaat, Tübingen 2014.

Herzog, Roman, Subsidiaritätsprinzip und Staatsverfassung, Der Staat 2 (1963), S. 399–423.

Hilf, Meinhard/Stein, Torsten/Schweitzer, Michael/Schindler, Dietrich, Europäische Union: Gefahr oder Chance für den Föderalismus in Deutschland, Österreich und der Schweiz?, Berlin 1994.

Hillgruber, Weniger ist mehr – Plädoyer für eine Begrenzung der Kompetenzen der EU zwecks Wiederherstellung einer föderalen Balance, in: Die Europäische Union am Scheideweg: mehr oder weniger Europa?, Hofman, Rainer/Kadelbach, Stefan/Rainer, Klump (Hrsg.), Baden-Baden 2015, S. 29–48.

Horsley, Thomas, Reflections on the role of the Court of Justice as the „motor" of european integration: legal limits to judicial lawmaking, CMLR 2013, S. 931–964.

Horsley, Thomas, Subsidiarity and the european court of justice: missing pieces in the subsidiarity jigsaw?, JCMS 2012, S. 267–282.

Högenauer, Anna-Lena/Christiansen, Thomas, Parliamentary Administrations in the Scrutiny of EU Decision-Making, in: The Palgrave Handbook of National Parliaments and the European Union, Hefftler, Claudia/Neuhold, Christine/Rozenberg, Olivier/Smith, Julie (Hrsg.), Basingstoke 2015, S. 116–132.

Höffe, Otfried, Subsidiarität als staatsphilosophisches Prinzip, in: Subsidiarität und Wirklichkeit, Nörr, Knut/Oppermann, Thomas (Hrsg.), Tübingen 1997, S. 49–68.

Hölscheidt, Sven, Formale Aufwertung - geringe Schubkraft: Die Rolle der nationalen Parlamente gemäß dem Lissabonner Vertrag, integration 2008, S. 254–265.

Hölscheidt, Intergouvernementale Zusammenarbeit in der Krise - Garant oder Gefahr für die Einheit der Union - aus der Sicht des Bundestages, in: Flexible Integration: Garant oder Gefahr für die Einheit und die Legitimation des Unionsrechts?, Hatje, Armin (Hrsg.), Baden-Baden 2013, S. 61–70.

Höpner, Martin/Ehret, Lena, Endlich Subsidiarität? Die parlamentarische Subsidiaritätskontrolle am Beispiel von „Monti II", PVS 2016, S. 403–429.

Hüttmann, Martin Große/Knodt, Michèle, Das Ende der Demokratie in Europa? Intergouvernementalismus, Euro-Krisenpolitik und »Mehrebenenparlamentarismus« in der EU, in: Auf dem Weg zum Mehrebenenparlamentarismus?, Abels, Gabriele/Eppler, Annegret (Hrsg.), Baden-Baden 2011, S. 133–148.

Hrbek, Rudolf, Das Subsidiaritätsprinzip in der EU - Bedeutung und Wirkung nachdem Vertrag von Amsterdam, in: Jahrbuch des Föderalismus 2000, Förster, Horst/Harvie, Christopher/Hrbek, Rudolf/Püttner, Günter/Schmid, Josef/Vitzthum, Wolfgang/Walz, Uwe/Wehling, Hans-Georg (Hrsg.), Baden-Baden 2000, S. 510–531.

Ipsen, Jörn, Fragerecht der Abgeordneten und Antwortpflicht der Landesregierung nach Art. 24 Abs. 1 der Niedersächsischen Verfassung, NdsVbl. 2013, S. 265–271.

Janning, Josef, Europas Politik und europäisches Bewusstsein, in: Europäische Identität: Voraussetzungen und Strategien, Nida-Rümelin, Julian/Weidenfeld, Werner (Hrsg.), Baden-Baden 2007, S. 87–98.

Kadelbach, Stefan, Von der Krise zur Reform?, in: Die Europäische Union am Scheideweg: mehr oder weniger Europa?, Hofman, Rainer/Kadelbach, Stefan/Rainer, Klump (Hrsg.), Baden-Baden 2015, S. 11–21.

Kampen, Ulrich, Demokratie und parlamentarische Kontrolle der Entscheidungen im Europäischen Stabilitäts-Mechanismus und Fiskalpakt, ZParl 2016, S. 645–658.

Keleman, Daniel/Schmidt, Susanne, Introduction – the European Court of Justice and legal integration: perpetual momentum?, JEPP 2012, S. 1–7.

Kempen, Otto Ernst, Das Subsidiaritätsprinzip – europäische Zauberformel oder demokratische Herausforderung für die EU-Bürger?, in: Subsidiarität in Europa: Bürgernähe, Partizipation und effiziente Steuerung, Kempen, Otto Ernst/Ulshöfer, Gotlind (Hrsg.), Wiesbaden 2016, S. 9–22.

Kempen, Otto Ernst, Subsidiaritätsprinzip, europäisches Gemeinschaftsrecht und Tarifautonomie, KritV 1994, S. 13–56.

Kielmansegg, Peter Graf, Integration und Demokratie, in: Europäische Integration, Jachtenfuchs, Markus/Kohler-Koch, Beate (Hrsg.), Wiesbaden 1996, S. 47–72.

Kielmansegg, Peter Graf, Integrationsziel Politische Union: Überlegungen zu einem uneindeutigen Schlüsselbegriff, ZSE 2014, S. 18–40.

Kielmansegg, Peter Graf, Lässt sich die Europäische Union demokratisch verfassen?, in: Die Verfassung Europas, Decker, Frank/Höreth, Marcus (Hrsg.), Wiesbaden 2009, S. 219–236.

Kiiver, Philipp, The National Parliaments in the European Union: A Critical View on EU Constitution-Building, Kluwer Law International, Den Haag 2006.

Koslowski, Peter, Subsidiarität als Prinzip der Koordination der Gesellschaft, in: Subsidiarität: Idee und Wirklichkeit, Nörr, Knut Wolfgang/Oppermann, Thomas (Hrsg.), Tübingen 1997, S. 39–48.

Kotzur, Markus, Wir haben die Wahl: Überlegungen zu einem demokratischen „Europa der Bürger", Wirtschaftsdienst 2014, S. 239–243.

Kötz, Hein, Europäisches Vertragsrecht, 2. Aufl., Tübingen 2015.

Ladenburger, Clemens, Anmerkungen zu Kompetenzordnung und Subsidiarität nach dem Vertrag von Lissabon, ZEuS 2011, S. 389–408.

Landeck, Nicole, Der Diskurs über die demokratische Legitimation der EU, in: Düsseldorfer Forum Politische Kommunikation, Aydin, Esra/Begenat, Matthias/Michalek, Christian/Schemann, Jasmin/Stefes, Ingo (Hrsg.), Berlin 2008, S. 221–250.

Lecheler, Helmut, Das Subsidiaritätsprinzip: Strukturprinzip einer europäischen Union, Berlin 1993.

Lenz, Carl Otto/Borchardt, Klaus-Dieter (Hrsg.), EU-Verträge, 5.Aufl., Köln 2010 [zitiert: Bearbeiter, in: Lenz/Borchardt, EU-Verträge].

Lippert, André, Der grenzüberschreitende Sachverhalt im Unionsrecht, Tübingen 2013.

Lutz, Christian, Vielfalt im Bundesstaat, Münster 2013.

Martinico, Giuseppe, Dating Cinderella: On Subsidiarity as a Political Safeguard of Federalism in the European Union, EPL 2011, S. 649–660.

Maurer, Andreas, Mehrebenenparlamentarismus: Das Europäische Parlament und die nationalen Parlamente als Quellen demokratischer Legitimität im Vorfeld des Konvents, in: Busek, Erhard/Hummer, Waldemar (Hrsg.), Etappen auf dem Weg zu einer europäischen Verfassung, Wien 2004, S. 203–262.

Maurer, Andreas, Mehrebenenparlamentarismus – Konzeptionelle und empirische Fragen zu den Funktionen von Parlamenten nach dem Vertrag von Lissabon, in: Auf dem Weg zum Mehrebenenparlamentarismus?, Abels, Gabriele/Eppler, Annegret (Hrsg.), Baden-Baden 2011, S. 43–64.

Mayer, Martina, Die Europafunktion der nationalen Parlamente in der Europäischen Union, Tübingen 2012.

Melin, Patrick, Die Rolle der deutschen Bundesländer im Europäischen Rechtsetzungsverfahren nach Lissabon, EuR 2011, S. 655–682.

Mellein, Christine, Subsidiaritätskontrolle durch nationale Parlamente, Baden-Baden 2007.

Meyer, Thomas, Europäische Identität, in: Europäische Identität als Projekt, Meyer, Thomas/Eisenberg, Johanna (Hrsg.), Wiesbaden 2009, S. 15–30.

Moens, Gabriël A./Trone, John, Subsidiarity as a judicial and legislative review principles in the European Union, in: Global perspectives on subsidiarity, Evans, Michelle/Zimmermann, Augusto (Hrsg.), Dordrecht 2014, S. 157–184.

Moersch, Wolfram, Leistungsfähigkeit und Grenzen des Subsidiaritätsprinzips, Berlin 2001.

Möschel, Wernhard, Subsidiaritätsprinzip und europäisches Kartellrecht, NJW 1995, S. 281–285.

Müller, Ute, Das Frühwarnsystem zur Subsidiaritätskontrolle: Bilanz nach einem Jahr des Bestehens des neuen Instrumentes, in: Jahrbuch des Föderalismus 2011, Förster, Horst/Hüttmann, Martin/Hrbek, Rudolf/Kinder, Sebastian/Nettesheim, Martin/Remmert, Barbara/Schlumberger, Oliver/Schmid, Josef/Vitzthum, Wolfgang/Walz, Uwe/Wehling, Hans-Georg (Hrsg.), Baden-Baden 2011, S. 471–486.

Müller, Ute, Das Kartenspiel der nationalen Parlamente und wie ihre Rolle in der Europäischen Union gestärkt werden könnte, in: Jahrbuch des Föderalismus 2016, Abels, Gabriele/von Bernstorff, Jochen/Förster, Horst/Hüttmann, Martin/Hrbek, Rudolf/Kinder, Sebastian/Nettesheim, Martin/Remmert, Barbara/Schlumberger, Oliver/Schmid, Josef/Schubert, Gunter/Seiler, Christian/Wehling, Hans-Georg (Hrsg.), Baden-Baden 2016, S. 375–387.

Nettesheim, Martin, Subsidiarität durch politische Verhandlung – Art. 5 Abs. 3 EUV als Verständigungsauftrag, in: Grenzen Europäischer Normgebung, König, Doris/Uwer, Dirk (Hrsg.), Hamburg 2015, S. 35–53.

Nettesheim, Martin, Die Kompetenzordnung im Vertrag für eine Verfassung für Europa, EuR 2004, S. 511–546.

Oeter, Stefan, Integration und Subsidiarität im deutschen Bundesstaatsrecht, Tübingen 1998.

Oppelland, Torsten, Institutionelle Neuordnung und Demokratisierung, in: Die Europäische Union nach dem Vertrag von Lissabon, Leiße, Olaf (Hrsg.), Wiesbaden 2010, S. 79–96.

Oppermann, Thomas/Classen, Dieter/Nettesheim, Martin, Europarecht, 6. Aufl., München 2014.

Öberg, Jacob, Subsidiarity as a Limit to the Exercise of EU Competences, YEL 2016, S. 1–30.

Papier, Hans-Jürgen, Bevormundung oder Bürgerfreiheit? Die Belebung des Subsidiaritätsprinzips, in: Subsidiarität in Europa: Bürgernähe, Partizipation und effiziente Steuerung, Kempen, Otto Ernst/Ulshöfer, Gotlind (Hrsg.), Wiesbaden 2016, S. 23–37.

Patzelt, Werner, Wie weiter mit Deutschland in der EU? Thesen zu den Gestaltungsaufgaben des Bundestages, ZSE 2012, S. 241–266.

Patzelt, Werner, Zur Lage der Parlamente in der Europäischen Union, ZSE 2014, S. 68–95.

Pechstein, Matthias, Entscheidungen des EuGH, 9. Aufl., Tübingen 2016.

Peffekoven, Rolf/Kirchoff, Ulrike, Deutscher und europäischer Finanzausgleich im Lichte des Subsidiaritätsprinzips, in: Subsidiarität: Idee und Wirklichkeit, Nörr, Knut Wolfgang/Oppermann, Thomas (Hrsg.), Tübingen 1997, S. 105–130.

Pernice, Ingolf, Diskussionsbeitrag zu: Abgrenzung der Funktionen und Zuständigkeiten zwischen den nationalen Kartellämtern und der Wettbewerbsbehörde der Europäischen Union, in: Gerken, Lüder (Hrsg.), Europa zwischen Ordnungswettbewerb und Harmonisierung, Berlin 1995, S. 244–252.

Potacs, Michael, Effet utile als Auslegungsgrundsatz, EuR 2009, S. 465–487.

Portuese, Aurélian, The Principle of Subsidiarity as a Principle of Economic Efficiency, CJEL 2010, S. 231–262.

Preising, Carmen, Der Umgang nationaler Parlamente mit den neuen Rechten des Vertrages von Lissabon – die Perspektive der Europäischen Kommission, in: Auf dem Weg zum Mehrebenenparlamentarismus?, Abels, Gabriele/Eppler, Annegret (Hrsg.) Baden-Baden 2011, S. 149–156.

Priebe, Reinhard, Rückverlagerung von Aufgaben – ein Beitrag zu besserer Akzeptanz der Europäischen Union?, EuZW 2015, S. 697–702.

Prümm, Hans/von Stoephasius Hans-Peter, Grundzüge der europäischen Rechtsordnung, Berlin 2007.

Reiding, Hilde/van Meurs, Wim/Hulsenboom, Zoë, Die europäische Subsidiaritätsprüfung auf dem Prüfstand. Erwartungen und erste Erfahrungen aus dem deutschen dem niederländischen Parlament, ZParl 2016, S. 85–101.

Ritzer, Christoph/Rutloff, Marc, Die Kontrolle des Subsidiaritätsprinzips: Geltende Rechtlage und Reformperspektiven, EuR 2006, S. 116–137.

Rovan, Joseph, Europa der Vaterländer oder Nation Europa?, in: Europa imaginieren: Der europäische Binnenmarkt als kulturelle und wirtschaftliche Aufgabe, Koslowski, Peter (Hrsg.), Berlin 1992, S. 55–69.

Ruffert, Matthias, Schlüsselfragen der Europäischen Verfassung der Zukunft Grundrechte – Institutionen – Kompetenzen – Ratifizierung, EuR 2004, S. 165–201.

Schima, Bernhard, Das Subsidiaritätsprinzip im Europäischen Gemeinschaftsrecht, Wien 1994.

Schäfer, Armin, Nach dem permissiven Konsens. Das Demokratiedefizit der Europäischen Union, Leviathan 2006, S. 350–376.

Schimmelfennig, Frank, Die Eurokrise: Testfall für Integration und Integrationstheorie, ZPol 2015, S. 249–256.

Schimmelfennig, Variable Geometrien, Differenzierung, Integration und Demokratie, in: Die Europäische Union am Scheideweg: mehr oder weniger Europa?, Hofman, Rainer/Kadelbach, Stefan/Rainer, Klump (Hrsg.), Baden-Baden 2015, S. 115–130.

Schimmelfennig, Frank, Zwischen Neo- und Postfunktionalismus: Die Integrationstheorien und die Eurokrise, PVS 2014, S. 394–413.

Schorkopf, Frank, Europas politische Verfasstheit im Lichte des Fiskalvertrages, ZSE 2012, S. 1–29.

Schorkopf, Frank, Krisensymptome supranationaler Leitbilder – zur Notwendigkeit intergouvernementaler Integration, ZSE 2013, S. 189–212.

Schorkopf, Methodenpluralismus in der europäischen Integration, in: Die Europäische Union am Scheideweg: mehr oder weniger Europa?, Hofman, Rainer/Kadelbach, Stefan/Rainer, Klump (Hrsg.), Baden-Baden 2015, S. 93–114.

Schlüter, Das Bundesverfassungsgericht und sein Einfluss auf die föderale Kompetenzverteilung, in: Föderalismus in Deutschland, Detterbeck, Klaus/Renzsch, Wolfgang/Schieren, Stefan (Hrsg.), München 2010, S. 148–154.

Schmidt, Manfred, Demokratietheorien: Eine Einführung, 5. Aufl., Wiesbaden 2010.

Schmidt-Kessel, Martin, Der Vorschlag der Kommission für ein Optionales Instrument – Einleitung, in: Ein einheitliches europäisches Kaufrecht? Eine Analyse des Vorschlages der Kommission, Schmidt-Kessel, Martin (Hrsg.), München 2012, S. 1 - 28.

Schröder, Meinhard, Vertikale Kompetenzverteilung und Subsidiarität im Konventsentwurf für eine europäische Verfassung, JZ 2004, S. 8–13.

Schüttemeyer, Susanne, Funktionsverluste des Bundestages durch die europäische Integration?, ZParl 1978, S. 261–278.

Schütze, Robert, Foreign Affairs and the EU Constitution, Cambridge 2014.

Schütze, Robert, From Dual to Cooperative Federalism – The changing Structure of European Law, Oxford 2009.

Schwarze, Jürgen, Der Reformvertrag von Lissabon – Wesentliche Elemente des Reformvertrages, EuR-Bei 2009, S. 09–29.

Seiler, Christian, Der souveräne Verfassungsstaat zwischen demokratischer Rückbindung und überstaatlicher Einbindung, Tübingen 2005

Shirvani, Foroud, Die europäische Subsidiaritätsklage und ihre Umsetzung ins deutsche Recht, JZ 2010, S. 753–759.

Sodan, Helge/Zieckow, Jan, Grundkurs Öffentliches Recht, 5. Aufl., München 2012.

Steinbeis, »Cameron hat völlig Recht. Wir müssen über Rückbau reden« - Interview mit Josef Isensee und Christian Hillgruber, in: Krise und Konstitutionalisierung in Europa, Kemmerer, Alexandra/Möllers, Christoph/Steinbeis, Maximilian (Hrsg.), Baden-Baden 2015, S. 219–227.

Steinberg, Philipp, Vortragsbericht, in: Europäische Verfassung in der Krise - auf der Suche nach einer gemeinsamen Basis für die erweiterte Europäische Union, Walter Hallstein-Institut für Europäisches Verfassungsrecht (Hrsg.), Baden-Baden 2007, S. 33–36.

Streinz, Rudolf, Europarecht, Heidelberg 2012.

Streinz, Rudolf (Hrsg.), EUV/AEUV Kommentar, 2. Aufl., München 2012 [zitiert: *Bearbeiter*, in: Streinz, EUV/AEUV].

Streinz, Rudolf/Ohler, Christoph/Herrmann, Christoph, Der Vertrag von Lissabon zur Reform der EU, 3. Aufl., München 2010.

Sturm, Roland, Der Brexit dominiert die Agenda der EU-Politik, ZfP 2016, S. 398–405.

Thiele, Alexander, Verlustdemokratie, Tübingen 2006.

Thym, Daniel, Flexible Integration: Garant oder Gefahr für die Einheit und die Legitimation des Unionsrechts?, in: Flexible Integration: Garant oder Gefahr für die Einheit und die Legitimation des Unionsrechts?, Hatje, Armin (Hrsg.), Baden-Baden 2013, S. 23–48.

Timmermann, Heiner, Subsidiarität und Föderalismus in der Europäischen Union, Berlin 1998.

Tömmel, Ingeborg, The European Union – a federation sui generis?, in: Laursen, Finn (Hrsg.), The EU and federalism, Abingdon 2016, S. 41–56.

Uepermann-Wittzack, Robert Die Subsidiaritätskontrolle durch Bundestag und Bundesrat aus Sicht des deutschen Rechts, in: Das Subsidiaritätsprinzip – Ein Element des europäischen Verfassungsrecht, Haratsch, Andreas (Hrsg.), Berlin 2014.

Uepermann-Wittzack, Robert/Edenharter, Andrea, Subsidiaritätsklage als parlamentarisches Minderheitsrecht?, EuR 2009, S. 313–329.

Umbach, Dieter/Clemens, Thomas (Hrsg.), Grundgesetz Mitarbeiterkommentar Bd. II Art. 38–146 GG, Heidelberg 2002, [zitiert: *Bearbeiter*, in: Umbach/Clemens, Grundgesetz Mitarbeiterkommentar Bd. II Art. 38–146 GG].

Van Roosebeke, Bert, EU-Indikator: EU-Gesetzgebung, Subsidiarität und demokratische Kontrolle (CEP Studie), 2. Aufl., Freiburg 2017

Varwick, Johannes, The bigger the better? Konzeptionelle Konsequenzen der Erweiterung für die EU als internationaler Akteur, S+F 2004, S. 62–67.

Vedder, Christoph/Heintschel von Heinegg, Wolff (Hrsg.), Europäisches Unionsrecht, Baden-Baden 2012 [zitiert: *Bearbeiter*, in: Vedder/Heintschel von Heinegg, Europäisches Unionsrecht].

Voglrieder, Sabine, Europäische Identität und Europäische Union: Das Selbst- und Europaverständnis der EU im Kontext der Vertiefungs-/Erweiterungsdebatte, in: Das europäische Projekt zu Beginn des 21. Jahrhunderts, Wilfried Loth (Hrsg.), Opladen 2001, S. 175–202.

von Bogdandy, Armin, Europäische Verfassung und europäische Identität, JZ 2004, S. 53–61.

von Ondarza, Nicolai, Auf dem Weg zur Union in der Union. Institutionelle Auswirkungen der differenzierten Integration in der Eurozone auf die EU, integration 2013, S. 17–33.

Wachendorfer-Schmidt, Ute, Politikverflechtung im vereinigten Deutschland, 2. Aufl., Wiesbaden 2005.

Weber, Albrecht, Europäisches Parlament und nationale Parlamente im Europäischen Rechtsetzungsverbund, DÖV 2011, S. 497–504.

Weiler, Joseph, A Constitution for Europe? Some Hard Choices, JCMS 2002, S. 563–580.

Wendel, Mattias, Permeabilität im europäischen Verfassungsrecht, Tübingen 2011.

Weßels, Bernhard, Politische Repräsentation und politische Integration in der EU: Ist die Quadratur des Kreises möglich?, in: Europäische Politikwissenschaft: Ein Blick in die Werkstatt, van Deth, Jan/König, Thomas (Hrsg.), Frankfurt am Main 2000, S. 337–372.

Wessels, Wolfgang, Das politische System der Europäischen Union, Wiesbaden 2008.

Weßels, Bernhard, Spielarten des Euroskeptizismus, in: Die Verfassung Europas, Decker, Frank/Höreth, Marcus (Hrsg.), Wiesbaden 2009, S. 50–68.

Wimmel, Andreas, Die Mitwirkungsrechte des Bundestages in der Euro-Krise, ZSE 2014, S. 484–506.

Wuermeling, Joachim, Kalamität Kompetenz: Zur Abgrenzung der Zuständigkeit in dem Verfassungsentwurf des EU-Konvents, EuR 2004, S. 216–229.

FSC
www.fsc.org
MIX
Papier | Fördert
gute Waldnutzung
FSC® C083411

Kolibri 360 GmbH
Ferdinand-Jühlke-Straße 7
99095 Erfurt, Deutschland
produktsicherheit@kolibri360.de